U0755130

英语阅读理论探索与多维度翻译教学研究

田　野　刘立壹　牟彩霞　著

东北师范大学出版社

长　春

图书在版编目（CIP）数据

英语阅读理论探索与多维度翻译教学研究 / 田野，刘立壹，牟彩霞著. -- 长春：东北师范大学出版社，2020.12

ISBN 978-7-5681-7563-0

Ⅰ. ①英… Ⅱ. ①田… ②刘… ③牟… Ⅲ. ①英语—阅读教学—教学研究—高等学校②英语—翻译—教学研究—高等学校 Ⅳ. ①H319.37②H315.9

中国版本图书馆CIP数据核字(2020)第246937号

□责任编辑：刘兆辉　　□封面设计：张　然
□责任校对：刘兆辉　　□责任印制：许　冰

东北师范大学出版社出版发行
长春净月经济开发区金宝街118号（邮政编码：130117）

网址：http:∥www.nenup.com

东北师范大学音像出版社制版印制

（邮政编码：130000）

2020年12月第1版　2022年9月第2次印刷

幅面尺寸　85mm×260mm　印张12.75　字数:290千

定价：78.00元

前　言

　　阅读是人们获取信息和交流思想的重要手段，也是现代社会人们生存与发展所必需的社会文化技能。因此，无论在理论上还是实践上，阅读一直是语言教育者关注的焦点之一。阅读的重要性在外语教育中更加明显。这不仅是学习者需要掌握的重要语言技能之一，还是学习者获得语言输入的主要方式。特别是在当今日益国际化和全球化的背景下，通过有效的英语阅读来获取有用的最新信息和知识对您的生活，工作和学习至关重要。起决定作用。

　　英语教学的重要目标之一是通过英语课程帮助学生掌握阅读技能和方法，并提高他们的英语阅读技能。但是，现有英语阅读理解课程的教学结构和教学方法仍然存在很多问题，这使得英语阅读理解教育不尽人意。如果您希望英语阅读培训摆脱这种困境，则需要改进培训模式。

　　翻译活动的范围非常广泛，类型很多。根据所涉及的语言，有两种类型：母语到外语和外语到本国语言。为了适应国内高等学校英汉翻译教学工作的需要，本书在扼要介绍一些基本翻译理论知识的同时，着重研究和探讨英译汉的一些具体方法和常用技巧。

　　翻译是双语活动，活动的中心是意义。但是含义本身非常复杂。表达相同概念的语言形式通常在不同语言中具有不同的伦理概念，意识形态和情感含义。在两种语言之间旅行的翻译人员必须不时处理这些问题。英语和中文在文化上相距遥远并且具有不同的语言类型，尤其如此。因此，要进行良好的翻译，您需要在词汇，语义，语法和文本组成方面充分理解两种语言之间的异同。语言对比在这方面有其自己的作用。语言比较使您可以更深入地了解过程以及这两种语言如何构成句子和句子。积累的语言知识可以帮助您处理和预测各种翻译问题，并加深和培养您对翻译技能的理解。并提高您的翻译技巧。该书从单词和词素开始，逐渐扩展到句子结构，文本，社会和文化水平。在进行比较时，我们讨论了为什么以及如何使用相关的翻译技术，希望它能帮助我们的读者理解如何翻译和加深他们的英语和汉语。理解和理解句子表达和文本组成。

　　由于编者水平有限，本书肯定存在许多不足之处。恳请各界专家、同仁和本书的使用者提出宝贵的批评和建议。

目 录

第一章 绪论

第一节 学习理论与英语阅读概述

掌握英语的听说读写是现代高素质人才必备的一项技能，但是在实际工作中我们发现，很多大学生的英语阅读能力并不高，还存在很多问题，他们对于英语阅读学习的兴趣往往也十分有限。原有阅读基础差、学习主动性低下这两种因素共同造成了学生在阅读学习中屡屡退缩、得过且过的现状，最终必定会形成某种恶性循环，导致学生的英语阅读能力日益降低。我们必须要采取适当的措施，引入学习理论，为提升学生的英语阅读能力而做出努力。

一、大学英语阅读教学的现状

众所周知，大学英语教学工作的重中之重就是带领学生们进行阅读性学习，以此提升学生英语的综合应用能力，所以说英语阅读教学的重要性不言而喻。尤其是近年来，社会对于综合型人才的要求越来越高，学生的英语应用能力，尤其是阅读能力和翻译能力都会影响到他们以后的工作和发展，因此让学生掌握这种以英语为工具来获取知识的能力就显得分外重要。时代在不断地发展、社会在持续地进步，传统课堂的班级授课方法在今天日益显出其局限性，也很难满足提升学生英语阅读能力的教学需求。回顾过去的大学英语阅读课堂，不难发现教师在授课的时候基本上都会将重点放在语法和词汇的讲解上，却忽略了学生能否正确的理解教师传达的内容，也没有关注学生语言实践能力的培养，久而久之学生对英语阅读的能力会越来越低，同时运用语言的水平也会受到负面影响。更重要的是，过去的单一授课制教育方法无法给学生提供丰富的阅读学习活动，学生的差异性被忽略、个性化问题得不到解决，时间一长，他们的学习兴趣必定会大打折扣。在这种情况下，越来越多的大学英语教学工作者开始认识到改变传统教学模式的重要性，积极地进行了探索和研究。

二、学习理论的基本理念

学习理论是一种全新的、关于促进学生自主学习的教学思路学习理论更具有突出的优越性。具体来说，学习理论可以从以下几个方面来理解：第一，教学目标观念。学习理论中的教学目标主要就是通过组织学生合作学习，提升他们互相交流、互相沟通的效率和水准，达到互相借鉴、取优补拙的效果，让学生在自主学习、自主探究的过程中更快的掌握英语阅读学习。第二，教学互动观念。归根结底来说，教学过程就是一种知识传递、资源互换的过程，在学习理论之下，学生们的互动交流变得越来越丰富，沟通的对象也不再局限于教师和学生，学生与学生之间得以形成良性的双向互动，这有利于提升学生的学习主动性，充分发挥出他们的学习主导地位。第三，教学情境观念。全新的课程标准提出，大学英语教学工作必须要和学生的实际情况有所联系，让学生们能够在学习中收获实践能力和对事物的正确认知。要达到这种目标，有必要充分发挥出学习理论的作用，让学生在阅读学习中找到自己的角色并且实现自我认同，在发挥学生个性的同时我们也要强调互相合作和互相竞争，让学生在英语阅读学习过程中习惯与人合作、适应与人竞争，为他们以后的长远发展打下基础。

第二节 英语阅读活动要素与过程反思

一、英语阅读教学中活动设计存在的问题

英语阅读教学中阅读活动的设计对于学生知识的巩固和掌握起着重要的作用，但是现实的英语阅读阅读活动设计中还存在很多问题，严重影响了英语阅读阅读活动的效果。

（一）阅读活动在英语阅读教学中占的比例较低

由于教师对于阅读活动的重视程度不够，且很多教师受传统英语教学模式以及自身教育经验的影响，对阅读活动不重视，导致了阅读活动的缺失。其实阅读活动是学生对于读前、读中学习到的知识的进一步巩固和提高，开展得好的话可以进一步加强学生对所学知识的理解、记忆和掌握。因此，教师应提高对阅读活动的重视度。

（二）在阅读活动的设计中没有切实关注学生间的差异学生之间知识的掌握程度不同，理解能力也有差异，因此，在英语阅读的阅读活动中应该注重学生的能力区分。但在实际操作过程中，很多阅读活动的设计都没有意识到这一点。如果阅读活动设计的难度较大，影响一般学生学习的积极性，甚至有些学生总是面对自己感觉很难的问题，容易自暴自弃；而如果英语阅读的阅读活动设计得太简单，对于那些比较优秀的学生来说，就是浪费时间，意义不大。因此，英语阅读的阅读活动设计要注重对学生间差异的区分。

（三）阅读活动内容设计单一、毫无新意

举一个非常简单的例子，对初中英语阅读的阅读活动内容，大部分教师是这样布置的：将今天所学习的英语单词全部记住并且默写下来，下次课堂上检查默写。于是在课下，学生拿出英语课本翻到最后的单词表开始记忆："teapot"茶壶的意思，"teapot"茶壶的意思……如此反复，纯属"死记硬背"，学生学习的兴趣不高，记忆的效果也不好，如果接下来的时间运用和巩固不及时，几天后就把这些单词全忘了。

（四）单纯注重知识点掌握，忽视学生综合能力的提升

由于教学任务比较繁重，学生的课时量又有限，教师把绝大多数时间都拿来学习知识点，以完成制订好的教学任务，从而忽视了对学生综合能力的培养。很多时候教师布置英语阅读的阅读活动设计，只是单纯地让学生去练习词汇、记忆词汇，比如有的教师给学生布置的英语阅读的阅读活动任务就是把学到的语句进行练习：W hich one do you choose？W ould you like something？How about...？Doyou like...？等等。一个新的知识点从学习理解到掌握运用是需要一个过程的，而且在这个过程中应该培养学生联系已知的意识和习惯，而不是让学生单纯地对词句进行一遍遍的练习与记忆。

二、提升英语阅读教学中阅读活动设计的建议

（一）学校加强对阅读活动设计的要求首先要倡导或者要求

所有英语教师都必须做阅读活动设计，提升阅读活动设计在英语阅读设计中所占的比重。其次，学校要做好相应的调查监督工作，督促教师对该项活动的实施。另外，学校也可以组织英语阅读活动设计的比赛，增强教师对英语阅读活动设计的重视度，提升阅读活动的设计效果。

（二）对不同的学生提出不同的要求

即使同一位教师授课，学生之间也会出现学习上的差异，因此，教师不能使用同一种方法提升所有学生的学习效果，必须对不同的学生提出不同的要求。比如说英语阅读活动设计的是对新学习的英语短语进行造句，那么对于成绩优秀的学生来说，教师可以要求他们多造一些句子，使用不同的句型、语法去造相对复杂的句子；而对于成绩一般的学生来说，要求他们能够将所学的短语应用到句子当中，且运用正确即可。

（三）提升英语阅读活动设计的新意

很多时候教师给学生的读后任务单调，缺乏创意，学生主动学习的积极性不高。因此，教师要提升阅读活动设计的新意，提高学生主动学习的欲望。比如在英语阅读活动设计中，不使用传统的提问式，而是通过创设语言情境，让学生把学到的词语运用进去，或者编一个小故事让学生把学到的内容添加进去。这样的练笔，更有意思，更容易调动学生学习的积极性。

（四）注重英语阅读活动设计的渐进性

学生对于新学到的内容都有一个从熟悉到掌握的过程，教师不能为了完成教学任务而设计阅读活动内容，而应该更加注重学生对于知识点的掌握。在阅读活动设计中教师应该注重对所学知识点的反复练习、反复运用，才能帮助学生更好地掌握所学知识。

此外，对于英语阅读活动的设计，可以根据现实环境来进行模拟。将现实生活中的各个场景用英语进行模拟演练，不仅可以加强学生对所学知识的掌握，还能帮助学生学以致用，明晰在什么环境下应该运用哪些短语、句子。

第三节 英语阅读种类综述

英语阅读是广泛意义的学习活动，面对不同学科专业，不同文章体裁，不同的媒体介质的阅读对象，阅读主体必然需要不同的阅读策略，选择不同的阅读方法，才能为高效率地完成阅读任务提供基础。阅读对象的复杂多样性决定了阅读分类差别的多样性，鉴于英语阅读的实际需要，只能选择较为基础和常用的阅读对象、阅读目的、阅读方式分类进行典型分析，其他只有读者参照常用分类探索应用。

进行阅读分类有利于通过标准的分类内容研究，探讨该类范畴阅读的一些特征、基本状况等信息，便于阅读主体制定针对性的阅读策略，有效地推进阅读活动。不同分类所提供的信息必然要求方法和技巧的适应，恰当的方法和技巧是提高阅读效率和水平的助推剂。通过对分类的分析研究，可以对阅读过程中纷繁复杂的情况进行整理。

阅读分类体现为体系和系统的分类，整体上形成了阅读分类的范畴构架，有助于阅读活动结构的优化，有利于阅读活动系统的简约化和读者对阅读活动的选择调整，从而提高阅读活动的效率与提升主体的阅读能力。应当明确建立分类体系目标，针对不同的目标，可以编制出不同的分类结构。任何分类依据标准都是对于对象基础划分的一种，不排除其他的分类方法，只要分析是科学的，有助于有效提高阅读效率，都是可取的。因为科学分类可以促进英语阅读在某种标准化范围内的阅读过程及其要素达到科学合理构建。阅读主体围绕阅读质量和效率而建立的分类体系，必然为推动英语阅读的质量提供有利条件。

一、以阅读对象为基础的分类

阅读是一种指向性非常明确的阅读活动，以读物为对象，任何活动都是依据阅读对象展开的。读物从整体上规范和制约了读者的阅读活动，阅读对象不同，从根本上决定了阅读行为的差异性，因而，有必要从阅读对象方面进行分类，为科学地制定阅读策略、选择应用有效的方法和技巧，提供一个参照依据，划分阅读对象的类别。

选择依据教育中比较普遍的学科划分为参照，学科是人类按照学问的性质所划分的门类。随着社会的发展日益丰富多彩，学科的分化和综合的趋势加剧，也只能挑选基本的学科划分作为讨论的基础。自然界、人类社会和人的大脑思维是非常复杂的，人类为了研究方便，将研究范畴的连续体分别划分为许多不同的单元，即通常所说的"学科"。学科都具有相对完整的理论框架，且以有机的认识结构来系统反映特定认识对象，揭示其发展规律。人们的阅读对象就是各学科的具体内容。

（一）自然科学资料的阅读

自然科学，是指主要以宇宙自然界之客观物质世界及其规律为研究对象，起因于人类探究自然之谜的、非功利的纯粹求知动机及其结果的基础型理论，并为人类提供认识把握自然界本质或规律的科学，如数学、物理学、天文学、地理学、化学、生物学等。

在科学技术日益发达的今天，自然科学发展积淀的各类文献，日益影响人类生存环境，以及人与自然的和谐相处。自然科学类文章即研究各种自然现象的科学的文章，紧紧跟踪着现代科学的各个领域的最新成果，成为人类改造自然、利用自然的强大理论武器。所以搞好"自然科学类"文章的阅读，成为信息时代人类阅读的重要内容。

1. 自然科学文献具有的明显特征

1）科学文献的创新性和局限性统一

自然科学的目的总是为解决特定科学问题而展开的，从内容的角度看，自然科学类文章揭示的知识、信息，是人类解决科学问题的总结。自然科学发展过程中，新的研究成果的发现，往往意味着对旧的研究成果的代替或否定。所以，科学文献总是特定时代的产物，是对所处时代对于科学研究状况的概括和总结。因此，自然科学总是体现着历史的进展和局限性并存的问题。

2）科学文献的客观性和主观性统一

自然科学文献是人类主体对客体的感性反映，是科学事实的概念或逻辑体系，具有特定的客观内容。同时，科学文献具体的撰写或完成，是不同的科研主体个体承担的，同一客观现象的描述或分析，由于认识条件和认识水平的差异，又表现出一定的主观性。

3）科学文献的定性和定量统一

自然科学文献一般基于问题的定性研究走向定量研究，通过具体概念的分析，建立起一定的数量关系，达到对于科研对象及其规律性的解释或论证。相对于其他学科而言，科学文献体系中大量的数据推演、公式概括、图示图表，推理体系等定量性特征较为明显。

4）逻辑的严密性和语言的简明性统一

自然科学文献一般表现为客观对象的经验基础上的知识体系，按照一定的逻辑关系逐步展开。初级概念论述的完成是构成新的中介概念讨论的开始，中介概念的讨论展开，承上启下，以至于达到终结概念的揭示，整个文献的体系也臻于完成。所以，自然科学文献严密的逻辑性要求很高。基于逻辑性的要求，概念的使用遵守内涵和外延统一性的规定，即概念体系研究的前提正确，推断的过程合乎逻辑，推断的结论符合客观实际。因而，自然科学文献体系又具有简明的特点。

2. 阅读自然科学文献应当关注的问题

1）准确理解自然科学的概念体系

阅读自然科学文献就是要通过阅读及逻辑思维的过程，准确掌握文章的重要信息，正确认知文章中的科技内容，训练和培养主体的自然科学素养和科学应用能力。读者要锻炼基本的逻辑学知识修养，准确理解概念划分的原则，理解概念的外延和内涵，注意知识接受的循序渐进性，注意理解科学定义的使用条件，在概念有效性范围内，分析和理解相关问题，举一反三，触类旁通。

2）使用定量思维理解事实分析问题

读者要锻炼对于科学数据的记忆和使用的习惯，阅读过程中注意利用数据、公式、图表等的首因效应，精准掌握有关数据、公式等定量因素。清楚理解概念，明确理论应用的范围、条件，掌握概念之间的数量关系，解决问题查之有据，准确合理。阅读强调多理解"是什么"，有无自相矛盾，清楚作者的表述。

3）理解科学文献的时代贡献与局限

特定的科学文献对于具体科学发展水平进行概括，是人类智慧和文明的结晶。阅读必须掌握其精神实质，充分认识文献对于该领域的贡献，学以致用，促进知识向实践的回复。同时，要明晰特定文献都是时代的产物，受时代发展水平限制。科学文献不是认识的结束，而是构筑了科学前进的里程碑。在阅读中要注意时代性，注意理论应用的时空范围，真理越过有效性一步也会成为谬误。

（二）工程技术资料的阅读

工程技术是科学的物化过程，是改造客观世界的中介性应用体系。工程技术是科学理论在改造物质世界中的具体应用，是整个科学技术体系的一个重要组成部分，又是科学、技术和生产全过程的一个关键环节。工程技术文献是工程技术理论化的结晶，是关于技术的理论和体系。

1. 工程技术文献具体特征

工程技术学科都是由数门自然科学充当其理论基础的，其体系结构是以解决工程实践问题对于既有科学理论的现实转化或应用性的工程描述。

工程技术以应用性为目标。工程技术活动是解决实际问题的实践活动，不仅需要知识，还需要具体设计，具有明确的社会目标，根据社会需求，依据一定的自然科学原理和技术方法，并在实践中创造性地应用这些原理与方法，进行工程技术方案的构思、评估和前景预测，设计出系统的改造方案，解决具体的工程技术问题，对现实世界进行改造，因此，工程技术文献的核心是指向现实社会实践应用的。

2. 工程设计方案的创新性和多样性

工程设计是根据现场实际的需要而进行的，不能因循守旧，墨守成规，工程技术文献是既往一般性情况的总结，在实际应用中必须采用新技术对产品、工艺和设备予以改进或更新。工程技术应用是复杂的，环境条件相关因素具有不确定性。一些条件与参数是在工作过程中逐步弄清和确定的。因此，技术方案制定方面表现出多元性。

3. 阅读工程技术文献应当注意的方面

第一，注意加强主体科学素养的培育，搞好自然科学文献的阅读，打好自然科学基础，为阅读工程技术文献提供理论条件。

第二，树立系统观念，注意工程技术应用的全局性问题，关注工程技术的流程，注意工程要素的优化组合，掌握工程技术的关键环节，进行可行性、可靠性、选优性思考。

第三，要以创新的眼光接受工程技术理论，采用新的技术思想或管理理论对工程技术系统或其要素进行优化重组或革新、创新，发展生产力，以获得更好的社会效益和经济效益。

（三）人文社会科学的阅读

人文社会科学是研究各种社会现象的科学，是以人类自身为学术研究中心，以人自身的发展和完善作为精神探索活动的出发点和归属。是关于人类正确地理解和掌握存在的意义、生命的本质、人生目的相应知识、理论与智慧的学科。主要包括语言学、历史、文学、美学、伦理学、政治学、经济学、法学等。

1. 人文社会科学的一般特征

人文社会科学文献，讲求体系的科学性、逻辑的严谨性，语言准确、表达完善。具有特定的人文价值和教化作用，既是探讨社会科学问题，进行社会科学研究的手段，又是概括社会科学研究成果，进行学术交流的文字载体。此类文著，作者传达的除对于社会特定对象的研究之外，同时也体现出一定的情感风格特点，不少社会科学文献具有较深厚的自然科学基础，体现为作品逻辑严密的知识体系。

第一，. 人文社会科学的民族性。从内容上看，人文科学的研究对象总是渗透着一定程度的民族性成分的，研究者的价值取向又总是渗透着特定的民族文化精神，使人文科学的内容具有一定的民族性。在理论构成上，不同民族之间的同一具体的人文科学学科往往存在较大的差异。在各自运用的概念术语、表述文体方面也表现出民族的差异。

第二，人文社会科学社会形态的时代性。人文社会科学的具体研究对象总是同一定的社会形态、一定的社会历史发展阶段相联系的。人类社会的不同存在形态和不同历史发展阶段的特殊性，必然引起生活在其中的人们自身的理想、精神的不同，这就使得人文科学的研究内容有了鲜明的时代特征。

第三，人文社会科学发展的传承性。人文科学研究成果的积累不是否定性取代而是表现为以传承性为主的。任何时代的人文社会科学，一般不因为后代成果的出现而遭到否定。人们根据自己时代的需要对他们进行审视，学习前人的社会思考作为借鉴，再根据时代精神的需要进行创新。因此，在人文科学领域，杰出的研究者，各有各的贡献，他们之间既相互扬弃，又相互吸收，相互补充，相互推进，而不是相互代替。

2. 人文社会科学文献阅读的建议

第一，注意人文社会科学文献的社会问题的研究和结论。人文社会科学是对特定社会问题的研究和解决的探索。关注其研究方法、解决问题的思路和提出的社会改进方案，对于社会文明发展具有现实的参考价值，阅读时应当注意理解作者的研究过程，把握作品的贡献和不足，为自己的分析研究提供借鉴。对于文学艺术作品，学习一些重要的观点、结论、表现技巧，可以成为鉴赏文艺的理论依据。

第二，注意人文社会科学文献的风格和表现的个性化特质。阅读文章的规律，一般是由语言形式到文章内容，再由文章内容到语言形式，循环往复，逐步加深理解。注意理解作者的撰文意图。作者对所议论的问题所持的见解和主张，通过文本事件的展开分析传达立场、态度和观点，有些是直接的，有些比较委婉，任何问题都是有语言背景的，要逐句逐段地精读，理清句与句、段与段之间的内在联系，分层分段，运用分析与综合的思维方法对段意进行归纳概括。由段到篇，理清句、段、篇的关系，从各段之间的联系中，体会作者的思路。通过阅读要把握作者的真实意图，理解作者提出问题的真实原因。

第三，注意阅读文著的结构。人文社会科学文献一般是论证性文本。要总体把握全局，理清结构，了解作者的思路和文章的中心，以及文章内容与形式的关系，理解各部分在整体中的地位和作用，以便更完整、深刻地理解文章全貌。要理清文章的思路，关注文献提出的问题，具体地分析论证重点论述的方面，找准论点。分析论据，把握作者用什么论据支持自己论点的，论据力度强弱、理由是否充足必要。明确论证方法，辨别文章使用的论证方式方法，为自己的研究讨论提供参考案例。

（四）哲学文著资料的阅读

哲学是从整体上把握世界及其发展的一般规律，特别是探索人与世界的关系以及人自身的发展规律的学科，是系统化的世界观和方法论。长期发展中，哲学内部逐渐形成了一系列相对独立而又彼此有机联系着的分支学科。其中主要有：世界观、认识论、社会历史观、方法论和价值论等在内的基本理论（哲学原理）；关于哲学自身的萌芽、产生、发展过程及其规律的学说（哲学史）；关于伦理道德的学说（伦理学）；关于思维形式和思维工具、规则的学说（逻辑学）；关于美、审美和艺术活动本质及其规律的学说（美学）；关于自然界和科学技术的发展及其社会关系的学说（科学技术哲学）；关于宗教的起源、发展、本质和社会作用的学说（宗教学）等。哲学以理论的形式凝聚着时代精神和民族精神的精华，对人们的思维方式、认知能力和价值取向作用，对社会的经济、政治、文化产生重大影响。

1. 哲学文献的一般特点

第一，哲学文献的内容范围深广，涉及到政治、社会、伦理、宗教以及美学等学科的知识。

作为时代精神的精华，哲学文献吸取和概括具体科学的先进成果，不断丰富、完善自己的体系，从相对真理走向绝对真理，成为引领时代前进的前沿科学。

第二，哲学文献具有高度的概括性、抽象性哲学是研究自然、社会和思维发展的最一般规律的科学，是宇宙观的理论形式。正因为是最一般的规律，所以它的每个概念、每个命题，都具有高度的概括性。

第三，哲学文献具有较强的思辨性。哲学文献通过哲学概念体系表述世界发展及其规律性，其外延与内涵的高度辩证性，蕴含了思想和认识发展的极大丰富性，对于纷繁复杂的人类问题的研究表现出分析的深刻性和发展的辩证性阐释。通过哲学概念体系展开形成的哲学论断广泛吸取了当代各领域科学发展的成果，蕴含了学术领域的高度的睿智和思辨性。

2. 哲学文献阅读的一般建议

第一，阅读要具有一定的逻辑学知识修养，准确把握哲学概念的外延与内涵，辩证地理解哲学概念，不能落入其他具体科学的窠臼，以至于窒息哲学思维的思辨性。

第二，哲学文献揭示问题的高度抽象性，要求阅读哲学著作时需要其他科学及其结论的互证性补充。必要的丰富科学知识素养，是哲学阅读的基本功。

第三，注意理论系实际。哲学概念都是从人类的社会实践中逐次抽象而达成的，是最高度的范畴，根本上起源于人类实践的具体问题，一般总是寓于个别之中。因此，阅读哲学文献应联系实例，从浅近事理中可以帮助理解和把握深刻的哲理。

（五）文章体裁的分类阅读

文章体裁是文章的形式因素、种类和样式，不同的文章都有不同的写作手法和表达方式。各类文章的体裁在形式、结构、语言运用上，有各自的特点，形成不同的体裁。文章体裁不同，所提供的信息重点也不同。其结构特点就会各异，抓住这些特点有助于对文本的理解。获取信息的最有效方法就是首先了解文章的体裁，以便能又快又准地获得需要的信息。不同体裁的文章，就要根据其体裁的特点，运用不同的方法快速阅读，正确理解。

按体裁分类是一种基础性分类，实际上，社会科学文献、哲学文献等不太细的分类也可以纳入这部分内容。只是为了专门的学术需要进行了独立分类。区分文章体裁的目的是帮助熟悉某种文章结构，阅读时清楚文章的特定框架结构、层次及段落的组织排列，能把握文章的思路和逻辑关系，提高阅读速度。

1. 分类及其特点

文章的体裁多种多样，常见的有：记叙文、说明文、议论文、应用文、诗歌、散文、小说、戏剧等。本部分重点分析一下日常应用最为广泛的四种文体：记叙文（narrative writing）、议论文（argumentative writing）、说明文（exposition writing）和应用文（practical writing）。

第一，记叙文是以记人叙事为主的文章，要求把事实、事件的发展具体生动地描述出来，是记事文和叙事文的合称。记事文是把个人看到的、听到的或是想像的情形，将人物、地点或事物的形状、色彩、状态、情景、性质、效用、方法记述下来的文章。叙事文，又叫做叙述文，是叙述人物或事物的动作、变化，使人知道事实经过的文章。

记叙文包括的范围很广，如记人、记事、日记、游记、传说、新闻、通讯、小说等，都属于记叙文的范畴。记叙文是描写人、事、景物的情形，其重在现象。记叙文中的抒情是表达自己内心的感觉，唤起他人的共鸣，其重在情感。许多感人至深的好文章，无不包含浓厚与真挚的感情。这种抒写情感的散文，便称作抒情文。

第二，议论文亦称论说文、说理文，就是讲道理、论是非。说明事物的道理或物体现象的知识所重在"理"。以摆事实，讲道理为主要表现形式，作者通过事实材料和逻辑推理来阐明自己的观点、主张，表明赞成什么或反对什么。议论文的信息组织有严密的逻辑性，在阅读中应该注意文章的论点，即文章的主题是什么，再看围绕这一主题的论据是哪些。组织论点论据的逻辑方式就是论说文的论证。

第三，说明文是说明事物形状、性质、成因、关系、功用的文章，以说明为主要表达形式，是对事物、事理以及形象化描述的说明类文体。通过对事物现象的说明，达到剖析本质，阐释抽象的事理、本质、关系、规律等。或者是配合实物、图画的说明，对事物、人物进行讲解说明。

第四，应用文是人类在长期的社会实践活动中形成的一种文体，是人们传递信息，处理事务、交流感情的工具，有的应用文还用来作为凭证和依据。随着社会的发展，人们在工作和生活中的交往越来越频繁，事情也越来越复杂，因此应用文的功能也就越来越多了。

凡是人们日常生活上，为了处理公私事务所写的文字、文书，都属于应用文。如书信、便条、请帖、通知、契约、启示、报告等。

2. 阅读时应当注意的问题

第一，阅读此类文章应当注意学习和了解文章的体裁结构，结合不同文体的文章，准确、快速地定位文体的信息结构，理解不同文体的结构特点，利用文章中的线索，锻炼阅读能力，提高阅读速度和效率。

第二，阅读记叙文的重点，首先要抓住文章的叙事线索，了解作品的时间、地点、事件、人物和事件发生、发展的原因和结果等基本要素。理清记叙顺序，记叙的材料的主从、先后、详略的安排情况。理解描写、议论和抒情的作用。文章是否文情并茂，栩栩如生，文章的思想感情是否鲜明突出。无论篇幅短长、内容繁简，读后对文章记述的事件应有一个清晰的印象。其次，还要注意体会作者的意图，领会文章的精髓。若从写作学习角度阅读还需分析文章的层次、段落、表现手法、言语特点等。

第三，阅读论说文的重点，是把握文章的基本观点、论据及其论证所组成的全局体系，仔细理解文章的逻辑、推理和证明。了解文章的论述，解释事物是否充分，阐明事理是否明晰，分析因果是否恰当，说明意义是否明了，作者的主张是否正当，评驳他人是否中肯，文风是否端正等。

第四，阅读说明文的重点，是了解被说明事物的本质、特征。阅读关于讲解和阐述类的说明文，譬如历史、地理、物理、化学、动物、植物、科学卫生、语言文艺等方面的知识性文字或教材、科学实验报告、器物使用说明等，应当关注事物的特征和本质，理解文章阐述事物的变化过程和规律，解释原因，阐明事理，知其然且知其所以然，重在理解文章对于事物解说、事理的阐释是否条理清楚、简明扼要。阅读述说性的说明文，如工艺流程介绍，人物生平简介，书刊介绍，电影、电视剧的剧情简介，小说和其他文学作品的内容提要，连环画或某些摄影照片的解说词等，应当重视有关事物、人物的简况概述或情节，了解对象的来龙去脉，把握被介绍对象的基本背景和内容框架。

第五，阅读应用文应主要理解和掌握文体的基本格式、应用场合和一般通用的术语等要素。着眼于读者今后在社会交往中对于该类文体的应用。

二、以阅读目的为基础的分类

文字材料所负载的信息，对于不同的阅读目的而言，大致都可分为三部分：主要信息、次要信息、多余信息。大脑对信息的理解是具有选择性的，它会根据不同的阅读目的对文字材料的信息作不同的选择，只要在阅读过程中运用一定的技巧，就能选择那些符合需要的主要信息。

阅读活动首先应注意读者各自不同的阅读目的。各种不同的分类法，标示着不同的分类标准。读者选择某种阅读方法，大抵是以阅读目的为出发点的。阅读方式方法对阅读目的有相当的依从性，研究阅读行为类型是寻找统领阅读方式方法的准绳。

下面主要谈一下以阅读目的而划分的学习性阅读、欣赏性阅读、研究性阅读和创造性阅读。

（一）学习性阅读

学习性阅读是以知识学习为目的，根据目的侧重点的不同，可将其分为积累性阅读、理解性阅读和发展性阅读。

1. 积累性阅读

积累性阅读是以打基础为目的的阅读，强调通过熟读熟记来进行字句篇章及基础知识的积累。积累性阅读有狭义、广义之分。狭义的积累性阅读指的是学习中以积累感性语言材料为目的。一般以语言作品为材料，强调精读和熟读，字句篇章的理解记忆。广义的积累性阅读泛指一切知识、文化积累阶段的阅读 -0 方式多种多样，可以是不确定阅读材料的自由阅读，也可以是有选择的阅读，可以是紧密结合自己工作、学习、生活的阅读，也可以是有针对性地积累自己专业知识的阅读。

2. 理解性阅读

理解性阅读是在积累性阅读的基础上进行的且高于积累性阅读的一种阅读，是一个不断发现问题、分析问题、解决问题的过程。要求读者能正确理解读物的字、词、句、段落、层次以及各部分之间的联系，把握文章的主题、要点、写作特点，并能用自己的语言对读物进行准确的概括。在理解性阅读中，读者必须努力确定作者提出的主要问题、次要问题，筛选文中的关键词，辨析文章中的句、段、层次及表达方式，联系作者的思想、时代、语言环境把握全文，并结合自己的经验对读物进行能动的理解、认识。

积累性阅读和理解性阅读比较起来，前者强调的是基础、接受、积累；后者强调的是理解、把握。前者是较初级的积累，后者则是较高级的积累。

3. 发展性阅读

发展性阅读是以培养阅读基本技能为目的，带有自觉训练特征的阅读。美国教育心理学家哈里斯认为，发展性阅读作为一种发展阅读能力的学习手段，主要任务是通过训练性的阅读，掌握阅读基本技巧和增强阅读理解能力。

第一，阅读基本技能内容：①掌握大量熟悉的词汇；②发展根据上下文识别生词含义的能力；③形成良好的眼动习惯；④养成正确的读书姿势和捧书习惯；⑤发展朗读技能；⑥发展有一定速度的、流畅的默读技能。

第二，增强阅读理解能力的内容：①拥有丰富、广泛和准确的词汇量；②领会逐步扩大的意义单元（如短语、句子、段落和篇章等）的能力；③寻求特定问题答案的能力；④选择和理解文章主要思想的能力；⑤理清事情发展顺序的能力；⑥记录和回忆细节的能力；⑦把握作者安排文章结构的能力；⑧正确遵循导读意见的能力；⑨对阅读内容作出评价的能力；⑩记忆已读的文字材料的能力。

发展性阅读总的目标是培养和提高阅读能力，主要包括文字的认读能力、理解能力、鉴赏能力和思维能力。

（二）欣赏性阅读

欣赏性阅读即以欣赏为目的的阅读。根据读者欣赏目的的差异，可以将欣赏性阅读分为审美性阅读、消遣性阅读和娱乐性阅读。

1. 审美性阅读

审美性阅读即以审美为目的的阅读。审美性阅读不是把读物当作认识对象，而是当作审美对象。在阅读理解的基础上，充分调动自己的想象与情感，将文学作品的文字转化为生动的画面，通过情感和形象去获得美的感受。它是一种审美性的阅读，因此要求读者具有一定的审美能力和高尚的审美情趣与理想。

2. 消遣娱乐性阅读

消遣娱乐性阅读是人们以消遣娱乐为目的，以兴趣为动力，无任何强制性，用来打发空闲时间的一种不费气力、轻松愉快并带有一定的鉴赏性的阅读。阅读范围广泛有：神话、传奇、历史小说、诗歌散文、科学趣闻、新闻报道、体卫知识等。通过阅读寻求娱乐与心理上的满足。消遣性阅读的动力是兴趣，读者往往凭兴趣选择读物、阅读文章的某些章节。健康的消遣娱乐性阅读可以消除疲劳，在娱乐中增加知识，提高识别能力，受到美的熏陶与教育。

美国学者哈里斯指出消遣性阅读的任务是激发、增进阅读兴趣，促进评价，鉴赏作品，包括九个指标：①把欣赏书籍作为自由闲暇时间的一项活动；②熟练选择娱乐性读物；③获得阅读兴趣和阅读鉴赏的满足感；④形成更为广泛的阅读兴趣；⑤形成更为成熟的阅读兴趣；⑥通过阅读促进个性发展；⑦建立一个区别小说、散文、诗歌、剧本和非文学作品的标准；⑧提高欣赏语言美及语言风格的水平；⑨学会发掘更深的符号信息。

（三）研究性阅读

研究性阅读即以研究为目的的阅读。根据研究目的的不同，又可划分为评价性阅读、专题性阅读、校勘性阅读及考证性阅读。

1. 评价性阅读

评价性阅读是一种侧重于理性认识的阅读，强调在理解基础上的价值判断。它以评价读物为目的，要求在真正理解读物内容的基础上对其所表达的思想、观点、及表现手法加以全面评价。评价性阅读要求对读物有全面、深入的了解。把作者生平、写作背景与作品联系起来加以综合考察，对具体作品展开具体分析。

2. 专题性阅读

专题性阅读是以一定的课题为中心，多部或多篇作品相互参照的综合性阅读。最突出的特点有：

第一，选择性。由于它的目的非常明确，目标常常限制在不太大的范围之内，阅读中，读者只挑选有关内容来读而将那些不需要的部分淘汰。

第二，客观性。必须依据课题的需要尽可能全面、详尽、准确、客观地获得所需要的知识，而不能主观随意取舍。

第三，综合性。通常把不同著作中的相关部分联系起来对比研究得出某种结论，而不要求通读整本著作。

专题性阅读不同于积累性阅读。专题性阅读是把知识当作进一步思考的起点，而积累性阅读则是把知识的获得当作阅读的终点。

3. 校勘性阅读

校勘性阅读是以校勘为目的的阅读。所谓校勘，即用同一部书的不同版本和有关资料，探求原文的真相，比较文字异同，订正谬误，求得对读物词句的正确理解。

4. 考证性阅读

考证性阅读是以考证为目的，专业性很强的一种阅读。所谓考证，即研究文献或问题时，通过事实的考核和例证的归纳，对某一问题作出结论。考证要求事实确凿、例证丰富。

（四）创造性阅读

1. 创造性阅读

创造性阅读是带着提出某种新见解的目的去发现从未有过的答案，从而产生创造性结论的阅读。而一般阅读总是把注意力集中在作者身上，注意作者提出了什么，是怎样提出的，怎样论证的。爱因斯坦曾说，他最善于在浩如烟海的书籍里"找出可以把自己引向深处的东西"，然后"把其他一切统统抛掉"，着眼于"深处"的思考研究，直到把握这"深处"的奥秘。

2. 创造性阅读的特点

创造性阅读带有很强的研究性，要求读者站在时代的认识高度来进行思考、提出问题、分析问题，从而得出比以往材料更准确、更完备、更深刻、更有说服力的结论。创造性阅读的基本特点为：

第一，带着问题阅读。为了解决某一问题，创造性阅读常常要搜寻多种材料，找出问题的解释或解决办法，而不局限于某一本、某一类书。

第二，带着疑问阅读。打开科学的钥匙是疑问，有质疑，才能发现问题，提出问题，寻找真理，有所创造。

创造性阅读是一种充满生命活力和创造激情的阅读，是最高级的一种阅读形式，也是最困难的一种。就每一个读者来说，应该选择和确立较高层次的阅读。

三、以阅读发声形式为基础的分类

阅读时，根据喉咙是否发声而划分为朗读和默读。

（一）朗读（loud reading）

1. 朗读

朗读是书面语言的有声化，是化无声文字为有声语言的阅读活动。朗读应注意重音、停顿、语调、速度，正确把握读物的思想内容，区分不同文体。要求吐字清楚，发音准确。注意运用朗读，可以帮助读者以声解义，领略文章的精妙之处，提高理解能力和写作能力。并能使读者感受文字作品中的词语概念、语法修辞、感人的情景描写、优美的韵律节奏等。

2. 朗读的优势

第一，朗读能使读者形成正确的语感。既然朗读是阅读的一种形式，那么首先眼睛必须准确捕捉文字信号，并注意其拼写、发音及整个句子的正确的语音语调。朗读发出的语音对大脑产生刺激，久而久之就会逐渐形成一种条件反射，而这种条件反射便是语感。朗读越多语感就越强。

第二，在识记方面，朗读能力的发展水平是影响识记效果的重要因素。朗读水平高其识记效果就比较好，尤其在诗歌识记，朗读比默读好。

朗读也非常有助于记忆单词。朗读是一种眼、脑及发音器官并用的实践，通过熟读记生词，是运动记忆过程，而运动记忆可以形成技能。因此，一个人的词汇量大小同他朗读的多少有着密切的关系。

第三，朗读有助于提高听的能力。任何一种语音都有标准的语音语调，这种标准的语音语调可以用一种特定的曲线来表示。只有通过长期的朗读实践，学习者才能使自己朗读的语调曲线同标准的语调曲线趋于吻合，这样才可以听懂用标准语调所表达的全部意义。

3. 朗读的不足

朗读时读者把单词的每个音节都发出来，这就必然影响阅读速度。另外，朗读不仅在公共场所会影响别人，而且自己稍不专心就会形成假读（oral pseudo-reading），虽口中念念有词，心里却不知所云。再加上朗读时比较注意正确的语音、语调，而忽略了理解。所以朗读不利于理解句子结构的深层意义。

（二）默读（silent reading）

1. 默读或无声阅读

默读或无声阅读是一种不出声的阅读方式。读时不动唇、不动指、不心诵，通过视觉，直接理解、识记读物内容理解作者的思想。它和思维联系在一起，能够表征文章的一系列关键词和概念，具有隐蔽性特征，常以简略、概括的形式出现。句子的大量成分被省略，只保留要点，可以用一个词或一个词组来代替一系列完整的陈述。

默读在实际运用中更为广泛。默读时人的发音器官被抑制，读者对文字的感知是眼脑直映。由于省去了读物的发音，阅读速度明显优于有声阅读，也更利于读者对读物的理解与思考。许多人认为：默读是朗读的终极目标，是阅读的基本方式。

默读要求内部语言有较高的发展，对词句能进行综合分析，明确语句间的意义和内在联系。当意识不再是指向文字而直接指向读物的内容时，便学会了默读。默读技能的获得一般分三步：首先是低声阅读，能理解读物的意思；其次是无声阅读，伴随着潜伏的声音活动，要求要有唇动并能理解读物的内容；最后是完全默读，没有心诵并能理解、识记读物的内容。

2. 默读的优点

第一，从速度看，默读要比朗读快。默读能大大提高阅读速度，无声阅读要比有声阅读快得多。这是因为默读与朗读的机制不同。有声阅读是眼、脑、口、耳四个器官一起活动，文字符号反映到眼睛，再传到大脑，大脑命令嘴发音，耳朵再监听辨别正确与否。多了外部发音和言语听觉分析器的核准作用，动作自然较慢。而无声阅读可以直接从文字符号转化为意义单位，只是运用眼和脑，省去了口的发音和耳朵的监听，因而速度要快。同时，朗读时需一面注意内容，一面注意发音，注意力没有默读时集中。据实验证明，不出声阅读比出声阅读的速度要快一倍以上。默读是快速阅读的基础，一旦有了一定的英语基础，就要注意培养自己的默读技能。抑制发音器官的动作，不发出声音来，消除脑子里潜在的词语语音印象，力求完全做到通过视觉器官，直接迅速感知文字信号，并尽量避免"复视"。只有这样，才能提高阅读速度，达到最佳效果。

第二，在理解方面，默读也优于朗读，但其优势不如在速度方面显著。一般说来，朗读有助于识记、背诵，而默读有助于理解内容。

第三，在识记方面，朗读能力的发展水平是影响识记效果的重要因素。朗读水平高其识记效果都比较好，在诗歌识记上，总地来说，朗读比默读好；论说文的识记，则默读比朗读好。

3. 默读技能的形成过程

国内外对默读能力的测量指标均有研究，美国心理学家E.L.桑代克应用其默读量表(reading scale)，将默读能力分析为四个因素：权衡句中各字、组织各字关系、选择各字含义和决定最后反应。

默读技能的形成过程大致可以分为以下两个阶段：

第一，小声"默读"阶段。不时发出轻而急促的声音，嘴唇不断起动，口中还念念有词，不能把看到的字直接"译"成意义。如果突然要他们不出声，他们就会不知所措，回视次数增加，阅读效果下降。

第二，无声阶段。能准确地进行大单位阅读，并能根据上下文的意义，不待端详整个字句的结构就能迅速看懂。

4. 提高默读的方法

第一，培养良好的默读习惯。阅读时，纠正低诵、斜视、左顾右盼等不良习惯，做到不动唇、不出声、专心默读。即使没有发出声音，但嘴唇还在动，也会妨碍阅读速度的提高。

第二，训练默读速度。一旦养成了默读的习惯，就应逐步提高默读速度。对默读速度的训练可采用扩大视幅（eye span）按意群阅读、迅速浏览跳读略读、定量计时阅读、语境语意下猜测阅读等方法。

（三）朗读与默读的关系

朗读和默读各有利弊，是两种相辅相成，互相促进的阅读方式。对学习英语的人来说，顾此失彼都不会收到良好的阅读效果。读得越多，见识就越广，语感就越强，对语言的理解也就越深。

众所周知，初学阅读者通常始于识字和朗读，然后过渡到默读。这是由朗读在语言学习过程中的重要性所决定的。

从阅读心理的发展看，朗读技能的发展一般先于默读。最初的阅读过程，言语运动器官起着非常重要的作用。出声的言语好像是感性支柱，通过它保持言语视觉与其他器官之间的联系，从而把书面文字与它的含义联系起来。随着朗读能力的发展，人们对文字的感知和对内容的理解距离日益缩短。只有在这个基础上，才有可能更好地从朗读向默读过渡，逐步发展默读能力。在默读时，词的视觉形象就能直接引起理解。至此，言语运动成分就逐渐不明显了，就被省略，从而阅读效率就可大大地提高。

四、以教学实践形式为基础的分类

英语阅读以教学实践形式为基础进行分类，常见的有精读、泛读和快读。

（一）精读（intensive reading）或细读（reading in depth）

1. 精读的定义

精读就是全面、仔细、反复地读以达到对读物的充分理解。重在质，目标是深刻理解。要求对文章细读，逐字逐句、逐章逐段地钻研读物，把握细节，注意英语与汉语的不同文化差异。通过深入、细致、反复的阅读，分析、咀嚼、品评，理解文章的全部内容以及各个部分的内在联系，理解其语言、表达方式、技巧特点。通过精细地处理来学习语法、词汇和句型。精读是一个艰苦的、不断理解、记忆、复习、吸收的过程。精读的对象通常是自己工作学习中比较重要的书籍。

2. 精读的特点

1）词汇是精读的基础

词汇是语言的主体，学习语言必须从词汇入手，提高语言水平也必须在词汇上下功夫。所以要对文章里出现的词汇积极掌握其用法，做到熟练运用。对以往学过的旧词汇，注意识别其新义以及在不同上下文的不同含义。

2）精读重在"精"

精读显然重在一个"精"字，即"熟读精思"。朱熹主张"大抵观书先须熟读，使其言皆若出于吾之口。继以精思，使其意皆若出于吾之心"。熟读就是要读准字音，不漏不添一字，反复吟诵，并细细揣摩字形、词义、词类、句式和语句的抑扬顿挫以及语气的轻重缓急。清代散文家刘大櫆说："积字成句，积句成章，积章成篇，合而读之，章节见矣，歌而咏之，神气出矣。"只有通过反复诵读，细细品味，才能慢慢领会文章的气势、节奏、神韵、意义，在潜移默化中受到感染和教育。

3）精读贵在"思"

"学而不思则罔"。精思是在熟读的基础上，动脑思考，深刻领会文章内容。如词语的修饰、笔墨的详略、结构的安排、文章的主旨和作者的写作意图等。精思还要手脑结合，运用各种阅读符号圈出重点字词，划出名段，抄录精彩部分，发表自己的感想。有些还需要背诵，但切忌死记硬背，最好的效果是理解性背诵。

3. 精读的任务和目标

第一，精读的任务在于传授系统的基础语言知识，如语音、语法、词汇、篇章结构、语言功能意念等；训练语言的基本技能，如听、说、读、写、译等；培养运用英语进行交际的能力。

第二，精读着重培养阅读技巧，通过对语音、词汇、语法以及英语所特有的语言现象的学习，从中理解内容，巩固和拓展语言知识，发展口语和笔语能力。一般先略读（skimming），再查读（scanning），最后积累语言知识。

精读要把主要精力放在阅读上，而且要读得快。因为只有快，才能大面积地接触和自然吸收，从而创造出语言学习的新局面。首先，阅读时不能一个字一个字地读，而是要读词组、读意群、读完整的句子，把着眼点放到语言所表达的思想内容上。大脑里对所读材料要有大块大块的概念和印象，绝不能只看到支裂破碎的单词和短语。其次，快读也决不是马马虎虎地读，而是在读的过程中把注意力集中到对情景、内容、人物、背景知识以及矛盾发展的认识方面，还可把读和写结合起来。

4. 精读训练的步骤

进行精读训练的一般步骤是：先疏通词汇，把注意力集中在词汇、短语和句子上，粗知文章的轮廓大概；再研究文章结构，弄清内部联系，然后深入重点，剖析语言，分析内容，把握文章的重点；最后综合归纳，领会作者意图。如果长期这样，就会形成一种条件反射，见到或听到英语就会把注意力集中在词汇、短语和句子上。如此则不利于整体的理解和阅读速度的提高，也不可能使阅读能力发生另一次飞跃。我们应该在训练语言基础的同时，注重语篇水平训练，通过上下文确定词义、语义和获取段落主旨等技能。

有一些阅读的基本技巧在平时就要注意运用，如圈点、摘要等。最好手里拿只笔，边读边将文章出现的重点信息，如时间、地点、事件、任务及数字、生词等勾画出来，通读全文后，再将所勾画的零碎信息快速地串起来，重新组成文章。这样不但有助于阅读的速度，而且还可以回过头来有目的、有意识地核对其中的细节，并养成记录笔记的良好习惯。对文章的生词、语法、句法等难点进行整理，以便复习。

然而，精读有相当大的局限性。接触的语言材料较少，词汇、句型的复现率就不会很高，学过的东西也极容易遗忘，因为"精"也就"快"不起来。所以，只靠精读是不能培养学生具有较强阅读能力的，必须以泛读来弥补精读之不足。

（二）泛读（extensive reading）

源于皮亚杰的结构主义的建构主义学习理论，知识的获得是个体与环境相互作用逐渐形成认知结构的结果，并且这一过程是永恒的。所以在通过自然的引入过渡使参与动机和参与阅读欲望得到增强后，带着问题快速阅读文章、找出各段中心词、理解大意，此过程重在一个"泛"字。

泛读实用性很广，在现实生活中的阅读一般都是泛读。泛读的读速快，注意力主要集中在内容上。只有通过大量的泛读，并从中掌握阅读技巧，才能具有较强的阅读能力。泛读是提高阅读理解能力的主渠道。

1. 泛读的定义

泛读，即广泛的阅读。就教学而言，精读是主体，泛读是补充；就效果而言，精读是准备，泛读是应用。精读和泛读是阅读能力形成的两翼，只精不泛则太陋，只泛不精则太浅，二者互为表里，互相促进。泛读多了，积累也多了。"问渠哪得清如许，为有源头活水来"，学生在博览中不断探索，丰富自己的智慧，也改变思维，提高修养，对今后学习，工作和做人都有裨益。

2. 泛读的任务和目标

第一，泛读的任务在于着重提高阅读理解能力；培养细致观察语言以及假设、判断、分析、归纳、推理、论证等逻辑思维的能力；培养速读能力以及阅读的兴趣，扩大词汇量，增强文化背景知识；进行大量的阅读，理解主要内容，提高对文字的快速感知能力；同时巩固和扩大词汇及语法知识，培养阅读英语的兴趣和习惯，扩大知识面，培养自学能力。

第二，泛读的目标，一是强调在单位时间内更多更好地获取信息，其根本目的是掌握文章的主旨，即了解其基本内容和中心思想。在进行泛读训练时，不必深讲、细讲，对词汇不做过高的要求，对语法不做过多分析。二是为了提高阅读理解能力，对选文阅读理解程度，要有不同层次的明确的目标要求。按理解的程度划分为：表层理解、深层理解、评价性理解。

3. 泛读的重要性

第一，大量泛读创造更多的接触英语的机会，语言的感性知识要通过大量接触这种语言才能获得。

第二，泛读可提供极好的使用、巩固和扩大词汇量的条件。泛读中词汇在一定的语言环境中反复出现，可帮助加强记忆，弥补边学边忘的缺点。

第三，英语中的语法项目，如时态、语态、句子结构、习惯用语等都是通过具有一定思想内容的文字大量出现的，泛读提供了便于巩固、便于学习和比较的极好条件。

第四，在进行泛读的过程中，能实际运用从精读中所学到的知识，便会感到自己的学习有效果、有用处、有进展，也就增强了学习英语的信心。

第五，大量泛读对强化学词行之有效。从外语识记的角度看，对单词的记忆可分为有意识记和无意识记。心理学研究证实，无意识记和有意识记相互配合能最大限度地提高记忆效率。

大量的阅读实践可以促进对单词的无意识记，实验表明，读者把注意力集中在文章整体上时阅读效率最高。泛读能够提高阅读理解水平，扩大词汇量、拓宽知识面、丰富语言交际能力。

4. 泛读应注意的问题

第一，要把泛读与精读区别开来，泛读就要侧重在"泛"字上，要读得多、读得快。应把重点放在掌握选文的基本思想和整体理解上，而不应要求过细、过精的理解。

第二，材料的选取。

①趣味性：兴趣是最好的老师，是动机产生的主观原因。因此选取阅读材料要结合自己的年龄特点、实际需要和兴趣，选取贴近生活的趣味性较强的文章。

②难度和篇幅要适中：材料应低于精读材料的难度，生词不宜太多，以便精泛结合，互相补充、互相促进。选材太难或太易都不利于提高阅读理解能力，应按照实际水平，循序渐进，确定读物的难易度以读物的可读性为标准。若读物的难易度适合于读者，在阅读时就不会出现逐词逐句地解码或翻译，以保护阅读兴趣和自信心，同时还要注意从易到难。

③多样化：材料内容应多样化，如故事、寓言、童话、人物传记、科普读物、社会文化、文史知识、风俗习惯、新闻报道、广告说明、信函、图表等。无论选取何种题材，都应侧重真实性和可靠性。应尽可能涉猎交际功能强，实用性强的应用文，以及各种体裁、题材的文字资料。如果有条件，还可以读一些英文版的简易读本。这对于了解各种文化的共性和差异，形成良好的文化意识会有所帮助。

第三，读法不要千篇一律，可根据所读材料的特点，作不同的要求，对写得精彩或特别有趣的地方，也可作精读、精细处理。

5. 泛读指导

第一，明确阅读目的。明确阅读目的主要是为了获取信息、培养阅读习惯和思考能力，培养持续学习的能力，而不是单纯着眼于语言，因此，要把阅读量大小的考虑放在首要位置上。

第二，养成良好的阅读习惯。应克服精读的负迁移作用，摒弃那种手点式的"指读"或在心里"默读"的阅读方式，采用"组读（phrase reading）"的方式进行阅读，即按意群（sensegroup）将句中的词分隔成若干单位，按组扫描，捕捉有关信息。在阅读时，意群的划分并不全在纸上，而是靠眼睛的直觉，按语法、词义和语境，在很短的时间内完成。

第三，处理好读速与理解率的关系。理解和速度是泛读的两个基本要求。只有读速而理解率低的阅读是无效阅读，但片面追求高理解率而放慢阅读速度，一词一句去抠，这样做即使理解率达百分之百，也无益于提高阅读能力，应在基本理解的前提下提高阅读速度。

6. 精读与泛读的关系

与精读相比，泛读是综合性阅读，主要是语言知识的应用。但是，应当指出，从认知心理学的观点看，知识和能力不可截然分开。从心理活动来讲，知识是已得到的信息，在人大脑中按知识的网络系统，有组织的储存，而能力则是将已储存的知识提取出来加以运用的水平。可以说，知识是能力的基础，能力反过来又影响新知识的获得。泛读为学生提供大量阅读的机会，对学生增加词汇量，加深对词汇含义的理解，增强语感和提高阅读理解能力有重要作用。《大学英语教学大纲》里规定的泛读量接近精读量的五倍。

精读的特点是要求读得精，从而弄懂文章中的难点、难句和各种语言现象，掌握某些词语和语言规律，透彻地理解和消化文章的内容。泛读则是在精读的基础上，提高阅读速度，培养对原文的理解能力，丰富其知识，扩大词汇量，增进语感，提高语言修养等。精读与泛读是相辅相成，互相补充的不可分割的两个部分。精读强调阅读质量，泛读强调阅读数量。阅读时应注意精中有泛，泛中有精，以精带泛，以泛促精。另外，还有快速阅读，强调阅读速度。

（三）快读（skimming and scanning/fast reading）

1. 快读的定义

快读是指有一定时间限制、讲究效益的阅读，通常又称快速阅读。就是由逐字认读过渡到逐页认读，由字到词——由词到句——由句到行——由逐行认读到逐段认读——由逐段读到逐页认读的过渡。快读的特点是讲究速度，且是在理解基础上的速度。要求在有限的时间内迅速完成答题者和出题者书面交给的任务，用尽可能少的时间，获得尽可能多的信息。快读有利于节约时间、提高效率，也符合当今知识剧增信息时代的需要。

2. 快读的必要条件

快读不是一种孤立的能力，它必须以了解一定的基础知识为先决条件，以具备一定的词汇和基本语法为基础，还要掌握一些重要的阅读技能。如果没有语言基础，阅读材料通篇都是生词，语法难点很多，即使掌握了一些快速阅读的技能，速度也快不了。反之，如果只有语言基础知识，而没有阅读技能，要想读得快，读得多，也是不可能的。但是，如果对材料的内容缺乏基本常识，即使语言基础好，并具备阅读技能，也不可能"快读"。基本知识、语言基础、阅读技能是快速阅读的必要条件。

基本知识主要是指所涉及英语的专业知识，没有一定的专业知识，要想把内容理解透是相当难的。语言基础知识主要指词汇量和句型结构。要有一定的词汇量，包括公共部分和专业部分。要有一定的句型分析能力，英语文章最大的语法难点是句型，句型中的难点是定语从句。一个长句子，往往是定语从句的连环套作怪，定语中套定语，这给阅读带来很大困难。因此，要能够进行层次分析，准确把握各从句之间的关系，了解词性的变化，名词的动用和动词的名用，才能提高阅读速度。

3. 快读有利于智力开发

英语快速阅读是一种行之有效的培养和提高人们智力的方法，通过快速阅读，不仅可以促进学习英语的积极性，而且还可以锻炼注意力的集中，增强观察力，培养思维力和想象力，提高表达力和听、说、读、写的综合能力。

第一，培养注意力。快速阅读时，控制自己专心致志，注意力高度集中于某一件事，这是有效地进行学习或从事任何工作的首要条件。

第二，增强记忆力。记忆力是识记事物及其过程的能力，记忆有瞬时记忆和长时记忆。无论是瞬时记忆还是长时记忆，对学习都相当重要。语言的学习和言语能力的培养更是离不开记忆。记忆力强的人总是反应敏捷，而记忆力差总是和迟钝联系在一起的。在英语学习中死记硬背当然不足取，但一定的记忆也很必要，特别是要有意识地培养和增强记住所要学习的知识，而且还能强化和提高记忆力本身。

快速阅读能很好的增强有意记忆。一篇文章不要求完全照搬地死记，但关键句、关键词、时间、人物、地点、事件、原因，则通过几分钟的同步阅读，既要找出，又要记忆下来，这不是件容易的事。快速阅读时必须一点不松懈，全身心地投入，毫无保留地挖掘其智力潜能。

第三，促进观察力。观察力包括分析、比较和归纳、综合的能力，是透过现象看本质、分析问题、解决问题的能力。这种能力是智力的集中体现。

4. 快读应注意的事项

第一，快读时注意力须高度集中，快读、快想、快记，尽量做到不回视、不重读，养成一定时间读完某读物的习惯。快读不同于浏览，它是一种积极的创造性阅读。它既适用于精读，也适用于略读。

第二，快读要学会默读。阅读时不出声、不动唇、不心诵，由眼睛直接把文字反映到大脑。省去"符号—声音—意念"的中间环节，由符号直接过渡到意念，就有可能提高阅读速度。

快读必须扩大视幅，由一个字或一个词为单位的"点读"，过渡到以一个词组或一个短句为单位的"线读"，再过渡到一眼即能看整行文字，视线不必左右移动，可以一行一行自上而下地竖读的"面读"。人们的眼睛不是循序扫视一行行文字，而是一下一下地保留注视，每一次只整体地抓住一行的重点。每一次视线集中的小区域前有一个比较模糊的区间，它的范围大小、感知多少，随着阅读的人和他们的阅读能力而不同。

第三，在快速阅读的过程之中，略过无关信息，筛选有关信息，利用标题、段落、黑体、斜体、图表、图画、主题句和关键词语，辨认要点，迅速有效地获取重要信息。但是，要想提高阅读速度，进行快速阅读也需要一些具体的方法和技巧，如快速泛读、计时阅读、略读和查读等。

五、以阅读方式为基础的分类

上面讲到的朗读、默读、精读、泛读和快读也可说是以阅读方式分类，除此常见的还有：略读、寻读、全读、慢读和研读等。

（一）略读（skimming）/跳读（skipping）/浏览（glancing）

1. 略读的定义

略读又称跳读、浏览或点式读法，是对文献资料或书籍进行有选择性的、跳跃性的阅读。从形式上说，跳读是读一部分舍一部分；从本质上探究，就是古人说的"钩玄提要"式的朗读，是一种专门的、非常实用的快速阅读技能。要求读者有目的、有选择地迅速而准确地查找具体事实或特定信息，可跳过某些次要细节，抓住文章的大概、重点，以求尽快地获取文章大意或主题思想，从而加快阅读速度。

略读是一种选择性阅读，旨对材料快速浏览，领会主旨，把握整体。侧重点在于抓住文章的主要内容，确定作者在文中表露出来的态度、倾向性，并能就文章的主要观点作简要的分析。因此，略读时，应该抓住文章中的一些标志性的词句，如文章的题目，每段的开头与结尾带有观点性的陈述句，而对于个别生词和难以理解的句子可以略过，通过跳跃性的阅读获得对读物概貌的了解。

2. 略读的一般程序

第一，浏览文章的标题、图表，思考标题所揭示的全文要阐述的问题或观点。

第二，对文章的主体部分采取提要钩玄的办法阅读。

第三，读开头部分主要词句段落，了解作者的撰写动机、基本观点及全文将要论述的主要内容。

第四，读文章的结尾部分，了解作者的结论及其意义。

从每个段落的开头和结尾处寻找文章的主题句和结论，从而了解文章的重要信息，对文章的内容、结构和作者的写作意图有一个整体印象。

3. 略读与精读的比较

略读和精读是依据阅读的粗略精细划分的。略读偏重于阅读理解的广度，精读偏重于阅读理解的深度。略读是相对精读而言，概括了解文章主要内容的一种快速浏览，是为了解文章的大意，获得特定信息而进行的符号辨认过程。读者不需仔细品评、分析、咀嚼、细读全文，而是有选择地进行跳跃式的阅读，求其概要，重在量和速度。

略读常常用于开阔眼界、丰富知识的涉猎性阅读。如调查和寻找与自己学习、工作、研究有关的资料，了解某一学科领域动态，某本书该不该读，有哪些东西值得注意。叶圣陶指出"就教学而言。精读是主体，略读只是补充；但是就效果而言，精读是准备，略读才是应用"

（二）寻读／查读／掠读（scanning）

1. 寻读的定义

寻读又称为查读或掠读。同略读一样，寻读也是一种快速阅读方式。其目的是从较长的文字资料中查寻特定的细节内容。是一种从大量的资料中迅速查找某一项具体事实或某一项特定信息，如人物、事件、时间、地点、数字等，而对其他无关部分略去不读的快速阅读方法。运用这种方法，读者能在最短的时间内掠过尽可能多的印刷材料，找到所需要的信息。

2. 寻读的特点

第一，寻读作为一种快速寻找信息的阅读技巧，既需要速度，又要求查读的准确性。具体地说，寻读带有明确的目的性，有针对性地选择问题的答案，因此，可以把整段的文字直接映入大脑，不必字字句句过目。视线在印刷材料上掠过时，一旦发现有关的内容，就要稍作停留，将它记住或摘下，这样既可以保证寻读的速度，又能做到准确无误。

第二，寻读也是一种有选择性的阅读，所选择的内容往往是文章中某些具体的事实和信息。查读时，直接以某个细节的关键词为寻找对象，目光迅速扫过文章，发现目标词则迅速锁定。当查阅工具书、翻阅分类广告、浏览节目单和列车时刻表时，或在某篇文章里搜寻年代、人名或地名，以及所列举的事实时，所用的就是寻读。

3. 寻读与略读的比较

寻读与略读不同，略读时读者事先对材料一无所知，而寻读则是在读者对材料有所了解的情况下进行的。只有把略读和寻读很好地结合起来，才能在最短的时间内浏览全文，熟悉文章主题和结构安排，做到有的放矢。

（三）全读（full reading）

全读即是从头到尾通读。要求对读物内容进行仔细体会、分析、评价，全面深刻地把握读物的内容。全读含有研究、慢读的特点，通常用来阅读那些参考价值较高的文索、文献资料及书籍。

（四）慢读（slow reading）

1. 慢读的定义

慢读与快读是根据阅读速度划分的，慢读是精细读书的一种方式，是以一定的知识、能力为基础的。知识丰富，善于思考，分析理解力强，熟悉语言符号、文体形式，才有可能进行快速阅读。

2. 慢读的特点

慢读的特点是对文章的字、词、句、章进行细心的、反复的琢磨、甚至重复阅读。它不受时间限制、不计较时间长短。慢读用的时间较多，并不意味着眼睛扫视文字的速度放慢，也不意味着一字一句地指读。之所以慢，是由于阅读时字斟句酌、琢磨推敲、用心思考。

（五）研读（study reading）

研读属于精读的范畴。其目的在于让学生理解文章细节、段落大意以及段落之间的联系，促进对篇章结构有更深层的理解。在这一步骤中，教师应指导学生运用已有的知识和生活经验对文章中的信息进行逻辑推理和分析判断，帮助学生准确地理解文章字里行间的深层含义。对于长句、难句、关键句，教师应该要求并指导学生重新仔细阅读，以便获取准确信息。同时教师还可以启发学生对所读到的信息、作者的态度等作出简要评价。

英语阅读分类的目的是为了使读者明确阅读对象的基本类型，便于采用和选择不同的阅读方法和技巧，制定有针对性的英语阅读策略。英语阅读的分类是复杂多样的，分析讨论只能是重点的和基本的，并且分类方法的观点也不是完全一致的。因此，我们的分析只是阅读分类的一种观点，不是唯一的，更不敢妄谈是绝对恰当或者正确的，该分类的提出与讨论，是为了方便读者参考、也是抛砖引玉，以期推进阅读分类的深入研究。

第四节 英语阅读特殊文体及其文本特征

一、广告

在现代社会中，广告已渗透到了人们生活的各个方面，广告的语言也逐渐形成了独特的风格。广告文体是一种具有很高商业价值的实用文体。在英、美等英语国家里，广告充斥于社会生活的每一个角落，它已成为西方社会生活的一个重要组成部分。广告必须具备"推销能力"（selling power），使人听到或读到广告后能产生购货的欲望；广告必须具备"记忆价值"（memory value），给人以深刻的印象，使人能随时想起某类商品的长处和特点。为此，广告必须引人注目，具有"注意价值"（attention value）和"可读性"（readability），英语广告文体（advertisement English or English for advertising）的语言特征都是与广告的上述特点紧密相关的。

英语广告文体的语言属于"鼓动性的语言"（loaded language），有着强烈的"说服力"（persuasive power）。它能影响人们的价值观和人们的生活方式，具有极其明确的物质目标。在词汇、语法和修辞方式等方面，广告英语有许多独特之处。它所使用的语言具体、扼要、简明、夸张、俏皮，其作用则是一个，即促使看或听广告的人去行动，如购买某种商品。

广告英语的词汇特征（lexical features）主要表现在以下几个方面：1）复合词多；2）词的内部结构比较简单；3）积极肯定、褒义的词占绝对优势；4）专有名词出现率高；5）大量使用形容词。为了推销商品，广告商难免要对商品进行粉饰美化，自然需要使用大量的形容词。

广告英语的语法特征主要表现在以下几个方面：

1）广告文体比较口语化，句子简单

广告文字的口语化和简单化是实际应用的需要。因为简单的文字容易理解，人们可以在很短的时间内把它看完。而口语化的文字使人感到亲切，不拘束，能赢得读者的好感。文字简单化的一个特征是句子很短。

2）由于广告英语属于"鼓动性语言"，祈使句在广告中出现的频率较高

它可以出现在广告的开头，也可出现在广告的中间，但较多的是出现在广告的结尾。其目的是劝告或怂恿顾客立即行动，去购买某种商品。

3）广告英语中还常使用省略句，使得广告文体具有明显的非正式文体色彩。运用省略句一方面是由于广告篇幅的需要，另一方面是为了使文字简洁。在省略句中关键的词语显得十分突出：

Make it a Mild Smoke.

Mild Seven.

Smooth, rich, rewarding.（日本 Mild Seven 牌香烟广告）

二、诗歌

（一）阅读和欣赏英诗要注意的几个环节

1. 了解诗的大意

真正透彻理解一首诗是很不容易的，但只要我们抓住诗中的意象，掌握这些意象是如何以独特的方式反映现实的，了解意象所暗示的语义，我们还是可以把握住诗的大意的。如果对诗的大意不能有一个较确切的了解，那么我们就无法进一步分析或欣赏诗歌。因此，了解诗的大意应该是英诗鉴赏的第一步，也是最根本的一个步骤。

2. 要有丰富的想象力

培根曾经说过："历史与记忆力密切相关；诗歌与想象力密切相关；而哲学则与理智分不开。"（History has reference to the memory, poetry to the imagination, and philosophy to the reason.）诗人的创作是想象力的结晶，所用的语言是形象性的语言。因此，在鉴赏诗歌时，我们也应该张开想象的翅膀，按照诗人所给的意象提示，深入发掘诗人的想象世界，领会诗的意境，并努力使自己置身于其中。这样，我们便能透过诗的字面意义进入诗人为我们开创的那个世界。

3. 诗的语言是富于感情的语言

因此，在鉴赏诗歌时，我们应努力体会诗人所抒发的感情。如果说科学家是以其科学的发现诱人，哲学家以其逻辑性和理智的深刻而惊人，那么诗人则是以其情感动人。诗的语言包含着七情六欲，而鉴赏诗也该从七情六欲入手；要能做到随诗人之喜而喜，伴诗人之忧而忧，实现感情上的融合与沟通。只有这样，才能领悟和体会诗中的妙处。

4. 要学会分析诗人是如何运用常规的或变异的表达方式去创造诗的意境和抒发感情的

在分析诗的语言时，我们既要分析其用词特点，又要分析其句法特征；既要考察语音对烘托和加强语义的功能，又要考察音韵的表达效果；既要注意诗中的修辞手法，又要注意整体结构。这样，我们便可发现：一首诗是一个自给自足的整体，其中包含着供我们进行语言分析的全部材料。

（二）英语的语言特点

诗的语言，在词汇和句法方面，和一般文学语言有一致之处，也有不同之处。诗人故意用一些与日常不同的词语，在句法上也打破常规，颠来倒去。他们有所谓"诗的破格自由"。他们这样做，是为了产生特殊的效果。诗的词汇和句法的独特之处，也就是对常规来说的变异，是值得研究的，因为它是构成风格的重要因素。

粗略地说，诗有三种语言风格：古雅的、普通的和奇特的。这三种风格当然不是可以分得一清二楚的；实际上它们之间重叠之处很多，尤其是我们称之为"普通"的语言必然会进入另外两种风格，因为本来它就是语言的核心部分。有些诗的语言风格很可能是介乎两种风格之间的。

（三）英诗的节奏与格律

节奏实际上是自然界的一个原则。四季的交替、月亮的盈亏、潮水的气伏，都有各自的节奏。对于人来说，心的跳动、肺的呼吸、腿的行动也都是有节奏的。很多劳动都有节奏，如打槌、拉锯、挖土。音乐、舞蹈和诗歌在一定意义上表现了自然和生命所固有的节奏。

诗常被看作是"节奏创造的美"，它不仅供人阅读与欣赏，而且是供人吟诵的。

一首诗往往包含若干诗节（stanza/strophe）；每一节诗又分若干行（verse/line）；每一行诗又分为若干音步（foot）。音步是由重读音节和非重读音节按照一定的规则排列而成的，由此产生诗的格律（meter/measure）。英诗讲究节奏（rhythm）与和声（harmony）；而节奏与和声来自诗的格律、音步和韵脚（rhyme）。英诗的格律、音步和韵脚是有一定规律的。

依照重读音节与非重读音节的排列规律，一个重读音节和一个或两个轻读音节搭配起来，便组成一个音步。

（四）英诗的音韵

英诗的音乐性除体现在语音、语调、节奏、格律等方面外，还表现在音韵上。音韵是通过重复使用相同或相近的音素而产生的。音韵可以加强语言的音乐美，增添艺术情趣。

在英诗中常出现的音韵有以下 6 种表现的形式：

1. 头韵（alliteration）

在一行诗或一个句子中由于相邻的词的起首字母（元音或辅音）发音相同而产生的音韵叫做头韵，在词中间的辅音相同也是头韵的一种，但没有在词首那样引人注意。

2. 元音叠韵（或称"半谐音"，assonance）

相同或相似的元音在诗行中重复出现，便构成半谐音。如在 The rain in Spain stays mainly in the plain 这句话中，元音 [ei] 反复出现，就构成了元音叠韵；在 late——fake, bait—lake, beg——let, pitch——sit, boat——hope 等排列中也可发现元音叠韵。由于元音叠韵能给人一种和谐的音乐美，所以许多诗人都喜欢采用。

3. 假韵（consonance）

指的是两个或两个以上的词的词尾辅音完全一致。如 dash—fish, bill—ball, born—burn, send—hand 等。在现代英诗中，假韵有时也用来代替尾韵。如下面一节诗中的 began 与 afternoon 就是按假韵法押韵的：

A quietness distilled,

As twilight long begun,

Or Nature, spending with herself

Sequestered afternoon.

（Emily Dickinson, "As Imperceptibly as Grief"）

4. 倒尾韵（reverse rhyme）

当两个或两个以上词的起首重读音节均由相同的辅音加上相同的元音构成时，便产生"倒尾韵"。如 great—grazed, send—sell, sold—soul, student—studio 等。GM Hopkins 在"Binsey Poplars"一诗中写道：

My aspens dear, whose airy cages quelled,

Quelled or quenched in leaves the leaping sun,

All felled, felled are all felled.

这里的 Quelled—quenched, leaves—leaping 均分别押"倒尾韵"。

5. 类尾韵（pararhyme）

当一个词的起首辅音和词尾辅音相等时，虽然两个词的元音不同，但仍能产生一定的音韵，这种音韵便叫做"类尾韵"。如：great—groat, send—sound, spit—spat, vest—vast, cat—cot 等。

英语中押韵的单音节词应符合以下三个要求：

1）重读的元音（不是字母）应相同；

2）如元音前有辅音，辅音应不相同（元音前面的音素必须是不同）；

3）如元音后有辅音，辅音应相同（也就是元音后面的音素必须相同）。

6. 尾韵和意思的表达

除加强音乐性外，尾韵对诗的意思表达也起作用。诗人往往使押韵的两行或更多的行表达一个完整的意思。读者在知道一首诗的韵律之后，便产生一种期待心理，也就是期待押韵的那一行的到来。如果那一行，连同最后的押韵的那个词，非常精彩，是他料想不到的，他会赞叹不已，而且感到满足。

7. 无韵诗

有的诗人认为在某种情况下，如写长篇的叙事诗或诗剧，尾韵会束缚思想，影响自然、奔放的表达，或者认为尾韵过多反而刺耳，所以采用无韵诗（blank verse）的形式。

传统的无韵诗一般为抑扬格五音步为一行，还有明显的节奏。莎士比亚的诗剧基本上是用无韵诗写的，弥尔顿的《失乐园》（Paradise Lost）、丁尼生的《尤利西斯》（Ulysses）也是用的这种诗体。

（六）英诗的形象

诗对事物的描写，常常很具体，对读者的感官起作用，使其得到明确的感受。这种具体的描写就是我们所说的形象或意象。本来就是实物的，如山水、花木、鸟兽、器物，对它的描写自然是具体的。本来不是实物的，如场景、事件、印象、感情、情绪、愿望、概念，等等，诗人也往往给予具体的描写，绘出想象的形象，使读者在心中构成一幅图画。

诗人在创造形象时，常常采用比喻的方法。用花来表示美，既是比喻又是形象。为了讨论的方便，可以这样来区分两者：一个具体的比喻是比喻．而一节诗或一首诗所呈现的画面则是形象。形象可能包含许多比喻或其他描写的方法。

三、法律文件

法律文件的范围和特点：法律文件包括法律、条约、契约、合同、保证书等。这类文件涉及人们的权利和义务，因此需要用词准确，丝毫马虎不得。对于法律条文和契约内容如何解释通常是法官、律师的事情，因此，一般说来没有必要写得很通俗。起草法律条文和契约的人首先着眼于文字的严谨，采取一切手段防止误解或歧义现象的产生。为了稳妥和避免可能引起的误会，起草人和律师通常援引成规范例。这一切就构成了法律文体特有的稳定性和保守性。

法律文件具有以下一些特点：

1. 词义

在用词方面，有些常用词在法律中意义有所改变，例如．action 在法律上是"起诉"的意思，counterpart 是"文件副本"的意思，serve 的意思是"发放法律文件"，等等。

2. 句式

在句式结构方面也与其他正式文体不同。句子远远超出英语句子的平均长度，有时一个段落由一两句话组成，句子结构比较复杂，往往包含较多的从句和修饰语。正因为如此，有时法律文件又显得啰嗦难懂。

3. 标点符号

法律文件的另一个突出特点是文中很少使用标点符号。标点符号的主要作用是帮助朗读，而法律、合同这类文字主要是供研究的书面文字，标点使用得少并不构成理解上的困难。

4. 语法特点

语法方面的特点之一是很少使用代词，只有在上下文十分清楚不致引起误解的情况下才使用代词。法律文件中代词之所以少用主要是因为起草法律条文或合同、契约的人担心代词所指日后可能会引起不同的解释。为了避免出现这种情况，起草人宁可一再重复名词。法律文件一般也容许这种繁复的现象。

5. 词汇特点

在词汇方面，有三个特点值得注意：①长词、"大词"使用频率比其他正式文件高，比口语体则要高得多；②有些词只是在法律文件中才使用，在一般文字中已不多见；③在法律文件中表示必须做到的事，在非正式文件中已为"或"所替代。

四、科技文体

科技文体是随着科学技术的发展而形成的一种文体形式，俗称科技英语（English for science and technology）。有关自然科学和社会科学的著作、学术论文、实验报告、专利及产品说明书等均能体现这种文体风格。科技文体不以语言的艺术美为其追求的目标，而是求逻辑上的条理清楚和思维上的准确严密。因此，在遣词造句上，科技文体有其独特之处。

科技文体的用词具有高度的术语性。为了概括社会和自然的现象、揭示客观事物的发展规律，科技文体必须使用表意清楚的专业术语。科技文章种类不同，因此具有各自的特点，但是，总括起来，仍具有一些共同点。科技文体中使用的专业术语多源于拉丁语和希腊语，它们的意义比较稳定，利于精确地表达概念。

首先，科技文章在用词方面要求准确，尽量避免含糊不清或一词多义的情况。科技词汇的来源分三类。一类是借用英语中原有的词。具有科技新义的常用词，"外行人"往往因此而闹出望文生义的笑话。比如，piggyback 在日常用语中指"骑在背上"（如小孩骑在大人背上），但在铁路运输业则指"把载重汽车直接开到火车上运输"，故有 piggyback train 的说法；humor 在日常用语中作"幽默""情绪"解，但在医学上则常作"液体"讲，如 vitreous humor（玻璃体液）；plate 可指日常生活中用的"盘子"，但在印刷业则指"印版"或"图版"，在建筑业指"墙顶承梁用的横木板"，而在电学则指电子管的"屏极"或"阳极"。另一类是从拉丁、希腊语中吸收的词汇，如 atmosphere»autograph, expectation, enthusiasm, parenthesis 等。这类词词义范围狭窄，不易产生歧义或混淆。第三类是新造的词，例如 hormone, allergy 等。

其次，科技文章在表达方面力求清楚易懂；在篇章结构方面，层次比较清楚。

再次，科技文章一般都着重客观叙述，极力排除主观成分，不带感情色彩。例如，使用被动语态较一般文章为多，所用词汇一般也是陈述事实的性质。

最后，科技文章中经常使用图表、公式、符号和代号。

从语法角度来看，科技英语文体具有以下几个主要特征：

1. 动词一般现在时的出现率较高

这是因为在科技文体中，常用一般现在时说明普遍真理，阐明科学定理和定义，描述某种过程等。由于科技文体论述的重点往往是事实、现象或过程等，而不涉及有关的人，故动词的被动语态形式也有很高的出现率。被动语态不仅可使论述显得客观，而且可以突出动作的对象。有人统计过，科技文体使用被动语态的句子要比文学文体多五至六倍。

2. 科技文体的句式比较完整

变化也较少；完全句多，省略句少，长句多，短句少；较多使用形式主语 it 引导的句式和用 that 引导的主语从句。由于科技文体要求叙述全面、严谨、富有逻辑性，所以主从复合句、同位语、插入语的使用率也较高。

3. 词汇方面

实验指示多用源于盎格鲁·撒克逊的短词、"小词",而一般科技文章则较多使用源自拉丁语合法语的长词、"大词"。科技文体既要求句子的容量大,能表达复杂的内容,又要求语言简洁,不能拖泥带水,因此经常使用符号、公式和通用的缩略语,并较多地运用名词性前置修饰语如 eight fixed open hearth steel melting furnaces(八座固定的平炉炼钢炉),radar range-finder target selector switch(雷达测距目标选择开关)等。为了做到简洁,科技文体也较多使用动词的非谓语形式(现在分词、过去分词、动名词和动词不定式)。"垂悬分词"(dangling participles)在科技文体中不仅允许,而且时常出现。例如,Traveling at the speed of light, it takes two million years to reach the nearest galaxy.

4. 篇章结构方面

科技文章一般都组织严谨,观点清楚,合乎逻辑顺序,没有插叙、倒叙等情况。科技文体并不需要激发读者的感情,因此基本上不使用感叹句、反意疑问句等,也很少使用夸张、拟人、借代、比喻等修饰手法,这与文学文体形成鲜明的对照。

总之,科技文体是一种非常正式的书面语体。

五、新闻报道

新闻报道文体(journalistic writing)是英语中常见的实用文体之一。报纸上刊载的文章五花八门,各有其独特的文体风格。这里我们仅就报纸上的新闻报道(news reporting)部分的语言特点作些综述。

报纸上的新闻报道在现代社会中已成为人们生活中不可分割的一部分,是人们最熟悉的文体之一。它一般由标题(headline),导语(lead,即新闻报道开端的内容提要)和正文(body)组成。标题常被视作"新闻报道的眼睛",它常以独特的表达方式和显要的地位展现在读者面前,借以引人注目。导语可被看作是"新闻的灵魂",它往往围绕新闻报道中的基本要素(即 who, what, when, where, why 和 how),用及其精练的语言把事件的过程和真相一语道破。因此,我们只要阅读标题和导语就可以了解一则新闻的梗概。

1. 篇章结构

报刊文体在篇章结构方面的一个主要特点就是开门见山,在第一句话中就把主要内容出来,以便抓住读者。然后,报道才逐步做进一步解释和说明,介绍有关的背景知识等。在先后排列顺序上,一般是比较重要的和与主要内容关系密切的情况排在前面,次要的和关系不太密切的排在后面。

2. 在语言的运用方面

新闻报道文体有许多独特之处。首先,新闻报道文体常使用在其他文体中不经常出现的新闻体词语(journalistic words)。这些词语反复出现在报纸上,已经成为新闻界的"行话"了,例如,war games, summit talk, show-down, diplomatic round 等。

为了表达的需要和追求新奇,新闻报道文体常使用"临时造词"(nonce words),即临时创造或拼凑起来的词和词组。从表达效果上看,临时造词显然比普通词语更为生动、形象、有力。许多"临时造词"是采用拼缀法实现的，例如，atobomb（=atom bomb），fruice（=fruit juice），VIP，Viper（=a very important person）。

第一章 绪论

第二章 英语阅读影响因素与阅读能力提升

第一节 英语阅读主要影响因素分析

外语教育心理学认为：阅读是一个认知和言语交际的过程，也是极为复杂的生理和心理过程，是一个人的心理要素整体能量的反映。阅读既是一个多侧面、多层次因素制约的复杂智力活动，又是一种语言与思维交互作用的认知过程。

语言学家 Goodman 认为"阅读是一种心理语言猜谜游戏（a psycholinguistic guessing game）"。在阅读过程中，人的感觉、知觉、注意、想象、联想、思维、记忆、言语等，均处于积极的活动状态。人的需要、兴趣、动机、意志、情感、个性等也调节和控制着阅读活动。在这个心理语言活动过程中，读者对由视觉输入的语言文字符号信息进行解码，利用语言的冗余现象有选择地捕捉语言线索，不断地进行猜测，并随时对所获信息进行分类、归纳、判断和取舍，一边推断预测，一边验证修改，以获取作者想表达的确切信息。

一、心理因素分析

当代阅读原理的探索，首先注意到阅读活动中各项心理因素的研究。赖国强著《阅读心理漫谈》一书中写道"科学的阅读方法离不开对阅读心理的研究。从心理学的角度看，阅读是一种复杂的智力活动，它有许多心理过程共同参与"。探索阅读过程中的心理特点与规律，有利于提高阅读效率，使阅读更加科学化。

（一）心理现象一般规律的研究

1. 心理现象一般规律的研究领域

在普通心理学中，心理现象一般规律的研究常分为几个领域：①感觉与知觉；②学习与记忆；③思维与言语；④情感与意志；⑤人格与个别心理特征。这些领域包括了人心理活动的极为重要方面。心理语言学家认为，对语言输入中词、短语和句子的理解只是第一层次，这一层面被称之为结构层次。很多情况下，读者面临第二个层次的理解，即不仅要了解字面意义，而且要了解作者的意图——作者究竟要表达什么，这一层则称之为意图层次。

显然，第二个层次的理解所涉及的语言信息和非语言信息要比第一个层次更复杂。阅读的目的多是获取篇章信息，而不是掌握语言形式。按照交际语言教学的观点，阅读是作者和读者之间的交际。20 世纪 70 年代末，鲁姆哈特、亚当姆斯等人提出了"相互作用"（interactive reading）的理论模式。依照这一理论，文字意义与语境是通过读者与文章的相互作用所产生或再创造出来的。由此可见，阅读理解不是一个被动的、机械的、单纯注重认字释义的过程，而是一个能动的、积极的思维过程，是一个人大脑中新旧信息相互作用与反应的过程。

2. 健全的心理功能是有效阅读的核心

第一，心理是大脑的功能，聪慧的大脑在阅读过程中自始至终发挥着核心作用。

第二，集中的注意力是阅读的起始点，它是保证清晰的感知、深入的思考、牢固的记忆和活跃的联想、想象必不可少的心理条件。

第三，深刻的思考力是阅读过程的主要因素，它是保证从书面语言符号中提取出意义信息的支点。

第四，活跃的联想力是理解读物和把眼前及时信息与已有昔时信息沟通起来的基础。是良好记忆的保证，也是创造性思维和触发灵感的契机。

第五，再造想象和创造想象的能力是准确理解、活化信息、形成新见解的必要条件。

第六，良好的记忆力是储存和迁移知识的保证。

第七，健全的心理过程体现着健全的大脑功能，它们为形成完备的阅读能力和良好的阅读品质提供了物质的条件。

第八，完备的阅读能力是读者智力在阅读活动中的表现。它大致包括：

①从阅读行为的实施看，读者应该能从阅读实际出发解决独立寻找读物、确定阅读目的、选择阅读方法。

②从阅读活动的构成因素看，主要有认读、理解、记忆、速度、技巧等方面。

③从阅读能力发展的层次看，大致有学习性阅读、理解性阅读、研究性阅读、鉴赏性阅读和创造性阅读等五个阶段。

④良好的阅读品质是读者全部心理素质在阅读活动中的体现，是保证阅读活动顺利进行、取得效果的条件。

阅读心理品质，指保证阅读活动顺利进行和取得阅读效果的全部心理素质。阅读实践中，主要是指阅读的主动性、自觉性、专注性、坚持性、记忆性等良好的品质和习惯。也就是自觉地渴求知识的心理，稳定的阅读心绪，持久的阅读耐力，充沛的精力，灵敏的思维，专注的注意力，牢固的记忆品质，克服困难的意志，创新的探索精神以及良好的阅读习惯等。

张之的《读书的艺术》一书中，专门提出了五种"良好的读书美德"，即"树立理想——激发学习的动力；培养兴趣——升华为求知的欲望；锻炼意念——培养攻读的坚韧品性；增强胆——鼓励坚持自强和创新；注意谦虚——不满足已有的知识"。

（二）阅读的心理过程

阅读既是一个多侧面、多层次因素制约的复杂智力活动，又是一种复杂的语言与思维交互作用的认知过程，是由多种心理因素参与的，从书面语言中获得信息的心理过程。认识阅读心理过程的结构以及各种心理要素及其内部联系，对于阅读者自觉地掌握和运用阅读规律，提高阅读效果，具有重要的现实意义。

根据心理学的有关理论与研究成果，阅读心理过程是由阅读的认知过程与阅读的调控过程所组成。读者在了解阅读心理机制的基础上，能进一步发挥主观能动性，把阅读的认知过程与调控过程协调起来，把智力因素与非智力因素结合起来，维持阅读过程中的最佳心理状态，以达到掌握知识、培养能力、实现阅读目标的目的。

1. 阅读的认知过程

1）阅读的认知模式与方式

第一，阅读的认知模式就是用阅读认知理论来简洁直观地揭示阅读活动中各种因素的相互关系及其发展过程。鲁梅尔哈特提出的"相互作用"的阅读模式被认为是阅读认知模式的代表之作。在这个阅读心理过程模式图中，反映阅读心理过程的各种心理活动是相互制约、彼此促进的。

第二，阅读认知方式一般有两种：一是按"字母——单词——短语一句子"的顺序，反复不断的感知和辩证，以一系列无联系阶段的直线方式处理文章；另一种是借助社会、文化背景和有关知识以及逻辑能力，结合阅读的能力目的，依照文章标题，对所要阅读的大致内容进行推测，有选择地捕捉有用的语言线索，并在阅读过程中对自己的推测，不断分析、验证、修改，再推出新的判断，从而达到更加准确和深刻地理解。

2）阅读认知过程的心理结构

从信息加工论的观点来看，阅读认知过程就是读者对文献信息的输入、检测、存储、加工、输出和反馈的信息加工过程。在这个过程中要求调动人的阅读感知、注意力、记忆、一思维等各种心理因素，使它们处于积极状态。通过一系列的阅读智力活动，从文献中摄取知识、理解知识、巩固知识、运用知识，以产生创造性阅读成果。在阅读认知过程中，各种心理活动处于不同的联系之中，它们各具特点，又各自发挥特有的作用，形成阅读认知过程中的心理结构。

3）阅读注意

即阅读心理活动或意识在某一时刻所处的状态，表现为对一定对象的指向集中。是对文献信息进行筛选和检测的心理活动，是使有用信息向存储转化的重要心理条件。阅读注意在整个阅读心理过程中从始至终都起着组织和维持的作用，是进行阅读认知过程和调控过程必不可少的心理因素。

阅读过程中注意力是否高度集中，会直接影响到阅读效果的好坏。因为阅读注意具有指向性和集中性的特点，使阅读过程一开始就能把心理活动指向和集中到文献的内容上去。只有在注意力高度集中时，阅读的文字信息才有可能进入大脑，使阅读记忆、阅读思想等心理活动得以产生。阅读实践证明，注意力高度集中时只需一遍就能记住注意力分散时多遍才能记住的东西。阅读注意还具有选择有用信息的功能，阅读者在高度注意的状态下，能及时有选择地专注于自己阅读的对象，而对其余无关的信息，虽然被感知，却会"视而不见，听而不闻"。

4）科学的记忆方法

在阅读认知过程中，阅读记忆是人大脑对有用的文献信息的存储。其基本过程是识记、保持、再现，或者说是对文献信息的接收、编码、存储和提取。记忆的基本过程是对立统一的辩证过程。识记是保持的前提和基础，保持是对识记的进一步加强和巩固；识记和保持是再认的前提，再认是识记、保持的结果、证明和显现。在阅读中运用科学的记忆方法，按照遗忘规律，防止遗忘，是增强阅读记忆力的有效途径。主要记忆方法有：

第一，按记忆时的思维方式分，有形象记忆法、联想记忆法、推理记忆法、比较记忆法、归类记忆法、系统记忆法。

第二，按照感官对记忆的作用分，有眼、耳、口、手协同记忆法、朗读记忆法、笔记法；按组织材料的方式分，有提纲记忆法、网络记忆法、意义记忆法、分段记忆法、韵语记忆法、缩略记忆法。

第三，按记忆的时间控制分，有及时复习记忆法、限时记忆法、人体钟规律记忆法等。每个人都可以根据自己的阅读特点选择和运用适合于自己的记忆方法。

5）阅读思维

阅读思维是阅读者运用形象思维与抽象思维方式以及已有的知识、经验，在感知文献内容的基础上，对文献进行理解、记忆、鉴赏、评价的一系列心理过程。阅读思维贯穿于阅读的基本过程，影响和制约阅读效果，是阅读认知过程中最复杂的心理因素。在阅读认知过程中，阅读思维具有间接性、概括性、问题性、与语言不可分性，以及思维方式多样性的特点。

第一，阅读思维的间接性，体现在阅读者要运用已有的知识经验，认识书本中没有直接感知过的、或根本不能感知到的事物，以及预见事物发展的趋势。

第二，阅读思维的概括性，体现在阅读者根据大量的已知材料，在已有知识经验的基础上，舍去事物的个别特点，抽出它们的共同特性，从而认识某类事物的本质特点和事物之间的内在联系。

第三，阅读思维的问题性，体现在阅读思维总是从疑问开始，始终围绕着问题进行。阅读思维的过程就是不断发现问题、分析问题与解决问题的过程。

阅读时多提问，才能多思考，才能更好地理解书本知识，训练思维能力。在阅读过程中，发现问题和创造性解决问题是阅读思想的核心，在整个阅读认知过程中起着十分重要的作用。

综上所述，阅读注意、阅读记忆、阅读思维等基本心理活动，组成了阅读的认知过程。

2. 阅读的调控过程

主要指阅读中的非认知心理因素，即阅读动机、阅读兴趣、阅读意志等心理因素对阅读认识过程起影响作用的意向过程。它对阅读的认知过程起着调节和支配的作用，对信息加工的各个阶段都会发挥其影响。期望调控过程的各种心理因素对认知过程的调节和支配作用，体现了整个心理过程的统一性和主体意识的能动性，它们是实现阅读认知过程的必要的心理条件。

1）阅读动机

动机是直接推动个体活动以达到一定目的的内部动力。个人的一切活动都是由一定的动机所引起，并指向一定的目的。阅读动机就是在阅读需要的刺激下，激励、推动人们进行阅读活动的一种内部动力。在阅读期望调控过程中对阅读的认知过程起重要的支配和调节作用。

第一，阅读动机的类型。

①按动机的来源划分：外来动机，内在动机。

②按内容和性质划分：正确的动机，错误的动机。

③按动机的远近和起作用的久暂划分：直接的、间接的，短近的、长远的动机。

第二，阅读动机的主要作用。

①引发和唤起人的阅读行为，启动阅读认知过程。

②以推动阅读行为向某一目标进行。

③以增加和维持阅读认知过程的动力，提高阅读的自觉性和积极性。

④阅读动机直接影响阅读的最终效果。

在整个阅读过程中动机越高尚，目的越明确，阅读效果就越好。例如，促成郭沫若成为著名的文学家、史学家、考古学家的重要因素之一就是，他读书有明确的目的性和高尚的阅读动机。实践中，他把读书目的归纳为五种：①为学习而读书；②为研究而读书；③为创作而读书；④为愉乐而读书；⑤为教育而读书。

2）阅读兴趣

兴趣是积极探索某种事物或从事某种活动的认识或意识倾向。从生理上讲，兴趣能使大脑皮层处于兴奋状态，从而能有效地反映客观现实，是一种潜在的素质，可成为一个人事业成功的基础。

阅读兴趣是指对文献和从事的阅读活动的主动性心理倾向，对阅读过程起着定向作用与动力作用。这种倾向表现在对文献和阅读活动的特别喜爱和积极的阅读态度上。阅读兴趣可激发阅读的推动力与积极性，促使读者产生强烈的求知欲望，从而精力旺盛，乐不知疲，进行孜孜不倦、如饥似渴地阅读钻研，以实现自己的阅读目标。阅读实践证明，许多学者成功的奥秘就在于他们有强烈的阅读兴趣。例如，钱仲联自述平生泛览群籍，总是围绕着他喜爱的诗学。他说读诗的乐趣有以下几个方面：①陶冶性情之乐；②学会写诗之乐；③扩大知识之乐；④卧游山水之乐；⑤培养英才之乐；⑥以文会友之乐。由于他总是"其乐无穷"地读书，使得他在诗学研究方面卓有成就，著有《人境庐诗草笺注》等多部著作。

3）阅读意志

阅读意志是在阅读过程中表现出来的对阅读目的的自觉坚持和克服困难的行为，从而来实现阅读目的的心理过程。

阅读意志过程具有明确的目的性，它与困难相联系，并以随意动作为基础。例如，被称为"轮椅上的英雄"的美国华侨青年张士柏就是一个有明确目的，与困难进行艰苦卓绝斗争，具有坚强意志的人。在一次意外事故中他高位截瘫，几乎全身瘫痪，唯大脑仍然聪慧而活跃。他以坚强的意志，克服了难以想象的困难，经过奋力拼搏，读完了大学并以优异的成绩越过硕士直接升入斯坦福大学经济研究所博士班，同时获得美国国家科学基金会奖。他懂得对一个人来说，最重要的是知道自己的能力在哪里，而不能整天看着自己的缺陷灰心丧气，尤其是残疾人，只有肯定自己，创造自己，才能实现自己的最高人生价值。

综上所述，可以看出阅读的认知过程与调控过程关系密切，既有区别，又有联系。区别主要在于阅读过程中所起的作用不同。阅读认知过程对文献信息的处理、加工，即对知识的掌握起着直接的操纵作用，能使人们学习知识，掌握客观事物发展变化的规律性。而阅读的调控过程对文献信息加工、处理具有目的性、方向性、主观能动性，起着间接的推动和调节作用。在整个阅读过程中，只有让认知过程与调控过程密切配合、协同作用，才能取得良好的阅读效果，实现阅读目标。

（三）正确的阅读心理

正确的阅读心理是提高阅读效率的前提，它包括：期待、向往、追踪、同化、评析。阅读是一项复杂的心理活动，语言文字一旦作用于大脑，就会产生种种心理现象。在阅读过程中，如果读者的心理活动与文本丰富的语言信息发生相互作用，就会获得一定的阅读体验。如缺乏阅读体验，甚至会游离于语言文字之外直接影响到阅读效果。

1. 期待

期待是在阅读之前对阅读对象产生期望、等待的心理活动。期待的强度决定着阅读质量的优劣、效果的好坏。阅读对象不同，期待心理就会不同。良好的期待心理，会导引读者充满好奇地阅读作品。如果这份好奇心能够使读者在阅读作品前后保持较长的时间和较强烈的程度，那么将给读者带来持久的阅读热情，为良好的阅读效果创造条件。

2. 向往

向往是指在阅读当中读者需要坚持的阅读热情。阅读中会碰到意想不到的困难，有时因为作品本身缺乏趣味、深奥难懂，有时因为阅读者疲倦与阅读兴趣衰减，都可能导致阅读中断。读者在阅读过程中保持向往心理是非常重要的。

阅读不仅要求获得一定的阅读效果，更重要的是培养一种善于探究的良好阅读习惯和阅读能力。阅读者只有怀着一颗向往之心，才能使自己专心致志地阅读下去，到结束时，才最后体会文本种种美趣。阅读过程中的向往之心能使人获得全新的精神体验。

3. 追踪

追踪比向往更含有目的性，其渴望了解的程度比向往更为强烈。它体现了一种为达到阅读目的而坚持不懈的阅读精神，表现在阅读行为上是一种对作品强烈的求知性和对问题的解决结果的渴求性的阅读活动。如果阅读叙事性作品，除了了解故事构成，还要做到由追随作品纵向线索导引下的故事性内容向关注横向扩展的生发性知识的转变。阅读抒情性作品，更多的会产生感情理解或作者思想甚至人格问题，这些需要阅读者在其他作品中作研究性阅读或追查。阅读中如果产生更多的问题，就需要一种不达目的誓不罢休的追究精神。有人说，提出一个问题比解决一个问题更有价值。这是因为提出问题是产生一个新思想的开始，而追究精神则促使我们不断地提出问题又不断地解决问题。

现实中许多人阅读时缺乏追究的精神，不能投入最大程度的精力，以致影响了阅读效果。

追究心理活动还涉及到一点，就是反复阅读的习惯。反复阅读这个概念在语言心理学理论中称之为眼光的"回运动"。眼光在阅读文字时，为了对阅读对象作深入理解，有时需要眼光停住或跳回到先前内容中去重新阅读，这样就保证了对文字符号意义的清晰感知，达到深刻理解。

4. 同化

同化是指读者在阅读过程中由自己的心理结构与作品中的内容构成思想感情上的相通，对作品的理解达到认可与共鸣的程度。

同化表现在阅读中的程度是不一样的。比如认可作品内容是一个层次，表现为一定的阅读兴趣又是一个层次，有着强烈的阅读欲望又是一个层次。与作品中的人物同悲共喜，在心灵深处真正感动，成为精神生活的重要部分，这是最高的一个层次。

同化产生的效果与作品内容或与读者的原有心理结构有着紧密关系的。作品有不同的风格，读者有不同的个性特征、生活经验、审美观点、感受能力，因而与作品产生共鸣程度就有不同。但不管如何，读者要努力培养自己进入作品之中，取得与作品的同化，养成这种善于产生同化心理的能力。

5. 评析

评析即评论分析。在此过程中最值得一提的是鉴赏、欣赏离不开表述，也就是写作。其理由是：

第一，认知心理学认为，阅读中的语言理解是借助语言材料建构意义的过程。在这个过程中，读者接收了语言文字的信息与已有的认知结构相互作用形成了对作品的理解。这是一个含被动接受意义与主动认知相互融合的过程。说被动接受是因为读者受文本的限制，说主动认知是因为读者在理解中调动了已有知识参与对作品的思想内容上的理解与补充。尽管这里包含着创造的因素，但仍然局限在接受的范围。阅读作品既要进得去又要跳得出来，即感情共鸣与理性认识要互相结合。这就提出了一个分析的问题，而分析就要借助写作。

第二，直觉不同于思维。在感觉的层面上，阅读是视觉与全部智力共同作用的心理活动，借用柏格森的美学理论，可解释为直觉。但直觉只停留在读者的内部智力活动范围之内。为了发展思维能力有必要进行写作。

第三，语言学理论也指出，人的语言可分为内部语言与外部语言，前者指未形成文字的存在人的大脑里处于朦胧状态的心理现象，后者指将处于朦胧状态的思想感情用文字表达出来的如文章之类的东西，它以语言文字为存在方式，是思想感情的现实存在。

阅读活动有着许多理解到的和感受到的东西要将它们表达出来，一味地阅读只是让心理活动处于朦胧状态，对问题的理解不能形成有条理的较为深入的感情与思想活动，长久下去，达不到训练思维能力的目的。思考的现实形态应该是文字，借助文字才能锻炼思想的连贯性与深刻度。所以应当养成写作的习惯，即写法灵活，字数不限，形式多样，可以是批注，是段落；可写成对偶句、诗句，也可写成散句或整散结合；可写成记叙性，也可写成抒情性文字；可写成读后感，也可写成文学评论；可写成对过去的反思，也可写成对未来的展望。这种写作与传统意义上的写作是不同的，可把它作为阅读的一部分，理解作品的一种需要。阅读应该成为理解与写作共存的一种学习行为。

（四）阅读速度和阅读技能问题

阅读中所要感知的材料，不是一个个单字，而是一系列由连续的字词、句段组成的篇章。阅读的生理过程研究表明：阅读时，人的眼睛并不是逐词逐句地匀速移动，眼球并非一往直前连续不断地移动的，而是跳跃式有间歇地作忽动忽停，将几个字或整句合成一起看的。但看清字词却不在眼动时，而是在眼停的瞬间。这在阅读心理上叫"眼停"。移动间的停顿，即获得视觉信息的过程，叫注视（fixation）。眼停的次数和每次注视的时间，跟阅读能力、读物难度、读者的要求和态度以及阅读方式有关。

阅读时，眼停不仅从一定点移到另一定点，当理解发生偏差或遇到理解堵塞点如意义不明，或未看清楚，或不注意，就会倒退到原定点，以便对不同位置上的词进行综合的理解或记忆。这种返回，在阅读心理上叫做"回视"（regression）。回视次数越多，眼停次数和所费时间也必然多，所以回视显然与阅读能力、读物难度及阅读要求有关。不同的阅读者在阅读同一材料时，眼睛移动的速度、注视间的距离以及回视的频度是不一样的，这说明他们有不同的阅读速度和技能。

阅读生理机制表明阅读速度和技能是阅读能力的体现。那么如何提高速度培养技能呢？

第一，应学会识别直观信息提供的线索，在此基础上利用非直观信息，即大脑中原有的知识网络来构建文章的语义图像，预测全文的内容，记忆加工信息时要作的选择就会被减少（narrow down），阅读速度就会变快，因为读者往往只需要验证和调整阅读前和阅读过程中形成的预测和假设。

第二，由于阅读是一个言语输入技能（receptive skill），阅读量越大，永久记忆中储存的信息就越丰富，易于形成阅读能力提高的良性循环。

第三，精读不太能反映阅读的自然过程。过细的阅读会对理解掌握很有帮助，但占用时间多，这必然影响阅读量。没有一定的阅读量，阅读的心理和生理机制无法得到很好的培养和锻炼。

第四，在阅读心理机制中实施控制作用的阅读策略对技能的培养是十分重要的。应注意加强这方面的系统训练。如语篇的功能与目的的讨论、主题的判断、主题句的寻找、作者的态度和观点的推断、事实的归纳、语篇连接手段的分析、根据上下文推断词义等。这些阅读策略与技能的培养同样需要一定的阅读量来保证。

（五）阅读心理的调适

阅读心理的调适至关重要，能够全面开启有利于阅读活动顺利进行的积极心理因素，引导从内心深处对自己发出"我要阅读"的强烈呼喊。读前调动已有的阅读经验期待视野，激发阅读接受动机；读中适时调整阅读引导策略，呵护和培养有益的接受心境。做好阅读心理的准备和引导工作，可着重从以下几方面入手。

1. 期待视野与阅读的准备

1）期待视野

在阅读之前和阅读过程中，读者基于个人与社会的复杂原因，心理上往往会有既成的结构图式，这种读者据以阅读文本的既成心理图式，叫作阅读经验期待视野，简称期待视野。其主要呈现为三个层次：文体期待，形象期待，意蕴期待。

第一，文体期待，即读者由作品的某种类型或形式特征而引发的期待指向。这种指向，意味着读者希望看到某种文体所可能具有的艺术韵调和魅力，是对文本话语层的艺术期待。

第二，形象期待，即读者由作品中的某种特定形象而引发的期待指向。这种指向，意味着读者希望从初次接触到的形象和情景中，看到某种符合人物性格特征或符合某种特定情绪的氛围的展示与渲染，是对文本形象层的艺术期待。

第三，意蕴期待，即读者对作品中的较为深层的审美意味、情感境界、人生态度、思想倾向等方面的期待。

实践表明，读者总会自觉或不自觉地期待着作品能够表现出切合自己意愿的审美趣味和情感境界，总会期待着作品表现出一种合乎自己理想的人生态度，流露出一种与自己相通的思想倾向等。

2）影响期待视野形成的主要因素

第一，世界观、人生观，即审美趣味、情感倾向、人生追求、政治态度等。

第二，一定的文学艺术素养，即对文体、语言运用、写作手法、创作规律等的熟悉和了解。

第三，特定的生理机制，即性别、年龄、气质类型等生理特征。从性别上看，男、女生理机制不同，表现在阅读中，女士往往期待细致入微的情绪感受，男士往往期待粗犷不羁的情感宣泄。从年龄上看，儿童天真活泼、善于幻想，青年人勇于追求、敢想敢干，老年人处世冷静、喜欢多思。表现在阅读中，孩子们会期待着以花鸟鱼虫为主角的童话故事，青年人会对传奇故事、爱情小说更感兴趣，老年人则会希望看到对人生哲理的冷峻揭示和对世态炎凉的描写刻画等。

总之，从整体上看，正是由这些源于世界观、人生观、文学艺术素养、特定的生理机制的先在欲求、先在经验，逐渐构成了读者阅读活动的某种心理图式，即期待视野。

2. 接受动机与阅读动机的激发

阅读活动中，读者的接受动机是多方面、多层次的，主要表现为审美动机、求知动机、受教动机、批评动机、借鉴动机等几种形态。另一方面，读者的接受动机又会因人而异，各不相同。读者的接受动机呈现多方面、多层次、个性化的特点，阅读活动也会受其不同的文化素养、年龄特点、心理特点、生活阅历等方面的制约。接受动机不同，必然导致读者不同范围的阅读选择，即使面对同一部作品，读者的着眼点也会有所不同。目标和文本制约着其起作用的接受动机。

3. 接受心境与阅读氛围的营造

1）接受心境

现实生活中，人总会处于一种特定的情绪状态之中。当阅读活动开始时，这种生活中的情绪状态不可能立刻中断，而会伴随读者进入阅读过程，影响阅读效果。读者的这种影响阅读的情绪状态，叫作接受心境。

从基本特征来看，作品的接受心境主要有三种。

第一，欣悦心境：指读者进入阅读活动时所特有的振奋、欢快、乐观的情绪状态。

第二，抑郁心境：指读者进入阅读活动时所特有的失意伤感、郁闷压抑的情绪状态。

第三，虚静心境：指超脱于上述二者的一种接受心境，其情绪状态表现为冲淡平和、清静自然。

面对文本，读者只有摆脱纷繁俗物的干扰，凝神贯注、用情专一，深入理解文本话语，真切地看清文本描写的对象，从而进入一种设身处地、心醉神迷的想象之境，以充分体味文本的内涵和旨趣。

2）接受心境对阅读效果影响的表现形式

第一，接受心境与阅读效果成正比。首先，英语阅读时容易产生焦虑感。外语阅读焦虑是指学习者在阅读过程中由于不能达到预期的目标或者不能克服障碍而产生的一种不适、不安甚至恐惧的紧张心理。阅读的焦虑和文本的遗忘率成正比。当读者处于欣悦状态，一部平常之作，也有可能引起浓厚的阅读兴趣，得到惬意的审美享受；当读者处于抑郁状态，即使面对优秀的作品，也有可能因心烦意乱而难以进入其中的艺术境界，体会到作品的奥妙。其次，面对同一作品，由于接受心境的不同，会导致不同的阅读境界。

第二，接受心境与阅读效果成反比。这是因为作品本身的强烈情感作用，使读者的接受心境随阅读过程的展开而发生改变。比如一位心情抑郁者阅读悲剧作品，有可能通过旁观他人的不幸而得到情感的渲泄和精神的宽慰；或阅读某些昂扬奋进之作，而得到精神的振奋和鼓舞。相反，一位心情欣悦者在读那些哀怨伤怀之作时，会受其情感的影响，暂时陷入抑郁的心理境界。即使是一位心境虚静者，在文学阅读活动中，也难免会在作品的引导下，掀起情感的波澜。

因此，应有意消解不利于阅读接受的因素，营造健康的阅读氛围，培养积极的阅读心境。

二、文化差异因素

英汉文化的差异给阅读带来很大的障碍。如，一位美国人到中国的长城游玩，突然内急，对其随同翻译说："Where shall I go？"意思是"厕所在哪里？"而该翻译从字面理解为"我可以到哪里去？"当即回答："You can go anywhere."听此，老外目瞪口呆。如果了解文化背景知识，就会避免类似的尴尬了。

心理学家认为，阅读理解是在已知和未知之间建立联系的过程，是在一定的社会环境中，阅读者通过自身已有的知识体系与阅读材料提供的信息发生作用而实现的知识建构的过程。

而我国读者已有的汉语知识体系与英语阅读材料提供的信息之间难免会产生各种矛盾，故而在实现知识建构的过程中遇到各种障碍。

语言是文化的重要载体。对中国的学生来说，英语是一门外语。英语的教学材料不可避免地包含了相当部分的异域文化的内容。这里需要指出的是，受文化障碍干扰较多的理解发生在语篇或话语（discourse）层面上，即语篇的语境中心所包含的副语言的（paralinguistic）和非语言的（nonlinguistic）信息。这就要求读者从作者的角度准确地理解和体会所阅读的内容，减少理解的偏差，以达到语言习得理论中所提到的"移情"（empathy）的境界。

东西方人的思维差异是导致英语阅读理解产生障碍的原因之一。东方人重综合思维，写作方式迂回曲折，文章开头往往与主题关系不大，随后再逐渐过渡到主题。而西方人偏重分析思维，写作方式是直线型，即开门见山论述主题。传统的阅读理论认为学生按单词——句子——篇章顺序，逐词逐句理解文章就能弄懂全文。阅读是"自下而上"（bottom-up）的过程。而现代心理学家认为，阅读的心理过程包括"自上而下"（up-down）主动猜测——证实的过程。对文章的理解应是语言知识与背景知识相同作用的结果。

传统的英语阅读中往往着重于强调文章中的语法结构和每句话的翻译，导致侧重点放在对于句子的表面理解，但在通常的情况下如果对文章没有一个透彻的了解，就不能很清晰地理解文章的深层次含义。事实上，在第二语言习得中，英语阅读理解是一种跨文化的交际，. 文化则是影响阅读理解的最主要因素。

（一）文化差异对阅读理解的影响

许多语言学家研究文化差异对于英语阅读理解的影响。如庄志翔翻译的巴基斯坦作家 Syed

Muhammad Abdur Rauf 的书《文化和阅读理解》，书中阐明了由于语言和文字的不同用法所造成的，在阅读时出现的理解障碍，并且介绍了相关的教育方法。李杰、董洪川、廖道胜等在他们自己的教授课程基础上进行论证，文化差异对英语阅读理解产生了很大的影响。李杰认为，读者对文章的理解不是因为他对语言不精通，而是由于读者对文章涉及的社会文化不够了解。董洪川认为文化的差异是造成学生阅读和鉴赏外国的著作最主要的障碍。廖道胜提出"文化是阅读理解的障碍"并且将其分为三种类型，他认为英语阅读理解障碍的存在是很普遍的，提出了三种方法来帮助学生克服阅读理解中的文化障碍。从民族学和语言学的不同意义上表明，由于词汇的意义不同，想法、信仰、经历和背景文化的缺乏是造成阅读英文报纸和杂志的理解障碍的原因。

外语的研究者和理论学家从不同层次上研究了文化知识对英语阅读理解的影响。他们赞同文化有不同的指示意义。单词意义、文章结构、语言模式、语言学的特征以及写作的风格都会影响对于整篇文章的理解。

人们普遍认为影响英语阅读能力的主要因素是词汇量和语法知识，虽然词汇量大小和语法知识是否熟练对阅读理解确实有一定的影响，但是在掌握了一定的词汇量和语法知识的基础上，学生还是有可能无法理解或无法正确理解阅读材料，问题的症结就在于他们对汉英文化差异理解的不足。

研究表明，理解文章的关键在于正确使用背景知识填补文章中非连续事实的空白，使其同文章其他信息连成统一体。由于缺乏必要的文化背景知识，常用本民族的文化知识填入这一空白，无法对文章做出正确的推理从而严重影响对文章的正确理解。文化差异对英语阅读理解的影响主要表现在如下几个方面。

1. 词语的差异

中英文化差异在词汇层面上反映得最为突出，同一个词在不同文化中可能带有不同的褒贬色彩，含有深刻文化内涵的词语往往成为阅读理解的障碍。这些词语包括：成语、谚语、俚语、敬语、俗语、委婉语、交际语、体态语、双关语、颜色词、数量词，以及含有典故和神话的词语等。在英语阅读中随处可见，对读者来说，不但要勤查词典，还需要在平时不断积累。习语是大众口头上习用的定型词组或短语，包括俚语、谚语、俗语等，它好比镜子，能清楚地反映出一个民族的文化特色。无论是地理环境、历史背景、风俗习惯、生活方式、价值观念、宗教信仰等，都在习语中得到充分的反映。汉英民族共同的经历使这两个民族有着相似的习语。如，趁热打铁（strike while the iron is hot.）、欲速不达（more haste, less speed.）等。但是更多的习语却显著表现出两种语言不同的文化形式。如，劳逸结合（you cannot bum the candle at both ends.），入乡随俗（do as the Romans do.），笨鸟先飞（the early bird catches the worm.），这部分语言由于从字面上很难看出其真实意思，在阅读时就不能望文生义，否则会造成理解上的偏差。

2. 思维模式与篇章的差异

语言学家拉多曾说过："我们不掌握文化背景就不可能读好语言。"背景知识是阅读理解中一个十分重要的因素，是读者理解特定语篇所必须具备的外界知识。阅读时如果缺乏背景知识或不能恰如其分地利用背景知识，理解就会受到很大影响，阅读目的也就难达到。例如：

第一，"I sketched a map of the foot and heel of Italy, Sicily, and Malta." 此句除了对 Sicily 和 Malta 两个地名不大熟悉外，其他单词一般都认识，但仍然会出现理解错误。这句话的意思是：我把意大利的脚跟与脚掌以及它的大致轮廓画了下来。"意大利的脚跟与脚掌"指的是意大利的南部地区西西里、马耳他。如果稍具地理知识就会知道，意大利这个国家的轮廓就像一条腿，它的脚掌与脚跟自然指的是它的最南部的区域。可是如果不具备这些知识，这个句子就很难理解。

第二，"Being a teacher is being present at the creation when the clay begins to breathe." 这句的含义是：当一名老师意味着你是创造的见证人，目睹人体开始了呼吸，开始了生命。这个句子看似没有生词，可如果没有《圣经》故事中上帝造人的文化背景，要正确理解这个句子就不那么容易了。

3. 生活习惯的差异

中英文是两种不同生活方式和社会习俗下的产物，这两种不同的习俗导致中西方在对同一观点、学习以及评价上有不同的方法。例如中英文在颜色上的不同理解，中国人会用"红眼病"来指那些嫉妒的人，而在西方同样的意思确是用 "a green-eyed person"。许多人不知道这些差别，容易理解为 "red-eye"。中国人说"红茶"，而英文却不能译为 "red tea"，而应译为 "black tea"。对中国人来说很难理解 "a white wedding"，因为在中国文化中通常 "white" 代表悲伤，只有在葬礼时才穿白色，但是在西方文化中 "white" 代表和平与纯洁，婚礼仪式上新娘穿着白色的裙子意味着纯洁无瑕的爱。在中国 "red" 代表吉祥与快乐，中国的新娘穿着红色裙子表示完美的爱。因此对于中国学生来说很难理解 "in the red" 意思是欠账。另外，"red" 在西方文化中表示生气、权利和危险等。相同的紫色在西方文化中意味着王位，但中国人认为它代表浪漫。"yellow" 在中国文化中代表荣誉、尊贵和声望高，在西方却被认为是软弱、胆小。从以上的例子中可以知道两个不同的国家拥有不同的文化背景，所以同样的颜色也被赋予不同的含义。

（二）从语言和文化的角度分析文化差异

1. 语言和文化

语言是社会生活中所持有的规则。当它在语境中交流使用的时候，便增添上了大量复杂的文化因素。语言表达是文化显示的符号化和抽象化。一些社会学家甚至认为语言是文化的基石，他们主张如果没有了语言那么文化也就不存在了。从另一方面说，语言是受文化的影响而形成和发展的，反映了文化的变化。

语言可以帮助人们表达对于世界的理解和态度，记录社会和国家的发展。人们可以通过语言学习先祖遗留下来的文化，这样语言就成了文化的直接体现。例如"心思""思想""忍""愁"等，表示古代人们心中的想法、推论和感受而不仅仅是脑子里的。

语言的存在不是虚无缥缈，而是实实在在的。语言包含和反应人们言语社交中所有的信念和感情。每一种语言都有属于自己的词汇库，它和另外的一种语言是完全不同的。例如：雪，文化内涵是十分丰富的。在热带地区雪作为水的物理形式，可能并没有什么意义。而在相对温和的地区，气象员们则把雪分为了大、中、小三类。而爱斯基摩人在他们的北极文化中据说能将雪分为三十多种。

词的意义不仅局限于某一种语言中，也同样以社会惯例和一些约定俗成为条件。心理学家 Osgood 指出，一个人对于词的理解一定是基于他（她）成长的文化环境的。因为语言和文化之间的相互关系，很难在两种语言中找到词语和表达意义准确的对应。即使有些时候意思一致，但在引申意义、感情色彩等方面也会有差别。词语的意义更多的是取决于相适应的文化。如英语中"peasant"，一般被翻译成汉语的意思是"农民"，而英语中的"peasant"指没有受过良好教育的人群、社会地位低下的人群或无教养的人们，并不完全表述汉语农民的意思，明显是个贬义词。

由此可以看出，语言是社会的产物。它既是社会文化的承载者也是负载者。不同的语言代表了不同的文化，同样文化也决定和影响了语言。语言本身就是精神文化的一部分，就像习惯和风俗一样。

2. 文化差异和词语的理解

任何语言中的词都是受文化影响的。词，是语言最基本的组成部分，广泛的反映了文化的差异。在习得英语词汇时，不仅要知道它的词汇意义，更要了解它的内涵和词性等相关内容。众所周知，英语和汉语因为两国不同的地理位置、民族风俗和社会习惯，都有着悠久的历史和巨大的差异。所以词语效果上，很多方面都影响着正确理解。

第一，很多英语单词在汉语中没有准确的对应意义。如，"privacy"是在英语中使用频率很高的一个词，它反映了西方文化很重要的一个方面，其内涵部分非常微妙的意义很难用汉语理解。英语国家人们都十分尊重相互之间的隐私，这也成为了一个社会规范，大家都很自觉地遵守这一规范。而在中国文化中，没有这样的社会规范，人们便很难理解"privacy"的准确意义，同样"隐私""静居""秘密"和"独处不受尴尬"也很难找到准确的英语翻译。同样，"cowboy"是很知名的美国社会词汇，也没有汉语准确的对应意义。在美国早期的西部，有着很多关于"cowboy"的传奇故事。但是"牧童"和"牛仔"却没有这样的区别。这就带来了很多阅读理解上的困难。

第二，一些词语和表达在一方文化中有着很深情感色彩，而在另一种文化中却没有什么特别意义。例如，美国人对于密西西比河有着很深的感情，当做他们的"母亲河"。类似的大本钟在英国人的心里有着很重要的位置。而长江、黄河、长城则对中国人意义非同寻常。

第三，一部分词汇与汉语有所谓对应的意思，但和汉语意义、褒贬感情色彩等方面的认知可能还不完全相同。

3. 文化差异和短语的理解

文化的差异决不仅限于单词，还有短语和表达方式的不同。这里所指的短语，主要有成语、方言和暗指。成语方言体现了文化的博大精深。因为文化差异，成语方言很难理解。例如，汉语对于"the end of the world"的理解是世界末日。英语中它的来源是基督教义，意义是：如今的世界总有灭亡的一天，到那时候上帝将会把人们分为上天堂的和下地狱的。以此来呼吁人们做好事，做善事。汉语中提到世界末日，通常指地球上的所有事物都将被毁坏和消失，我们应该享受当下。

4. 文化差异和句子的理解

句子从结构上同样反应出了文化的差异。首先，英语属于印欧语系是屈折变化的；而汉语属于汉藏语系，是单音节和非屈折变化的。对于汉语使用者来说，想比说重要，他们关心的是如何把意义传递到，形式则是第二位的。而以英语为母语的人们，形式则十分重要，被认为是正确表达的关键核心。致使汉语成为主题主导的语言，而英语则是主体占主导的语言。这样的差异阻碍了学生的理解。学生在阅读英语长句子时应该有意识的注意这方面的差别。其次，句子中可能会出现或多或少相同的词但不同意思的情况，例如：

He is a professional.

She is a professional.

从语言学的角度讲以上的两个句子分别描述了他们的职业。但是综合各种因素和用语习惯说来前者表述的意思是 professional boxer，后者表述的意思是 prostitute。

英语言语因为其中有很多的文化隐深意义，所以理解起来有很大的难度，例如：An Englishman's home is his castle.

A woman, a dog and a walnut tree, the more you beat them, the better they be.

第一句的意思是指英国人的家是独立的领域。因为根据英国文化，一个人的家是神圣不可侵犯的。在古代英国，甚至警察也不可以进入他人家搜捕。第二个句子，我们知道古代英国妇女的地位很低，她们被认为是像狗一样容易训诫。这是来源于一个英国古代的迷信，人们认为如果春天在核桃树下打的越多，那么该年这棵树就会结出更多的核桃。

（三）克服阅读理解中文化障碍的方法

1. 丰富文化背景知识

根据有关研究，对于一段文字的理解因读者自己不同的文化背景和知识而不同。也就是说，读者只能够根据自己现有的知识来理解一段文字，读者不可能对于自己完全不知道的东西进行诠释。文字是文化的载体，但是在中国大部分学校没有对于西方文化、风俗和习惯等的专业教育。因此，自己应主动地加强一下这方面的训练。

第一，单一阅读。单一阅读也就是只读一种主题或者是只读一个作者的书，通过自己的努力而理解文章的内容。这样子的话，自己知识能够不断地达到积累和提高。因为阅读主题单一，会不断地发现重复的单词和用法，因此增强信心，提高兴趣。

第二，广泛阅读。为提高文化知识，还需要大量阅读关于西方文化习俗方面的书。比较中西方文化的差异、文化氛围和文化涵意。也可读一些文学作品，因为文学作品是文化和生活的载体。同时，还可多读报纸、杂志、期刊甚至一些儿童读物，这样能从多方面吸引自己的注意力并能提高阅读兴趣。

第三，问题讨论。问题可在三个阶段提出。

①阅读前提出问题。这种问题可以增强对不同文化认识的兴趣。

②阅读中提出问题。可以帮助阅读时有重点地、注意力集中地，进行分析、综合、概括不同文化的差异。

③阅读后提出问题。这种问题往往可以帮助再分析阅读中所认识的文化差异，进行进一步的探讨，从而达到更深一层理解的效果。

第四，思维方式。在阅读也是在翻译，通过翻译来提高英语阅读能力是最重要的方式之一。现代语言学理论告诉我们英语阅读技能离不开语言的输入和知识的积累，而语言的输入和知识的积累则立足于对其他国家文化背景的了解上。因而，培养不同的思维方式，对于英语阅读来说显得尤为重要。

第五，角色扮演。角色扮演是一种很有效的学习第二种语言的方法。参加与英语相关的活动，如口语大赛、英语知识大赛、英语表演。通过角色扮演活动，把自己的情感投入进去，能更深入地了解所阅读的材料，更好地体会文化的差异。

第六，视听帮助。另外一种提高文化知识的方法就是运用视听帮助。如看英文电影、录像、纪录片、新闻报导，听英语广播、歌曲等，长期坚持都是很有效的。

（四）分析语句结构

对于不同语句的组成和结构进行分析。好的文句一般都有着很好的逻辑结构。如果可以理解这些逻辑结构，那么就可以更好地理解文句的含义。

阅读是一个将已知信息和未知信息相结合的理解过程。正如更多的已知信息能促进理解一样，具备相关的文化知识同样有助于读者对阅读材料的正确理解。在一种文化中能被公开讨论的、公众熟悉的话题在另一种文化环境中可能并不被人接受。正好像理解幽默，听懂笑话是建立在说话者和听话者双方共享文化背景的知识基础之上一样。文化知识不但有助于更好地学习语法和单词、明白作者所想表达的意思，而宜有助于提高理解能力。因此，在英语阅读过程中，除了语言知识外，还要注意不同文化的相关知识。只有这样，才能更好地理解材料，最大程度地排除因缺乏目的语所传达的文化信息而产生的阅读障碍，最终实现全面提高阅读理解能力。

第二节　英语阅读能力及其提升途径

阅读能力（reading ability）是现代社会成员应该具备的一个重要素质，在英语学习中占有重要的地位。阅读作为一种综合性积极思维活动，要求阅读主体从阅读对象中寻求理解的线索，是由作者和读者双方参与的一种潜在的信息交流。阅读对象的信息与读者大脑中已有知识相整合的过程，既是主体对于信息的接受，发展上看更是一种有意义的创新，是培养自主学习和终身学习意识的重要手段。

有学者指出，21世纪的竞争力重点在于学习力。信息化社会，学习力集中体现在快速处理信息与应用信息的能力上。高速度、高效率的信息化时代，低效率的凝滞式的阅读方式，会把许多人淹没在资讯的海洋里，势必影响人才的快速成长。现代社会的竞争表现为人才能力的竞争，而能力的竞争不仅表现在占有知识的多少，更重要的是获得新知识的能力上。新知识的获得要靠学习，学习能力关系到竞争中的优势地位。学习力的获得主要体现在阅读上。虽然新知识、新技能、新学习手段越来越多样化，实质上仍然是主体的阅读，只是阅读方式或者途径的变化。有研究表明，人类获取知识80%靠阅读，而不当的学习方式造成的阅读效率低将成为制约人们获取知识与信息的最大障碍。一项国际成人阅读能力调查研究指出，阅读能力强的人不但比较容易找到工作，甚至薪水也比较高。学历高低固然会影响就业机会，但是当学历相当时，阅读能力强的人担任高技能白领工作的机率就明显高得多，而且阅读能力比学历高低更能准确预测一个人在职场的发展。愈来愈多的科学研究发现，通往美好未来的必经之路在阅读，而且愈早启蒙愈好。最新的脑科学研究发现，阅读和联想力、创造力、感受力、理解力、记忆力都有极大的关联。在知识经济时代，一切的竞争与价值都将以知识为主，而一切知识的基础都自阅读开始。阅读能力的强弱，关系学习主体的成就和对于社会的贡献，也就是说关系到主体未来的竞争力。

阅读是获取新知识的过程也是主体综合素质养成的主要内容，因此，阅读能力是主体综合性很强的能力体现。认清阅读能力的结构，研究阅读能力形成的过程，对于认识阅读的目的、途径、方法都有极其重要的理论和实践意义。

一、英语阅读能力概述

英语阅读是一种从英语书面语言和其他书面符号中获得意义的社会行为、实践活动和心理过程。也是一种智力活动，是人类所特有的一种复杂的高级心理活动。英语阅读过程是接收信息、加工信息的心理过程，是人们通过英语语言符号（文字或图表）的辨识、感知、理解从中获取知识、信息，进而充实自己的知识库存，完善自己知识结构的言语行为和心智活动。英语阅读能力是一种复杂的智力能力，是浏览、吸收、处理文字的综合能力，包括把英语书面文字符号转化为主体语言信息的字词认知能力，通过分析综合思维活动对文章句子和段落进行评价和鉴赏的语义分析能力，对语言的语义信息和语言形式进行记忆和存储编码转换的语言吸收能力，运用工具书克服阅读困难、掌握阅读方法和技巧、养成良好阅读习惯的语言自学能力。

（一）英语阅读能力

英语阅读能力指读者能否对信息场进行积极的思维，并在完成这个思维过程中获取文本所提供的全部信息。从语言学的角度来看，大到一部小说，小到一个句子，甚至是一个词组或一个单词都是由各种语言信息所组成的一个信息场。

根据阅读实践中阅读水平和层次的区分，阅读能力大致有以下方面的视角。

1. 把握文段主旨大意及说明大意细节和事实的能力

掌握文章的主题思想，只有读懂全文，才能有把握回答此类问题。

2. 把握文中人物或作者的心态、情感、意图等的能力

理解作者赞成什么、反对什么，是更深层次的阅读理解。

3. 预测的能力

即根据已有信息，把握事件发展的时间和空间顺序，预测事件的进程，合理判断和推理的能力。读者应善于运用原有的知识来加深阅读理解能力，不但要运用语言知识，而且还要依靠语言

外的知识。阅读不是一个简单的消极地、被动地接受信息的过程，因为阅读时文字本身并不会产生意义，只有当读者与文本进行积极的交流时，才会产生意义。

4. 归纳概括的能力

阅读是一个积极、主动的思考、理解过程。把握全文篇章结构和层次，在实际阅读过程中，有些文章由于其结构、文体上的特点，比较难以预测。这时应该做到边阅读边思考，尽力把握好句与句之间、句组与句组之间的关系以及文章的层次，这样就会对文章有一个清晰的了解和深刻的印象。

在理解全文的基础上理解上下文的逻辑关系。阅读过程中不但要理解文字的表层意义，而且要善于进行分析判断，归纳综合，掌握作者思路的开展，推出其中隐含意思。还可以根据已知信息，来推断上文可能出现的内容。

5. 猜词的能力

阅读中遇到生词是正常的，根据上下文、构词法推测词义也是阅读能力的一部分。

6. 学习评价的能力

学习评价，是以学习目标为依据，采用科学的方法，对学习活动的效果和影响进行价值判断，以优化学习活动的过程。进行学习评价，就是要使学习者在学习过程中把握自己的学习状态，认识自己的学习潜力，明了自己的学习目标要达到的程度。通过评价，知道自己今后的发展方向和努力目标，知道应怎样改进，不断优化学习过程。通过评价，对自己的学习状况、学习成果和进一步的学习潜力有清楚的认识，找到成功和不足的原因，激励学习者向新的目标努力。

（二）英语阅读的能力结构与功能分析

1. 阅读过程的有机系统

前述分析可以看出英语阅读能力的构成是复杂的，对此，我们从研究需要出发作进一步概括。认为英语阅读能力是由主体因素、阅读对象因素、基础条件或环境因素所构成的阅读过程的有机系统。

1）主体构成因素

主体的目的语能力，含三层意思：

第一，单词量、阅读量、目标语表达能力、母语经验以及读者对相关的社会文化背景等方面的基础能力，现实中有阅读的基础初始能力和通过阅读形成的新的能力。

第二，学习风格及策略方面的阅读方法采用、拼读技巧、连贯性反应、内容上的改组等能力状况。

第三，主体的阅读心智状况，阅读信心、动机、兴趣、接受信息、阅读习惯、个人经历等阅读适应能力。

2）阅读对象因素

一般指阅读对象的选择性，体裁分析及方法技巧选择的适应性，表示的是主体对于阅读对象运用的主导能力。

3）基础条件或环境因素

主要是指主体对于环境条件的引入和有效利用能力。

阅读过程中三个主要方面的能力构成了现实的阅读能力基础或前提，也是新阅读能力的内在萌芽。由此可见，英语阅读能力主要体现的是语言能力，但是，其内涵以及整体阅读能力则是主体阅读认知、社会文化背景和阅读风格、策略等的运用能力，阅读对象的运用能力以及环境条件的引入利用能力的综合体。对于英语阅读能力的基本方面的分析可使读者正确把握形成现实阅读能力的关注视野，我们还有必要进一步认识这些结构而产生的具体阅读功能。

2. 英语阅读能力的功能分析

1）英语阅读主体的功能

第一，主体的目的动机功能。学习动机是制约学生外语学习成绩的主要变量，在语言学习诸因素中是最具能动性的因素之一。蕴含了主体发出的能量与冲动，驱使个体将行为指向某一特定目的，并维持或调整行为的种种内部状态与过程。动机并非某种内驱动力的反映，而是最后转化为行为的信念、思想，甚至情感。阅读活动的核心是自主性，就是端正和强化正向的阅读动机作为前提。之所以特别强调自主意识，是因为观念意识是指导人们实践行为的基础，主体阅读目的的动机功能是发动并维持阅读活动的重要因素。阅读动机引导下的自主阅读意识，会促进英语阅读的效率的提高。

第二，主体的学习风格功能。阅读主体在学习中形成的稳定的学习方式和学习倾向，表现为阅读主体的学习风格，源于学习者的个性。个性在学习活动中的定型化、习惯化，在感知、记忆和思维的过程中，体现出一定的心理倾向，所偏爱的态度和方式。它表现出学生在组织和加工信息过程中的个别差异，反映了学生在知觉、记忆、思维以及解决问题的能力等方面的特征。从某种程度上说，学习风格是学生个别差异的集中表现，学习风格的差异会对英语阅读产生不同的功能效应，优良的学习风格对于学习的速度和质量具有正向促进功能。

第三，主体的英语阅读理解力功能。英语阅读过程实质上是对阅读对象所能提供信息的吸取、挖掘甚至创新，主体对阅读对象的理解是一种积极的信息解构和建构过程。阅读的关键在于理解，这种功能是阅读主体的重要内涵。阅读中主体从作者的主要观点、思想和意图，找出作者提出的主要问题和次要问题。阅读时主体分析文章的脉络结构，分析句子、层次、段落之间的关系，理清作者分析问题和解决问题的思路、步骤和逻辑。阅读时对文章的理解还要通过全文，阅读活动不停留在符号的辨认阶段，而对文章的内容进行分析综合，归纳概括，做出评价。英语阅读理解力不断积累，经验不断丰富，阅历不断增加，阅读主体的理解能力也会逐步得到提高。遵循认识形成发展的辩证过程循环往复，由现象到本质，由符号到内容，从单一到特殊继而达到普遍性认识，这种功能是主体理解力功能的表现。

第四，主体的语言运用功能。英语阅读量直接的结果是对语言本身的把握和使用，阅读主体是英语阅读活动的承担者，听说读写译五种能力均是语言运用的现实方式。根据阅读主体的任务需要，确定英语阅读任务的选择、阅读活动的实施、阅读策略的制定以及阅读方法技巧的运用都是阅读的基本和具有活力的功能体现。从过程上看英语阅读所指向的是阅读活动追求的基本内容和应用能力的实现，阅读主体又是这种能力建构的现实载体，每一次阅读过程形成的运用能力又是进一步阅读的新语言功能的蕴涵。

2）英语阅读对象的功能

阅读对象的功能是作者对于特定讯息的凝结和建构，其能动性潜存于作品文献中。阅读对象的功能发挥是在阅读主体引入过程中，才能成为现实的功能。

阅读对象是阅读主体吸取知识信息的内容。阅读主体基于特定具体的阅读任务，对于阅读对象的内容进行个性化的选择和组织、阐明目标、设计阅读活动策略等，目的在于引发阅读对象的信息功能，并使之转化为主体的知识内容和结构。所以，阅读对象的功能是主体引入具体阅读活动中才能转化为现实的功能，阅读对象功能发挥的效果取决于阅读主体的综合阅读状况。

3）英语阅读环境条件的平台功能

英语阅读的环境条件只有在引入主体阅读活动的实践中才构成现实的条件平台，发挥其现实功能。信息化时代的阅读，学习主体如果具有利用现代网络或者多媒体手段，使阅读活动呈开放态势，必然会突破原有的学科教学的封闭状态。在信息化条件下，阅读主体在一种动态、开放、主动、多元的环境中进行阅读活动，改变的不仅是地点和内容，更重要的是为主体提供了更多的获取知识的方式平台。社会化生活化的活动将成为阅读活动的新内容。用拓宽了的视野去审视未知世界，阅读这个向人类展开的生活书橱，去体验复杂而有序的生活真谛。这种环境条件功能的发挥，也取决于阅读主体的信息化手段使用的水平和质量。

3. 英语阅读能力的重要考虑指标

阅读效率是英语阅读能力的重要体现，其显著标志是阅读速度和阅读质量。英语阅读质量直接体现于主体的阅读信息的准确记忆。在考量英语阅读能力的时候，主体从根本上应当关注这样两个指标。高速度和高质量的英语阅读虽不是高品质英语阅读的全部内容，但是高速度、高质量确实是高品质英语阅读的重要内容。

1）英语阅读速度

阅读能力较强的人花的时间可能更短，阅读能力较弱的人花的时间可能更长。当然，并不是在所有情况下英语阅读速度越快，英语阅读能力就更强。真正的阅读高手，真正的阅读能力强的人是善于依据文章内容来主动调节阅读速度快慢的人。英语阅读是有一定心理负荷的脑力活动，人的心理负荷是有一定极限的。因此，英语阅读速度也是有一定极限的，过分焦虑和追求阅读速度会影响对文章的理解、吸收和记忆。

2）英语阅读信息的准确记忆

英语阅读记忆实质上是英语阅读质量的基本内容，通过英语阅读，个体需要对文章内容进行准确识记、保持、再认和再现、回忆、复述，这也是英语阅读的价值和意义所在。理解是阅读的主要目的，理解的保持更是理论、知识实现向实践飞跃的中介。英语阅读记忆和英语阅读理解密切相关，理解的正确率即阅读质量是基础，而基本信息的保持是运用的重要指标。要提高英语阅读能力，必须在认真刻苦的基础上讲究记忆的方法和技巧。从记忆的敏捷性、准确性和持久性等方面提高英语阅读记忆力。阅读记忆对获得信息和知识非常重要，记忆的东西越多，记忆的速度越快，阅读就越有收获，表明阅读记忆力越强。

（三）阅读品质问题分析

阅读品质是阅读主体的境界以及阅读能力的重要标志，阅读活动的目标是要从阅读对象获取相关信息，与此同时还追求阅读的高效率。高品质的内涵承载了阅读主体获得更多、更快、更准的信息的目的期待。有人着眼于阅读习惯，有人侧重于阅读态度，有人强调阅读心理，有人注重阅读兴趣，然而，无论习惯、态度、心理、兴趣，都只能是阅读需要具备的某个方面的浅层次的要素。要正确把握阅读品质问题，就应当全面研究该问题，为阅读主体的阅读能力提升探索一种努力的方向。

1. 阅读品质的基本因素

学者们提出，主体的阅读素质或素养是阅读品质的基础，是提升阅读品质的重要因素。现实中，哪些因素才能成长为高品质阅读的主要内容呢？

第一，虚心。具备虚心的品质，营造良好的阅读心理和阅读心境，从而收到良好的阅读效果。

第二，专注。任何具体的阅读都需要一定的全神贯注，必须身心认真投入和专注。

第三，毅力。阅读需要克服许多未知的困难，需有百折不挠，再接再厉的攻关精神。

第四，思辨。阅读需要有乐于思辨品质。深入理解文章内容，把握作者的行文思路，习惯于运用概念和逻辑思维，把表面现象当做入门的向导，通过思辨，把握事物的本质，辨伪存真，形成独创见解，并躬身实践，这是高品质阅读的基本要素。

第五，有恒。阅读的成功是终身任务，永不停顿并持之以恒的阅读的可贵品质。

上述阅读品质要素是高境界英语阅读的基础因素，是英语阅读中所必须的，也是高品质阅读的重要基础，只有长期自觉的阅读实践的训练和养成方可获得。

2. 良好阅读品质的主要标志

阅读中良好的阅读品质，必须具备一定的超越精神，必须具有自我调控和成功激励的目的意志，应当不慕荣利，不坠物欲，以增强人生智慧、提升精神境界为根本目的。主体阅读才是达到了有品质的阅读。这种有品质的、高境界的阅读一般应具有如下一些内容。

1）较强的阅读思维品质素质

人们的阅读是获得间接性认识成果的实践性活动。阅读实践对于主体获得知识量的同时也改造了主体自身，即主体思维能力也获得提高。人们的智慧层次境界是建立在知识的丰富性和思维品质统一基础上的，思维品质是高品质的阅读的重要内容。阅读丰富个人的知识和间接经验，·通过思维对客观事物本质和内在规律的认识，形成科学的思维语言表达能力，是思维能力的基础。阅读理解和教科书的基本知识进行逻辑证明，学以致用，都离不开思维，也只有积极地思维才能将书本知识内化为自己的知识，在此基础上形成自己的能力。英语阅读应当重视培养学的语言表达能力，培养严密的思维能力。高品质阅读体现在阅读的思辨性上，使阅读能够具有境界的超越性，在无涯学海中能不畏浮云遮望眼；在观察白云苍狗般变动不居的大千世界时，能以普遍联系和永恒发展的观点，理出对象的稳定、普遍和必然联系；在认知具体对象信息时，能从个别联系到特殊，继而把握同类事物和不同事物的规律。良好的阅读品质要求思维品质应培养阅读主体思维的自觉性、条理性、严密性、整体性以及创造性等。阅读过程是学思结合的过程，在接受对象信息的过程中，也在接受不同学科的特定逻辑思维方式训练，思维能力对提高学习能力和取得学习效果意义十分重要。

英语阅读过程中要逐步提升对阅读对象的符号解码能力、提升经验概括能力和概念范畴的使用能力等，这是理论走向普遍化的必由之路，也是阅读思维品质的重要内容。这种高品质的阅读要求如下：

第一，具有发现问题的意识。坚持独立思考，认真仔细地分析研究，既领会其中妙处，又能够发现商榷或不妥之处，做到不迷信，不盲从，不固执己见，不囿于思维定势，克服思维方式的极端化和简单化的不良倾向；善于发现问题，培养批判性思维品质。

第二，具有丰富的想象力。科学家说一切创造性的活动都离不开想象。在阅读中善于联想，开动脑筋，展开想象的翅翼，思考更为广泛的问题，或大胆设想，增补扩展一些内容，或用不同的方式，改造原有的材料，自觉锻炼创造性思维。

能够与时俱进，紧紧地把握社会发展进步的脉搏，使自己掌握灵活多样的思维方法，能够面对社会复杂的局面和未来工作的要求，在具体实践中得心应手、游刃有余。

第三，具有科学怀疑与突破意识。阅读文章时，接受知识突破常规性朝着相反的方向逆向去分析思考、评价总结。则经常可以从两种截然相反的想法冲突中获得新思想，认识到常人不易认识到的问题，提出具有创造性的见解。

第四，具有发散思维的能力，尤其是创新性的思维活动。创造性思维有发散思维、求异思维和联想思维。苏轼说："横看成岭侧成峰，远近高低各不同。"理解事物、分析问题也是这样，从不同的角度，分析同一事物，可以得出不同的结论。阅读时，不是朝着一个方向研究、分析，得出一个结论，而是朝着几个不同的方向去思考问题，最后得出不止一个的正确结论。这种发散思维是进行创造性阅读时用得最多的一种思维方式。在英语阅读实践中应着力开发这种潜能，激发创造意识，培养创新精神。

2）较强的阅读心理调控素质

阅读心理机制表明：阅读是一种对信息源认知过程，然后进行记忆、激活、信息提取、加工组合的心理思维、创造性活动；而人的心理素质一情绪、感情、信心、专心、耐心等因素直接影响到阅读心理活动和认知构建的有效性。如果阅读时读者信心十足，心情平和，主动、积极地与作者沟通，能动地、创造性地去理解文章意义，就能最大限度地发挥读者水平，阅读效率就高；相反，阅读效率就低。可见心理素质直接影响着心理活动的能动性、积极性、灵活性、创造性，从而影响着阅读效率。高品质的阅读强调主体的阅读心理素质因素，保持自信、积极、乐观、专注的心态是进行有效阅读的心理前提和必要条件。阅读活动也需要克服阅读过程中的一系列问题，还要争取阅读的高效率，因此，阅读品质的提高需要主体的心理调控效能。只有增强主体的上进心、克服困难的毅力与耐挫力，强化主体的目的任务兴趣，激励主体的稳定阅读动机，培养竞争意识，才能在英语阅读活动中不断地调适主体状态和促使阅读要素的优化，适应主体沿着目的任务正向运动。

3）较强的阅读方法与技巧适度采用能力

阅读方法和技巧的运用是提高阅读效率的重要手段，也是阅读策略的重要内容。高品质的英语阅读必须阅读方法和技巧的灵活、适当运用。不同的文体、不同的阅读目标任务、不同的过程时限要求，读者要有不同的阅读应对策略，以不变应万变。高品质阅读应当具有到什么山上唱什么歌的能力，遇到不熟悉的内容和要求，不能茫然不知所措，而应该积极思维，迅速调整形成自己的阅读策略，较快适应阅读任务。因此，阅读主体要走向高品质阅读，应当根据阅读目的任务适时探索或者选择有效的阅读方法和技巧，促进快速阅读，提高阅读质量。

4）较强的阅读速读能力

速度是反映读者接受阅读信息快慢多少的量，高速度是阅读品质追求的内容之一，表明主体较快掌握对象的信息量多，标志着主体学习力较强。学者们认为，一般成功速读主要有三要素：速度、记忆和理解。目标是高效实用。速读的总的要求是速度上要"快"，指要达到常人三至五倍以上的阅读速度；记忆上要"准"，指对文章的关键词和重点部位的记忆准确率都能够在80%以上；理解上要"清"，指对文章在阅读后能够掌握文章结构、作者、主题、题目等内容。采用快速阅读技巧，提升阅读速度，提高阅读能力是实现高品质阅读的重要途径。

5）阅读视野具有开放性和实践指向性

英语阅读是一项专博结合、单一性与综合性相统一的复杂性活动。具体阅读任务的单一，保证了阅读的质量和效率，而精深基础上的广博则是阅读品质的要求。高品质阅读立足于具体阅读目标的达成，但是，阅读活动必须具有开放性的视野，应当尽可能地分析学科间的高度分化与高度综合趋势，看到不同学科之间的相互交叉和相互影响，孤立地、割裂地、片面地阅读对象，会局限读者的学术眼光。英语阅读的根本目的是学以致用，学术不能追寻虚幻的象牙之塔，而应着眼于现实世界的改造活动。阅读的实践指向是达成阅读目标的根本标准，也是高品质阅读的基本要求。

6）较强的知识扬弃观念

人类的知识是代代相传、不断创新的。后学者总是站在前辈人的肩上有所前进。继承就是对于前人知识成就的合理传承发扬。而在既有成果基础上的创新，是对于过时陈旧理论的放弃，所谓弃旧图新正是文明发展的正确轨迹。科学的生命线在于不断创新，只有不断创新，科学才可以不断发展和繁荣。墨守成规，学业之路会越走越窄，任何一个领域要发展必须有所创新。对于高品质的阅读就是要求学习前人的知识，深刻理解和掌握他们的智慧，但不是对前人成就的简单重复，率由旧章。在阅读中不断探索发展，完整准确理解成果，立足科学，敢言前人之所不言，为前人之所不为，不因循守旧，才能把科学推向前进。

7）较高的道德文明意识

读书转化气质已经为不少思想家和学者所阐扬，高品质的阅读者身处阅读环境，能够理论联系实际，为学修德。把自己所学和人类的福祉相联系，通过高品质阅读使主体内心充实起来，必言之有物，主体的风度、气度、修养就会非凡，表现出较高的人文素养、人的思想境界和人的道德情操。一个高尚的人，具有牢固正确的价值观，不断丰富自己的涵养，淡泊明志；给人教益，助人修德，启人思考，也可以对恶行引以为戒；自觉增强主体对于社会职责使命感，学以致用，具有担负天下兴亡的使命意识；高品质阅读把学习作为一种乐趣、爱好，把外在要求转化为内在的自觉，使阅读成为习惯、精神需要和生活方式。

8）具有自我体会成功的激励意识

英语阅读过程中的检测评价是调适、矫正的必要环节，主体自觉进行的阅读评估是高品质阅读的重要功能。通过整常性的自我阅读评估、总结经验、吸取教训，帮助主体调整阅读要素的分配组合，达成阅读效率的最优化；把取得的成就强化为继续进取的信心，学习动机得以正向强化，有利于良好阅读风格的形成并发挥作用；对于阅读的曲折甚至失误，找准原因，确立适合自己的目标，选择适合自己的方法措施，学会高期望值激励内动力。设计新的应对策略，实现自觉监控、自我检测和新的适应。克服自卑，树立信心，思考和探索创造最佳的学习条件和最适合评价激励，用积极的阅读心态评价自我、发展自我，从而促进英语语言和交际能力以及思维和批判能力的不断提高。

二、英语阅读能力形成的内在逻辑分析

阅读理解是由阅读和理解两个概念构成的。理解是阅读的目的，但要通过阅读才能理解，两者的关系密不可分。阅读理解分表层理解和深层理解。表层理解是指读者对阅读材料字面意思的理解，例如所提及的人物、事件发生的时间、地点或顺序、因果关系、人物的性格特征等。深层理解需要读者读出作者所传递的信息，借助已有的背景知识（包括社会背景知识、文化背景知识以及社会经验等），通过文章表面的文字信息去推断和理解作者的意图、文章的主题和预测后续事件等。阅读的过程主要包括符号辨认和文字信息处理两个阶段，即作者的思想、观点是通过词、句传达给读者，而读者需要对一连串的单词和句子进行信息处理。阅读的关键在于理解，仅仅停留在符号的辨认阶段而不进入译码阶段，则达不到阅读活动的最终目的。

阅读能力是指通过阅读，吸收和获取英语书面信息的能力。一般是指自己感兴趣的或与自己与主题有关的信息。通常包括：具体事实和细节，文章层次和逻辑关系，文章主旨和大意，作者的态度观点等。构成能力的基本要素是个体的经验，经验的逻辑过程，是个体形成品格品位和能力层次的基本依据。这一切都是个体社会实践的结果。高等教育若强调培养人才能力，就必须研究教育与社会实践的关系，强化社会实践过程和解决社会发展中各种问题的责任感，使人才培养和大学自身引导社会发展的各种教育环节得以延伸。英语阅读是通过阅读将知识内化为品格，品格在社会实践中表现为个体的能力。品格是个体在知识作用下所形成的比较稳定的心理品质，能力是品格的精神外显，是知识解码后的具体运用。知识、品格、能力，构成个体的总体素质。要获得英语阅读的高效率，必须认真对英语阅读全过程科学反思，析取阅读能力增长的萌芽，认识阅读能力形成的内在机制，理出现实能力的可能逻辑，为高效率、高品质的英语阅读提供一个理性的阅读启示。

（一）增强英语阅读的自觉元认知能力是高效率阅读的逻辑前提

英语阅读元认知（metacognitibn）就是关于英语阅读认知活动的认知。美国心理学家弗拉维尔（Flvaell）认为：元认知是指主体对自身认知过程的知识和意识，是一个人所具有的关于自己思维和学习活动的知识及实施的控制。元认知体验最可能发生在思维活动水平较高的情况下。美国另一心理学家布朗（ABrown）则把元认知作为是"检验、调整和评价个体思维的能力"。因此，元认知基本上是一种二级构造，认知活动的对象是问题、数据之类的东西，而元认知活动的对象则是认知过程本身。英语阅读进行有意识的元认知策略培训的方法，能促使主体产生更强的阅读动机，树立自信心，形成自觉有效的阅读策略，帮助主体对阅读过程进行有效的计划、安排、监控和评价，有助于读者成为英语学习的真正主体，在获得阅读对象信息的同时提高阅读能力，成为高品质阅读者。学者文秋芳的研究也表明，优秀生和差生在语言学习观念、管理观念和管理策略方面存在明显差别，体现了优差两类学习在元认知监控等方面存在的明显差别，实质是元认知水平的不同。学习能力差异的结果并非知识水平不同，而是由于元认知水平的差别。

（二）正确评估自身因素，适当选择阅读策略是高效阅读的技术基础

1. 评估自身的语言因素基础

语言因素包括诸多方面的知识。基础的语言知识，如词汇、拼写、固定短语、语法与句型结构等，这些都直接影响并制约着阅读理解能力。

词汇量是阅读理解的关键，没有足够的词汇量，所读材料中生词太多都将无法准确理解原文内容。薄弱的语法知识是制约阅读理解能力的又一重要的语言因素。语法基础比较薄弱，对于固定的语法规则和句型结构掌握得较差，将极大地影响到对句子的理解。语法知识的掌握直接影响能否正确理解所阅读的内容以及阅读速度的快慢。所以在大学阶段还要继续学习和总结语法知识、掌握常用的句型结构，为阅读理解打下坚实的语法基础。

2. 注意反思评估主体的阅读心理状况

学习过程中把注意力都集中在知识和技能的发展上，从而没有重视自己在行为和内心的"深层"已经发生和正在发生的事情，往往正是这些阻碍了我们的进步。发展英语学习策略，在学习过程中应注意发展自我的监控能力、自我的评估能力、对学习情绪的调控能力、信心的保持能力、合作精神、自主学习方法。应当针对自己的问题有计划、有步骤地发展，改进学习策略，提高学习策略水平。培养好的学习策略是长期性行为，要不断努力才能有成效，我们要边学习边学会反思学习过程，做事情的过程决定着学习质量的高低。

3. 评估自身目的语的文化背景基础

认真考察自身的文化背景知识状况，实际完成一项阅读任务，要具有评估主体自我的文化背景知识与阅读目的所需要的基础之间的差距。提高阅读理解能力就要努力充实相关基础，不断丰富自己，注意比较中西文化间的差异，博览群书，尤其是涉及英语国家文化背景方面的书籍，了解英语国家的社会文化、人文地理、风土人情、风俗习惯等。通过电影电视、网上学习等渠道获取相关信息，培养自己对文化的敏感性和洞察力，为阅读理解扫除文化障碍。

4. 评估阅读方法和技巧熟练应用状况

在阅读方法技巧方面能否得心应手、意到技随，是阅读效率提高的较大助力。一些不正确的阅读习惯和阅读方法直接制约着阅读能力的提高。例如指读、唇读、过多的回视、一句一句的仔细研读等阅读方法都是不可取的，这些方法不仅影响阅读速度，而且还会影响对文章整体内容的

理解。在阅读训练中要逐步培养按意群（meaning group）将句子分组扫描捕捉信息的阅读习惯。阅读时还要克服速度过慢、对句子进行语法分析、将每句译为母语进行理解的不良阅读习惯，这些阅读方式不利于从总体上把握文章内容，对文章的理解也只是见树木不见森林，只停留在字面意义上，对文章的深层意义难以掌握，缺乏对文字信息进行归纳推理的能力。在阅读训练中要注意运用并熟练掌握正确有效的阅读方法，提高阅读技能。

5. 英语阅读策略从阅读技术层面为提高效率提供了保证

在进行必要评估的基础上，完成对于英语阅读状况的科学解构，英语阅读者作为阅读活动的主体，具有了自己的元认知知识和进行元认知监控活动的能力。

英语阅读的元认知策略实质上是英语阅读的内省策略，就是对自己的学习行动进行反思的策略。将自己正在进行的认知活动作为意识的对象，连续和系统地对自己的英语阅读活动进行积极而自觉的监视、控制和调节过程，使用必要、科学和适当的方式和手段。对于英语阅读的具体实施进行选择、评价、修正等多方面的操作。元认知策略的现实应用，成为阅读主体实际操作的阅读策略，对于如何接受、存储语言材料、组织语言知识、理解语言结构，采取自觉、积极、主动的态度，提高语言操作技能和阅读效率具有重要的作用。

（三）实践是英语阅读能力从可能转化为现实的关键环节

学习外语的目的是为了进行交际。交际的形式有口头交际和书面交际两种。听和说是口头交际，读和写是书面交际，听、说、读、写是各自独立的能力，但又是统一的整体。这种能力既有联系，又有区别，相辅相成，互相促进，因此为培养语言能力，两者应当结合，单项训练与综合训练都不可忽视。

理论的思考可以促进主体的自觉，但不可以代替实践的推动，毛泽东曾说过，如果有了正确的理论，只是把它空谈一阵，束之高阁，那么这种理论再好也是没有意义的。

能力根源于现实的实践，英语阅读能力的形成来源于大量阅读活动，并且要学以致用，在使用中不断发现缺点和不足，进行积极地反馈调整，经过诸多的循环往复，打下扎实的语言基本功，巩固、扩大词汇量，建立起语感。

高效率阅读不仅是数量的问题，还有质量的问题，所以阅读能力的提高需靠读者接触、熟悉各类题材、体裁、文体的阅读对象，不断丰富知识面和开放视野，最终促进英语阅读能力的提高。只有通过大量的阅读实践，才能真正熟悉地掌握和运用各项阅读技巧和技能，才能提高阅读速度和理解准确率。不断丰富自己的知识结构和分析理解阅读对象的信息，逐步提高阅读能力。

综上所述，英语阅读理解能力形成的内在逻辑主要表现在：阅读主体的英语阅读元认知能力的培养是前提；阅读要素的正确反思评估，在此基础上形成适应的阅读策略，并付诸于现实的阅读过程是重要保证；而要形成主体的阅读能力和高效的阅读品质，则必须通过阅读实践的训练才能实现。

三、阅读能力形成的现实性思考

语言能力的培养有一个对语言的理解与生成的过程。前者指从语言的表面结构中提取出深层意义的过程，后者指将自己的思想或命题结构编码成具有语言结构的信息，并将这些信息通过声音或文字传送给他人的过程。无论是语言理解还是语言生成，在学习过程中，阅读活动正是培养语言理解与语言生成的很好途径，集中精力关注作品中的语言，理解才有可能。语言运用能力是隐秘的语言规则的集合表现，这种隐秘性的能力是在对语言的音、形、义的深入感知下慢慢培养的。

阅读能力的培养和提高不是一朝一夕能够达到的，需要经过长期的努力。平时加强训练，精泛结合，只精不泛无法扩大知识面、提高阅读速度，只能是逐词逐句爬行式的阅读；而只泛不精会造成基础不实、对材料理解不透的后果。只有培养良好的阅读习惯，掌握一定的阅读技巧，提高阅读速度，广泛地阅读，扩大词汇量，充分了解目的语的文化背景知识，不断实践训练，才可能有效地提高阅读能力。

（一）能力是从实践经验开始的

实践是一切真知的根源，实践经验是能力构成的基本要素，人类通过实践认识事物及其规律，经过思维的概括和总结，实现知识的最初积累。现存的知识是历史经验的结晶。今天的阅读学习是历史文化的继承，是获取间接知识和经验的过程。阅读的目的并非固守这些既有成就，而是指向更新的实践，产生理论的飞跃，推动社会文明的发展。当知识返回实践，仿佛经验又由间接过程回到直接使用过程，但实质上返回的过程虽然是"同一条路"，却不是简单重复，而是演绎了哲学的否定之否定。从二次否定方面分析，即使人们运用已经掌握的知识和经验，也是在新的社会条件下，体现着新时代的诸多特征和个体的创造性，这种适应就是创造和发展，因为人们的思维有了新的进步。当新思维在知识创新中形成并走进新经验后，创造后形成的又一轮新思维便成了更新经验的存在方式。这个过程正是反映了人类能力的不断增长，周而复始，构成人类社会发展的源头活水。

有学者对能力、经验的本质进行判定：能力、经验是传承知识走向实践后的思维发展过程。发展的思维构成新经验，也构成新知识，使实践者的品格获得提升，标志着能力的基本面貌。经验包括两个方面内容。一是指书本知识通过实验操作内化后或个体初步掌握知识的内涵、外延、结构后走向社会实践，对知识使用范围和方法的表象阶段理解的总和。这部分经验是低层次实践活动的结果。二是指科学研究实践对思维改造、开拓的总和，即思维自觉过程的总和。第一个方面经验是对学科知识应用的探索，既有深化书本概念的一面，也有框正实践前的好奇和无知的举措。经验无数次实践筛选出并储存在大脑记忆库中的"重复映象"，表证着实践提示的事物规律性（即科学性），而"映象"本身说明，它们仅是对知识的一种印证。简单和肤浅实践，不可能使经验走向二次抽象，即经验的思维创造过程。从思维发展上看，个体已经学过的学科知识在这个阶段印证后，使知识走向内化，是主体信息接受和既有知识结构融合的过程。还需要进行知识创新，在复杂的实践中使思维突破表象限制而走向二次抽象（第一次抽象是前人做完的）。第二次抽象即经过主体的创造性阅读，经过阅读主体的积极思维过程才进入经验的高层次阶段，个体驾驭知识的能力也就初步形成，并逐步成为主体的现实能力。

通过以上简要分析，明确了能力是由起源于实践经验并由其构成的，经验是能力结构中的基本要素；能力以经验积累为依据，在实践的辩证发展作用下而不断提升；而能力提升的过程总是受限于素质。英语阅读能力的形成，也是遵循能力形成的一般规律。只有扎实的阅读，知识内化为品格，品格的精神外显成为主体应对现实的策略，是知识解码后的具体运用，属于向实践的第二次返回，在社会实践中表现为个体能力。品格是个体在知识作用下所形成的比较稳定的心理品质，能力是知识、品格构成个体的总体素质。实践基础上的主体努力才是提升阅读能力的必由之路。

（二）英语阅读能力训练的一般过程分析

学习游泳的人除了需要基本的理论知识和方法指导外，最主要的还是要下水实践。同样，语言学习者也需要足够量的语言输入材料来加强对语言的体验，增长见识，循序渐进，积累经验，在阅读实践中不断获得知识、锻炼技能、提高品质、获得能力。

1. 强化基础语言能力

语言文字的感知和理解，是走向对全文内容理解的基础和前提。阅读作品，是从对语言文字的感知开始的。语言文字作为思维的载体，承载着作者思维的内容。读者要想了解作者作品的内容，就必须先通过对善言文字的感知去领会它所表达的意义。语言能力训练必须坚持科学态度，从基础做起，循序渐进，持之以恒。

1）扩大词汇量

词汇知识的掌握是英语阅读理解的先决条件，词句理解则是阅读理解的基础。在掌握的词汇有限，英语基础比较薄弱的情况下，首要关注的就是增加主体的目的语词汇量。阅读理解的训练，任务确定的主体适应性是很重要的，关键要做好激发自己动机的精神准备，进行正确的元认知评估之后，明确阅读任务与主体的词汇量差距情况，迅速有效地做好目的语词汇的准备和充实。

文章阅读时必要的目的语基础很重要，一开始有较多不认识的单词，阅读就难以顺利进行，因此，必须有一定的词汇做基础。有了一定基础后，应当迅速按照增加词汇量的要求充实词汇。掌握英语构词法是较有效的途径之一，利用构词法的基本规律，系统地记和学习词汇。常见的构词法：派生法、复合法和转化法。次要的构词法：缩略法、逆生法、拟声法等。注意特殊构成词、高频词以及词组固定搭配，了解英语的习惯用法。只要学会分析词汇的结构，掌握基本规律，就可以运用词汇的部分线索，推测其在句中的意义，即而对句子、文章进行判断，最终达到理解全文的目的。阅读文章时，争取在阅读对象中不存在或出现较少的生词，较少的语言障碍，读起文章就更快，理解起来就更容易些。

2）打好语法基础

英语文章都是由一定数量的词汇与句子，根据一定的连接纽带，按照一定的思维模式结合起来的语篇结构。阅读一篇文章时必须把具体的词、句子与段落放在文章的整体中，从而尽可能地获取文章的信息，确切地把握文章的内容。掌握基本的目的语语法知识和基本句式，理解句式对于对象的表意功能，理清所指和能指的内涵，熟悉句子成分的功能和作用都十分重要。在时间有限的情况下，可以只阅读主语、谓语、宾语等主要的句子成分，状语、定语等修饰成分可以先略去不读。如果按词性分类，则阅读重点是实词：名词、代词、动词、形容词、否定副词等，其他如虚词：介词、连词及程度副词等可一带而过。也就是说，不能总是毫无目的不分轻重地逐字逐句地细读，必须学会跨越句子、跨越段落的阅读方法。这样，才能从容面对任何长度的文章，迅速地抓住要点，概括文章内容，提高阅读速度。

3）运用语篇分析（discourse analysis）方法提高阅读能力

篇章是指一系列连续语段或句子构成的合乎语法、语意连贯、有一个论题结构或逻辑结构的语言整体。阅读训练时必须对文章的篇章结构有一定的了解。语篇的交际功能不同，体裁各异，表现形式有别，形成不同特色的语篇。所以在阅读时，要有意识地注意上下句、上下文之间的连接，注意寻找主题句、主题段，迅速掌握文章大意。同时还应大量地接触各种语篇，抓住语篇的主要结构、论点、情节及行篇方式。根据篇章语言学理论，良好阅读习惯的培养应首先采用宏观导入的方法，了解语篇体裁背景，使阅读思维快速建立在固定的语境中，形成良好的阅读感觉和情绪。然而，在阅读中所遇到的困难，往往是由于把文章分裂成一个个的词汇与句子，而没有从整体上把握文章所造成的，因而很难真正读懂文章的中心意义。读完一篇文章，只掌握了一些具体的词汇或语法结构，而对文章的篇章布局、写作特点、作者的写作意图缺乏了解。所以阅读文章必须从整体上把握内容，掌握一套阅读方法，对文章有进行全面理解。

2. 目的语背景知识的充实

1）注意文化素养，了解词语的文化内涵（cultural connotation）

所谓的阅读理解能力是指读者对读物所进行的一种积极思维和心理活动过程。这个过程可分为两个层次：字面理解和推断理解。字面理解取决于读者自身的语法知识和词汇量大小来完成，推论理解则涉及到词语的文化内涵、文章的语义结构和篇章总结构等因素。

在阅读过程中，不但视觉信息起作用，非视觉信息也在起作用。视觉信息是指眼睛通过感知文字符号而获得的，非视觉信息则是指在阅读过程中起潜在作用的、由大脑所提供的。阅读心理学把非视觉信息形象地称之为"眼球后面的东西"，实际上包括阅读者全部知识结构的总和。从这一意义上来讲，对一篇文章的理解与把握，单纯依赖语言本身还不够，还必须了解使用此种语言的民族文化背景。整个阅读过程实际上是读者与作者之间的交流，这种交流往往产生一种相互作用，而这种相互作用的产生是以文化背景知识为基础的。要真正读懂一篇英语文章，获得作者提供的信息，就必须掌握足够的文化知识。

2）正确而恰当地理解和使用语言

在特定的语境中，在一定的文化背景下，借助语言系统这一工具，在词汇层次理解的基础上提取意义，必须掌握词语曲文化内涵，达到对文章的全面理解。不了解特定词语的文化内涵，读者与作者就无法进行真正的交流和沟通，读者也就无法捕捉到特定词语所表达的确切信息。

（三）注意阅读内容选择、文体分类以及环境条件利用训练

1. 适当选择阅读内容

阅读材料的选择，应基本符合主体目前的阅读素质状况。阅读选材力求难易适中，范围广泛、生动有趣、内涵丰富、篇幅恰当、冷僻生词较少，便于调动和激发主体的阅读兴趣，体验阅读的成就感，读得轻松愉快，寓乐于读，增强读者的信心，从而提高阅读能力。如果生词太多，文章

太难，学生读不懂文章，就达不到训练的目的，并且还会对阅读产生畏惧心理，造成阅读障碍。为此，应当注意根据自己的实际情况，选择阅读内容，能够读懂、领会文章大意，通过阅读体验成功。

2. 注意文体分类阅读

开始可选择自己感兴趣的、贴近生活的材料，从学校、家庭生活等，逐渐扩大范围，旅游、环保、植物、动物、社会、经济、科普等领域广泛涉猎。不同体裁文章的基本要素一般包括：记叙文的时间、地点、人物、事件、原因、结果等；应用文、说明文及科普短文的主题句、层次和逻辑关系等；议论文中体现作者观点和意图的部分，作为论据的具体事实和作者提出的论点；新闻报道的时空布局，叙事说明部分和评论，当事人的评论和观感、时间顺序，事件中的人际关系等。体裁从记叙文，到应用文，再到说明文。也可以按交际功能、文章题材和体裁等组织阅读材料，分类阅读，由易到难，循序渐进。

随着阅读活动的不断深入和阅读能力的提高，原来理解不了的材料日后可能就会读懂，逐步过渡到从文章整体出发，把句子、段落，而不是单词作为阅读的最小单位。通过阅读文章和段落的主题句，迅速判断出文章体裁，把这类体裁文章共有的基本要素，作为文章内容的阅读重点，除此之外的则可以略读，甚至跳过去不读。

3. 充分利用阅读信息资源

网上有很多文章可供读者辅助学习，故事、笑话、美文欣赏、新闻等都有助于读者开阔视野，扩大知识面。图书馆馆藏图书、报纸和杂志等以及电子图书，都是阅读的宝贵资源，通过阅读广泛了解英语国家的人文、地理、历史、传记等方面的情况，增强学习英语的兴趣，扩大词汇量，加大英语信息输入量，训练思维能力，提高认识能力，拓宽知识面，开阔视野，促进阅读主体产生新的阅读欲望，提高自身阅读的素质和能力。

（四）有意识地进行阅读方法和技巧运用实验

语言教学的最终目的是让学生具有运用和驾驭所学语言的能力，使之能够充分地表达出自己的思想，应力求最大限度地拓展语言学习、锻炼的空间。通过实践、探究使主体的语言使用能力得以巩固、提高，并发展成综合运用知识的能力。检验语言学习的成功与否，取决于主体能否正确运用所学知识的能力，是否能够完整正确地表达合目的性内容的能力。阅读能力的提高除了刻苦认真外，还需要一定的方法技巧训练。读者要有效运用阅读方法，当然，准确理解方法的基本内涵和使用范围是前提。方法虽好，若用得不当，缺乏选择，也可能产生事与愿违的结果；此外，不同学习风格的主体运用同样阅读方法，效果也可能大相径庭。因此，读者在阅读过程中，对于阅读方法和技巧的关注功夫也不可缺失。

1. 阅读中通常用到的方法

阅读中通常用到的方法有四种：默读、朗读、精读和泛读。默读是提高阅读速度最有效的方法，也是能够让学生独立发现问题、思考问题的最好方法。朗读是训练学生语音、语调和语音知识掌握的方法，同时通过朗读可以增加语感来理解课文。精读就是对小到字、词、句的具体用法，大到篇章结构、修辞特点、社会影响及时代意义等都要加以分析总结，找出其规律，吸取其营养。

精读既是手段，也是目的。泛读就是大量的阅读。泛读要求教师在课文之外，还要筛选、补充一些体裁新颖、内容健康、语言规范、难易适度、生动有趣的文章，供学生课外阅读。我们都知道，没有一定数量的训练，就不可能有质的飞跃。在近几年的考试中，对学生们的阅读量要求大，那么泛读就可以不仅提高学生的阅读能力，而且还拓宽学生的知识面，开阔他们的视野。但是，在实际中，四种阅读方法不能割裂使用，应根据需要综合运用，以取得最佳效果。

2. 加强阅读技能训练，提高主体的阅读素养

第一，通过分析寻找主题句。分析读物前后结构或意义上的联系，以扫视或巡视方式寻找特定信息词或句，正确理解段、篇意思。做阅读训练时，往往先看文章的大概意思，迅速记录主要的对象信息，归纳阅读对象的知识框架。根据阅读任务总结文章要点，对重要的内容可回头细读。既能节省时间，又能把握好重点。

第二，注意文章中的时间、地点、人物、数据、因果或基本概念等的逻辑体系。要求对这些内容认真、仔细的分析。

第三，根据词的结构，利用上下文分析句子结构，推测判断生词的词义。生词量多无疑给读者增添阅读难度。考试中，最近几年都有超纲词汇出现，并且呈上升趋势。那么，猜词能力的训练显得就尤为重要。

第四，通过分析句中反映其中心意思的关键词和词组，分析句子的语法结构，利用上下文将复杂句分解，依次推测，判断难句难意。

第五，注意每段的开头和结尾。一般每段的开头可能是中心论点的推出或关键所在，

文章围绕这个中心而展开陈述；在结尾则是概括或结论的所在，是表明作者推论结果的。有的文章没有明显的主题句，其主要思想隐含在字里行间，就要结合上下文仔细琢磨和推敲，全面理解整段或整篇文章的意义。

第六，利用阅读对象进行把握作者态度和意图的训练。把握作者的思想、未言明的态度和意向，顺着作者的思路去分析、思考、联想和判断是正确理解文章主题思想的重要途径之一。仔细揣摩作者的用词倾向、作者概念使用的内涵和外延，对了解作者的写作意图至关重要。文章中通常出现的三类词是：褒义词（positive）、贬义词（negative）和中性词（neutral）。在一般议论文或夹叙夹议的文章中，作者的态度大约有三种：赞扬、批评和只陈述事实不做评论，让读者去评判。所以读者应当通过关键词、重点词等的分析，锻炼推理判断能力。通过阅读活动进行符号辨认和内容的解释，发掘和理解作者的意图或者隐含的意义。比较常见的阅读技巧，主要包括略读、跳读、寻读、研读、预测阅读内容、猜测词义、识别指代关系等。尤其是预测（prediction）阅读不是被动地接受和理解信息的过程，而是不断地预测证与修正——进一步预测的循环过程。阅读过程中，读者经常要借助逻辑、语法、文化等线索，对文章的主题、体裁、结构以及相关的词汇进行预测。

英语阅读理解能力在英语学习中占有极其重要的地位，熟练地掌握并适当运用各种阅读方法、策略及技巧，从而获取文章所传递的信息，对于提高英语阅读理解能力至关重要。

（五）在保证阅读质量的前提下训练快速阅读

充分规划和利用时间限时阅读，进行阅读速度和质量的训练，是培养读者阅读能力的重要途径之一。限时阅读训练，是训练主体快速阅读能力的一个好方法。通过高效速读训练，提高阅读速度、阅读效率，最终达到提高阅读能力的目的。训练前，根据文章内容设计好测试题目，先简单，后循序加大难度。阅读完后要求立刻做相关练习，力争不看原文，凭记忆回答相关测试。

通过稳步的速度和质量训练，利用多种阅读方法的有效使用，超越逐字、逐句地理解，而强调整体篇章理解。在阅读时采取跳跃式搜索方法，提高收集信息和处理信息的能力，增强英语阅读的信息接受效率。

快速阅读的培养不可能一蹴而就，必须有一个循序渐进的过程。在平时的学习过程中，要克服阅读障碍，注重知识积累，适当地运用阅读技巧，养成良好的阅读习惯。还要多朗读、背诵精彩段落和文章，培养语感。当然，阅读能力的提高，不是一朝一夕就能做到的。在广泛的阅读中，要有意识地按照快速阅读的要求进行大量的训练，制定出计划和严格要求，一步一个脚印地进行，才能在考试过程中发挥出自己的水平，达到满意的效果。

（六）良好阅读风格的养成

良好的阅读心理对于学习者，尤其是应试者来说至关重要。在阅读的时候是通过视觉、推测、判断、理解等一系列活动来进行的。阅读时要排除各种干扰，去除杂念，集中注意力，克服焦虑感等形成一种惬意的顺向心理，从容不迫，尽最大的可能理清文章结构，读懂文章大意。切不可一遇到几个生词难句，就心烦意乱。凡事预则立不预则废，良好的阅读习惯是形成良好阅读风格的基础。

1. 养成根据阅读目的任务制订阅读策略的习惯

第一，重视阅读策略制订的实践训练。策略运用的是否恰当，直接决定着阅读效果。阅读策略不同于一般的阅读方法，它强调阅读的统筹规划思想，即将一些阅读方法置于阅读情境中，考虑影响的应用范围和应用效果的各种因素及这些因素的相互关系，从而对这些方法形成全面的系统认识，并在以后类似的阅读情境中自觉、主动地运用这些方法。阅读者需要在不断地实践中找到适合自己的、有效的阅读策略。

第二，体验阅读策略效能。明晰策略的细节及全局，阅读过程中的实时监测，会给主体以策略效果的反馈。不管是成功还是收效甚微，都应认真总结，利者持之，不利者而改之。如果阅读中存在不利于阅读的因素或环节，通过策略反思，进行有效调控，使之适应顺利阅读和高效率阅读的需要。阅读主体不断地实践、体验、巩固、反思，不断地以动态的方式去调整，从表层的学习进入深层的英语修养、文学修养、美学修养以及科学和逻辑学修养等以领悟英语本身的价值，发展和创新更优化的英语学习策略。策略才能随着主体阅读能力的提升不断得到优化，形成主体良好的学习风格。

2. 培养良好的阅读习惯

在当今信息爆炸的时代，人们总是希望在有限的时间内获取更多的信息，良好阅读习惯的养成会给今后的进一步阅读打下扎实的基础。主体阅读时尤其是快速阅读时，注意力应高度集中。阅读主体要锻炼调控自己的注意力，才能快速而准确的捕捉到所需的信息，提高阅读速度和阅读效率。

第一，克服指读、音读、心读、回视等不良习惯。阅读注意克服指字阅读、有声阅读与心读、摆头、眼停过频、回视等不良阅读习惯的训练。上述阅读习惯都有除了眼和脑的参与以外，还有手、声带等器官的参与。参与的器官越多，加工的时间越长。如果阅读器官仅限于眼和脑，则大大减少了语音和动作的干扰，有利于语音和思维的交流，并迅速获取所需信息。克服指字阅读可以用两手握住书的两侧，使它们没有闲下来动作的机会。对于有声阅读，可以把食指放在嘴唇上，避免嘴唇的蠕动。心读的情况往往多数人都有，有效的解决办法是尽量扩大视幅，按意群阅读，把阅读速度提起来，使大脑在获取意义的同时没有时间反映文字的语音信息。在阅读时强迫自己遇到生词或词组，眼睛不马上顺着生词往回看。从心理学角度来讲，这些阅读习惯会分散读者的注意力，中断思维的连续性，对所获得的信息难以形成全面、准确的理解，从而大大地影响阅读效率。

第二，避免回视。回视是阅读主体常见的不良阅读习惯之一。阅读主体在阅读时由于没有理解句子的含义，而返回去看或重读句子。阅读能力差的读者往往过分依赖回视以致养成了一种习惯，逐字逐词认读，看了后面忘了前面，不仅影响阅读速度，而且不利于把握整个句子、段落和全文的含义，甚至出现读了半天还不知所云，影响阅读兴趣和阅读的积极性。

第三，避免阅读主体边看边查字典的习惯。有些阅读主体在阅读过程中，遇到生词就查字典，速度必然慢，阅读效果也差。

第四，避免阅读主体逐字逐词阅读，养成正确的用眼习惯。研究发现，一个人阅读时，眼睛短暂停留在词组的时间只占整个阅读时间的 5% ～ 10%，而其余 90% 左右的时间都用在从一个意群移到另一个意群的过程中。因此，要按照意群来读，必然会同时看见若干个词。这样，同时看见的词越多，视觉跨度就越大，每一行眼睛移动的次数越少，所用时间也就越短，阅读速度也就越快。阅读主体在阅读时尽可能扩大视力范围，能在单位时间里捕捉更多的语言信息，学会控制自己的视线，以跳跃的方式快速阅读。

3. 养成作读书笔记和概要的习惯

俗语说，好记性赶不上烂笔头。阅读一篇文章后，也许以为读懂了，短时可能会相对准确，而随着时间的推演，事务的繁杂，阅读的准确性会打折扣，一旦到了完全遗忘的时候，前面阅读的效果荡然无存。若再去阅读，又是重来一次，不少英语阅读者的低水平循环阅读正是这种不良学习方式的折射。怎样克服这种习惯呢？大量实践表明，记读书笔记和读后写概要是行之有效的办法。读书笔记可以结合读者学习的需要决定详略，便于以后的复习或者简明扼要的摘取资料 J 写概要时要注意忠实于原文作者的本意，不要另起炉灶，写成读后感。应遵循"先易后难""先学习，后模仿"的原则，开始可以抄写原文中现成的、能够体现文章基本内容的主题句；经过一段时间的训练，就可以试着缩写、改写原句，直到最终自己组织句子，概括总结文段内容、中心思想、作者态度等。这一过程要自然过渡，不能急于求成，要有信心、耐心和恒心，坚持不懈，英语阅读能力可以得以稳定培养。

逐步培养良好的阅读风格，制定适合自我的阅读策略，改变不良阅读习惯，训练正确的阅读方式方法，养成作读书笔记和记录文献概要的习惯，对于英语阅读具有重要意义。

4. 注意跨学科阅读综合能力的养成

阅读水平和能力的提高反映阅读主体综合素质的提高，这不是单一学科或专业的阅读所可以包揽的，必须具有专业精深基础上的广博的专业阅读素养作为支撑。因此，阅读活动品质提升，不能被狭隘的学科分界所窒息，必须具有广泛的学科综合知识背景，使阅读对象的理解获得众多学科的理论和思维方式的诠释，阅读的品质一定是具有高境界的。注意理论思维的培养和养成，进行知识的横向联系，扩大知识的空间范围，加强学科之间的协作与融合，使各个学科分散的、相对隔绝的、自成体系的小学科形态向一种综合的、连通的、互相紧密相连的大科学体系形态转换，以此帮助形成综合网络化的知识体系和能力体系。阅读实践中注意实现以下几个转向：

第一，由狭窄的单学科视角转向多学科视角；培养发散思维，注重能力的相通性和内在联系。

第二，由单纯的知识灌输转向以知识为载体来发展学生的能力。

第三，由把学生作为知识的容器转向发展学生的创新意识和创新能力。

5. 阅读效果检查反馈评价的自我激励训练

阅读过程中或阅读之后的阅读成效自我检查是十分必要的。这种检查是主体的阅读反思，总结经验以利于阅读效率的提高，也可以发现问题，主体依此进行阅读的反馈调控，若成效显著，即可成为主体自我激励的因素，也可作为主体自我阅读状况评估的内容，系统分析英语阅读的基本状况，调整组合阅读要素，以便更好地提升阅读效率，充分体现阅读主体自主学习的功效。适当的阅读评价不但可以激发阅读的兴趣和动机，满足学习英语的成就感，而且还可以培养发现问题、解决问题的能力和用英语思考、交际的能力。

总之，阅读能力的提高离不开大量的阅读实践。阅读策略的选择要充分考虑到阅读的目的、阅读材料的难度、阅读时间以及自己的背景知识等。只有在阅读实践中，调整好阅读心态，有意识地学习、积累，熟练掌握和运用恰当的阅读策略和阅读技巧，并且能够把它们有机结合，坚持不懈，英语阅读能力才会不断地得到提升。

第三章　英语阅读策略及其教学方法的应用

第一节 英语阅读策略及其应用

阅读策略（reading strategies）历来是阅读研究的主要问题。无论对阅读实践的变革，还是对阅读质量的提高都有及其重要的意义。

目前学术界对于包括英语阅读策略在内的学习策略、教学策略等的研究，学说纷呈、学派林立，反映了教育界、学术界对于学习自觉目的性和策划性的关注，越来越重视学习的效率问题。学派学说之间虽然有分歧，但也有一定共识。学者们较为一致地认为，阅读策略有特定目标，特定阅读情境，为完成特定的阅读任务而制订的，包含英语阅读活动中方法的选择、材料的组织、对主体阅读行为进行规范等。要真正搞清楚阅读策略的内涵，需要对各学派阅读策略的认识进行分析、概括，吸取他们的合理思想，从阅读过程的整体到局部的具体环节，借鉴既有的阅读研究成果，使该研究逐步深化，形成阅读主体可以操作的策略框架，对于提高阅读主体的阅读能力和阅读效率更有帮助。

一、英语阅读策略及其内涵

外语学习规律告诉我们，学习外语离不开真正的语言环境。阅读是创造语言环境，获得语言渗透最简单的手段。阅读的基本技巧之一，就是根据不同的读物和阅读目的去选择不同的阅读方式。每种阅读方式都有其自身特点和不可替代性，没有任何一种方式是适用于一切阅读的。针对不同的阅读目的，必须采取相应的阅读策略，只有这样才能真正做到有效的阅读。

阅读策略作为人们阅读中为获得知识和技能而采用的手段和途径，在阅读过程中，应当了解英语阅读策略的基本内涵。

（一）阅读策略的基本内涵

1. 阅读策略是主体在阅读过程中设计的整体性措施与对策

2. 阅读策略带有很强的目的任务性

3. 阅读策略是基于对具体阅读活动的认识而采取的

4. 阅读策略是对特定阅读学习理论的具体化

5. 阅读策略具有适应性和灵活性

虽然主体事先对于阅读活动进行缜密思考作出了整体性阅读策略，但仍然需要阅读过程中的具体问题静态分析，主体根据阅读的进程对阅读措施进行适时的反馈和调控，不同于阅读模式和具体的阅读方法。

英语阅读实践中的阅读策略（reading strategies）是为实现阅读目的任务，对阅读活动进行反思、调节和控制的系列执行过程，是一系列有计划的动态过程，具有不同的层次和水平。阅读策略包括阅读活动的元认知过程、阅读活动的调控过程和阅读方法的具体操作过程。阅读活动的元认知过程是对阅读过程中的各种因素、阅读进程的反思性认知。阅读活动的调控过程是主体根据阅读进程及其中的变化，对阅读过程进行的反馈、调节。阅读方法的执行过程是指主体在阅读过程中的主体与文本情景互动方式、方法与手段的展开过程。阅读策略的制订、选择与运用，应当从阅读全程着眼，兼顾阅读的目的、任务、内容、主体状况和既有的阅读资源情况，灵活地采取措施，保证阅读有效进行。

（二）阅读策略的内容

英语阅读策略具有特定的内容，一般认为阅读策略的内容包含指导思想、阅读目标、实施程序、操作技术等因素。

1. 明确阅读策略的指导思想

即某一阅读策略所依据的理论基础，它能对具体的阅读策略作出理论解释，是阅读策略的灵魂。任何一种阅读策略都有一定的阅读观念、阅读理论作支撑，选择先进科学的学习教育理念作为指导思想的理论基础，实现阅读策略的领先性，有利于促进学习效率的提高。

2. 明确阅读策略指向的目标

任何一种阅读策略都是指向一定的阅读目标，为完成一定的阅读任务而创立的。目标是阅读策略结构的核心要素，对其他要素起制约作用。也就是说，一定的阅读策略总是针对一定的阅读目标的，并且总是尽力满足阅读目标所提出的要求。对阅读策略的运用，无论是活动内容，还是活动细节、活动方式，或者是活动的程序及其每个环节，都是指向阅读目标的，为达成阅读目标而存在。

3. 确定具体的策略实施程序

即阅读策略按时间展开的逻辑活动步骤以及每一步骤的主要做法等。阅读策略是针对一定阅读目标相互组织起来的程序化设计，需要标明实施的逻辑顺序，阶段任务的更新和推进。

4. 设计具体的实施操作技术

保证阅读策略的实施效度与信度，需要系统地明确易行的行为技术和操作要领，就是运用阅读策略的方法和技巧，称之为阅读策略的操作技术。包含的内容有：

第一，阅读策略中的主体角色、作用及要求。

第二，阅读对象的选择和确定。

第三，阅读条件及环境管理。

第四，阅读方法和技巧的使用和选择。在操作视域内确定适宜的阅读方法和技巧，包括明确阅读对象的层次性和范围，适用的学科性质、问题性质以及采用方法技巧的措施。

上述诸要素相互联系，相互制约，完整地构成了具体的阅读策略的基本内容。主体通过了解阅读策略的基本内容，掌握阅读策略建构的要领，抓住它的实质。结合阅读目标任务的整体需要，使阅读策略更加适应主体英语阅读的实际要求。

（三）阅读策略的特征

在具体的英语阅读过程中，阅读策略通常表现出以下几个方面的特征。

1. 阅读策略的目标任务指向性

阅读策略的产生就是为了解决现实的阅读问题，掌握特定的阅读内容，达到预定的阅读目标，收到预期的阅读效果。任何阅读策略都指向特定的问题情境、特定的阅读内容、特定的阅读目标，规定着主体的阅读行为。根据不同的问题、不同的内容、不同的背景条件，制订、选择和运用阅读策略。实际中，不存在无目标无内容无方向的阅读策略，也不存在适合一切问题和内容的万能阅读策略。当完成了一定的任务，解决了相应的问题后，应当转向新的阅读策略。

2. 阅读策略的实践应用性

阅读策略总是针对具体阅读目标任务制定的，是为达成阅读目标任务而确定选择的对应方法、技术和实施程序，并在阅读活动中通过主体的具体行为，有条不紊地推进阅读活动。所以阅读策略在应用方面必须是可行的，阅读策略的内容、实施的方式和步骤是阅读活动具体展开的依据，其价值在于阅读实践中的必要性和可行性。

3. 阅读策略的系统性

阅读主体进行阅读活动的元认知过程、阅读活动的调控过程和阅读方法的执行过程，构成了相互依存密切联系的一个整体，即英语阅读的系统。阅读要素彼此之间相互作用、相互影响，随过程发展而相应变化。阅读策略就是因应阅读系统的良性发展需要而制订的，阅读的全过程及其各要素诸如阅读方法、阅读步骤、阅读媒体、阅读组织形式等需综合考虑。阅读进程中应当适时地进行反馈、调整，才能根据主体需要，进行阅读方式、措施等的优化组合、合理构建、和谐协同，阅读策略才能取得实效。

4. 阅读策略适应阅读对象的选择性

策略是阅读过程中大体的行动指南，但不是"以不变应万变"的锦囊妙计，必须具有辨证思维，坚持具体问题具体分析。阅读策略与阅读对象以及所要解决的问题之间的关系不是绝对契合的。不同的阅读对象、不同的时空及环境条件在应用阅读策略时，主体应当做适应性调整，以便更有效地解决不同的问题。比如阅读中对于循序性策略、冗余信息的处理策略、知识迁移策略、阅读速度调整策略、反馈评价与递进策略等，应当根据主体阅读的实际状况合理适当进行调整。

英语阅读策略旨在帮助读者了解掌握英语阅读的方法和技巧，并迅速提高英语阅读能力。阅读要有成效，一个重要的因素，就是掌握科学的阅读方法。法国著名生理学家贝尔纳说过："良好的方法能使我们更好地发挥和运用天赋的才能，而拙劣的方法则可能阻拦才能的发挥。"我国著名的教育家叶圣陶先生也说过："培养能力的事必须继续不断地做去，又必须随时改善学习方法，提高学习效率，才会成功。"这些名言，说明了掌握学习策略的重要性。现实中对阅读一般投入的时间和精力较多，但阅读理解仍是薄弱环节。造成这种局面的主要原因就是缺乏有效的阅读策略以及正确的阅读方法的选择与应用。

英语阅读策略涵盖了英语阅读的全局性的应对措施，其中关键的是在阅读进程中对'于阅读方法的选择与应用，以及训练高效率的阅读技巧。古今中外长期以来积累了大量的经验，总结出多种阅读方法与阅读技巧，在英语阅读策略中恰当适时的选择和应用，是实践阅读策略的重要环节。

（四）确定和选择阅读策略的依据

1. 依据阅读的具体目标与任务

不同的阅读目标与阅读任务需要不同的阅读策略去实现和完成。阅读目标不同，所需采取的阅读策略也不同，即使是同一学科的阅读也是如此。

2. 依据阅读内容的特点

对不同性质学科的阅读对象，方法技巧应当有所差别；不同进程阶段，阅读策略应有所不同，具体问题具体分析。

3. 阅读策略要适应阅读主体的基础条件和学习风格等个性特征

制订和选择阅读策略要从主体的智力、能力、态度诸方面的实际出发，注意策略对于兴趣激发性、动机的端正性；策略的活力之源就在于激起主体积极的精神动力。

4. 明确阅读策略适应的阅读对象和具体的环境及信息技术等条件

阅读策略都是在主体和特定阅读对象结合基础上制订的，适用范围和使用条件具有限定性，不是一劳永逸的"灵丹妙法"。

5. 英语阅读的最优化是英语阅读策略的永恒追求

阅读策略制订的重要目的就是提高阅读质量与效率，促进阅读主体能力的发展，实现阅读的最优化。

二、英语阅读策略应用分析

任何一种阅读策略都是指向一定的阅读目标，为完成一定的阅读任务而创立的。目标是阅读策略结构的核心要素，对其他要素起制约作用。阅读策略的运用，无论是活动内容，还是活动细节、活动方式，或者是活动的程序及其每个环节，都是指向阅读目标的，并为达成阅读目标而存在，而且总是尽力满足阅读目标所提出的要求。实践中应加强英语阅读策略训练。

（一）英语阅读策略训练应注意的事项

1. 从培养良好的阅读习惯，构建阅读基础做起

不良的阅读习惯往往是影响阅读速度和效率的主要障碍之一，在实践阅读活动之初要刻意优化阅读习惯，锻炼阅读时不出声，不复视而后进行扩大视距的训练，让眼睛每次移动注视的距离先是一个整句，然后再过渡到整段，实现一目数行，迅速抓住文章的主要内容，尽快把握理解阅读对象的基本信息。

选择围绕阅读任务需要的词汇、目的语文化背景或特定学科知识等阅读资料，为快速阅读提升阅读质量打好基础。不追求读速，追求较多的记忆质量和理解准确度。

2. 进行阅读任务训练，重视速度和质量的统一

进行语句、语段、篇章阅读能力的基础训练，依据阅读任务从中寻找阅读对象中的主要信息，此阶段的终结是主体能够在限时内尽快找到阅读对象的意义中心，概括阅读对象的范畴概念框架及逻辑关系。

尝试引入速度阅读，体验阅读速度和质量的正相关的数值域，合理调整自己的阅读速度，寻求质量和速度的正向契合度，尝试根据阅读目的选择阅读方式，调整阅读速度，合理分配时间。

根据阅读速度和质量要求，适时进行方法技巧训练。

3. 有意识地进行阅读方法和技巧训练

具体分析阅读对象的特点，思考备选的阅读方法，最好是根据情况自己探索有益的阅读方法。关键在于明确哪些方法对自己的阅读速度更快，效果更为明显，单位时间内掌握阅读对象的信息更多更准。能够概括这些方法的特点和操作要领。利用有效的方法，恰当的运用于具体过程中，体现出阅读主体熟练的阅读技巧与方法能力，为阅读效率提高打下坚实基础。

4. 搞好阅读策略应用过程中的反馈调整

初步实施过程中，要时刻留意阅读策略中遗漏的问题，及时进行备注，并设计出查缺补漏措施。对于不恰当、无效率的措施，及时予以删减，做好记录。对于有效的方法以及技巧的引入，进行认真思考，提出应用的思路。在一个循环试行之后，迅速整理阅读策略改进意见。经过整理优化，在阅读指导思想、阅读目标、阅读实施程序以及新的方法技巧选择等方面，增加效度和信度，形成新的阅读策略。随着阅读任务的变更，阅读策略也随之更新。

阅读过程是具体而复杂的，阅读内容是丰富的，阅读任务又是多方面的。因此实际阅读过程中应当有策略的灵活调整，不可能是一成不变的。方法的训练和阅读速度是并行的，提高速度必然涉及到方法的有效选择。只是训练的环节上，追求阅读速度时会提出方法的要求，因此，阶段划分也是相对的。要根据不同的阅读目标、不同的阅读场境、不同的阅读环节，调整阅读策略，选择不同的方法和技巧，保证阅读的高效，体现阅读策略的效度和信度。

虽然阅读策略有明确的指向性和一套实施的操作程序，具有可模仿性。但由于具体的阅读活动过程中存在着许多变量，英语阅读策略是大致的应对阅读任务的策略，应用时必须具有一定的灵活性。阅读策略的运用并不能照抄照搬、机械套用，而要在实践中有所变化，有所创造。

（二）英语阅读策略的应用

阅读是英语学习中最基础的技能之一，是获取知识和信息的重要手段。英语阅读的目的是为了更多更准确的掌握对象信息，阅读主体的学习过程的设计是英语阅读策略的重要内容，通过阅读策略的确定和实施，达到提高英语阅读的速度和质量的目的。社会依据某种标准对于学习者英语掌握的程度进行评价，以便区分阅读达到的等级位置或者程度，从而判断阅读主体英语运用的能力区间。人们进行英语阅读的自我评估，主要是调整优化自己的学习方式方法，改进学习。所以阅读主体的阅读策略运用需联系英语测试或考核的范围要求，对于在校大学生来讲，英语阅读策略应关注英语考试大纲或考试标准的具体要求，策略的针对性是有效性的基础，英语阅读能力的考察在各种英语考试中更是占有相当大的比例。

阅读理解部分是测试学生通过阅读获取信息的能力，既要求准确，也要求有一定的速度。阅读理解能力一般包括句子层次、语篇层次、以及推理判断层次。要求考生掌握所读材料的主旨和大意；了解说明主旨和大意的事实和细节；既理解字面的意思，也能根据所读材料进行一定的判断和推论；既理解个别句子的意思，也理解上下文的逻辑关系。阅读命题从不同的角度和思维方式出发，考查学生的阅读速度、理解能力、记忆能力、以及获取信息、处理信息的能力，越来越多的考题更突出考查学生综合运用英语的能力。在阅读中既考查学生对文章的总体理解和掌握，也考查对文章的深层次理解和推理，包括学生利用已有知识对提供信息进行处理、分析、判断的能力的考核。这就要求学生能够利用所学知识，针对材料中的事实细节，对信息认真分析、总结、概括、判断，从而得出合乎逻辑的结论。

读者在阅读过程中，需要把分散于短文中的各种信息联系起来，经过必要的判断、推理，得出自己对文章的认识。从题目的难易程度分析，可把文章分为表层理解和深层理解。所谓表层理解就是对文中的客观事实的感知和记忆；深层理解是根据文中的客观事实，在认真思考后进行逻辑推理、总结或概括得出结论，或从上下文的字里行间悟出文中没有直接表达出来的而可能存在的结果。做题时必须改变只求词语理解不求篇章理解的倾向，建立新的阅读习惯，即用英语理解和诠释英文的习惯，从构词法和上下文逻辑把握词义和分析篇章结构的习惯。

英语阅读理解（reading comprehension）测试通常分为仔细阅读（reading in depth）和快速阅读 reading comprehension（skimming and scanning）两大类，常见题型包括主观题和客观题，有主旨大意题、事实细节题、推理判断题、语义题、是非题、多项选择题、简答题及语段阅读题等。

1. 英语阅读策略在主旨大意题型中的应用

主旨题考查的内容主要包括主题思想、写作意图和标题，相对比较难。要求考生超越文字本身的理解，把握文章的结构形式和推理过程，这需要扎实的基本功和较高的英语综合水平。该类题型多出现在议论文和说明文的问题中，要求考生在复习考试中熟悉议论文和说明文所设置的结构特点，迅速把握文章的主题和脉络。测试考生对文章的中心思想或段落大意的理解，是对考生综合归纳能力的考查。文章的结构形式一般为：提出问题——论述问题——得出结论或阐明观点。

1）常见的英语文章结构

第一，演绎型。结构模式为：总论 + 分论，遵循从观点到材料、从抽象到具体的逻辑法则。

第二，对比型。其段落发展主线为两种事物之间的对比，可以是两事物不同特点的分层次对比；也可将两事物分别介绍，然后再进行对比。

第三，驳论型。提出一个得到普遍认可的观点。

2）主旨题常见的问题方式

第　一，What is the main topic（idea，theme，subject...）of the passage/the paragraph?

第二，This passage is mainly about...

第三，The best title of the article/passage is...

第四，What can we learn from the passage/this paragraph?

（5）Which of the following is the main idea of this passage?

（6）The author's purpose in writing this passage is...

3）主旨题的解题策略

解答这类题目的关键在于确定文章的主题思想，找出主题句（topic sentence）。文章的主题句通常位于首段或尾段，有时也出现在文章的中间段落。段落的主题句多位于段落开头或结尾，也有少数在段落中间。如有主题句，就能很容易确定文章或段落的主题，从而选出正确的答案。若段落属于描述型无主题句，考生则必须带着问题细读文章的首段和尾段，经过反复阅读进行归纳总结来找答案，主旨题的答案往往就在段落的主题句中。因而确定主题句就成为阅读技能的核心内容。一般来讲，主题句有以下五种方式出现在文章之中。

第一，首句主题句。大多数文章的主题句恰恰就是文章的首句。对有关的话题先做总的陈述，所以要特别用心读首句。如：

A quick reading of newspapers leads us to one conclusion, Actual events are never told us in full detail. Newspapers only tell enough to satisfy those who finance them. If the newspapers told us what was actually going on in the world? people would be so upset that they might retrain from reading the paper.

上述短文只有四句，却可以分为三个层次：第一句为第一层次，表示主题思想；第二句为第二层次，点出 rtone conclusionw 的具体内容；第三、四句是第三层次，在同一平面上为第二句提供理由，从属于第二句。

第二，尾句主题句。有的文章主题句出现在文章的结尾。这类文章一般以列举事实开头，通过论证得出结论。如：

A few years ago it was fashionable to speak of a generation gap, a division between young people and their elders. Parents complained that children did not show them proper respect and obedience while children complained that their parents did not understand them at all. What had gone wrong? Why had the generation gap suddenly appeared? Actually>the generation gap has been around for a long time. It is built into the fabric of our society. Question:

The main idea of the paragraph is（ ）.

A. that the generation gap suddenly appeared

B. that the generation gap is a feature of the society

C. that parents and children could not understand each other

D. what the generation gap is

答案是 B。A、C、D 只是文中提到的各项具体内容，作为主题思想太狭窄了，只有 B 是概括了全段要说明的内容。

第三，首尾结合主题句。更多的文章在开头提出问题，直述主旨，通过论述，最后再次重述文章大意，起到强调作用，同时使得文章肢体清晰、明确、有说服力。如：

Good manners are important in all countries, but ways of expressing good manners are different from country to country. Americans eat with knives and forks;-Japanese eat with chopsticks. Americans say "Hi" when they meet;Japanese bow. Many American men open doors for women;Japanese men do not. On the surface, it appears that good manners in America are not good manners in Japan, and in a way this is true. But in any country, the only manners that are important are those involving one person's behavior toward another person. In all countries it is good manners to behave considerately toward others and bad manners not to. It is only the way of behaving politely that differs from country to country.

这段文章的首句和尾句都是主题句。这种重复既起了强调主题句内容的作用，又起了首尾呼应的作用。

2. 英语阅读策略在事实细节题型中的应用

事实细节题在阅读理解考试中占的比重较大，其试题的问题方式也没有固定的模式，这一点需要考生在日常学习中多加注意。事实或细节是文章中用来论证或说明主题的依据，主要是检查考生正确把握文中信息的能力，是否掌握了作者用来阐述主题的有关事实和细节，对文章的理解是否全面、透彻。这类试题这类试题难度不大，不掺杂主观内容，而是针对文章的某个具修细节如：时间、地点、人物、事件、原因、结果、条件、现象等，常以 who, when, where, what, why 和 how 等提出问题。一方面，在阅读过程中要注意典型的 wh- 信息；另一方面，通过分析问题题干迅速把握考查内容，根据 wh- 信息确定问题的出处。命题人在设计问题时，往往在题干中运用同义词语替代短文中的词句，考生应该通过这类表达迅速确定问题在文章中的出处。

1）事实细节题常见的问题方式

① When（Where, Who, Why, What, How, Which, etc）...?

② All of the following are mentioned in the passage except...

第三，According to the passage, the best answer to...is...

④ According to the passage, which statement is TRUE/NOT TRUE?

⑤ The author says/mentions...because...

⑥ Which of the following may be the best reason for...

⑦ Which of the following is NOT MENTIONED?

⑧ Which of the following does the author discuss?

⑨ From the passage we know/leam that...

⑩ Whose suggestion was adopted at the meeting?

2）事实细节题的解题策略

此类题的答案均可在文章中找到，但答案的表述常常不是文章中的原话，而是使用同义的词语或句子。因此，在回答此类问题时，应首先仔细阅读题目，弄清具体要求，以及所给的四个选项，然后在题目或选项中确定关键词，再利用关键词找出文章中相对应的细节性句子，与四个选项进行对照，以确定正确答案。如果题目或选项中有专有名词（人名、地名等）、数字（年代、时间等）要将此定位为关键词。因为这些词有特点，在文章中很容易找到。如果题目或选项中没有明显的词，可以定位主要的名词或动词为关键词。据观察，细节题有以下三个应考规律：

①选项中照抄或基本照抄原文的一般不是答案，而同义词替换的是正确答案。

②选项中表达较具体，也就是句子长的一般不是答案，而具有概括性的、抽象的才是。

③选项中有绝对语气词，比如 must，never，merely 等不是答案，而有不十分肯定语气词的则是，比如 could，might，possible 等。

3. 英语阅读策略在推理判断题型中的应用

推理判断题测试考生的逻辑推断能力、数字推测能力、语言分析能力、综合归纳能力等，不同于主旨题和细节题，需要考生通过字里行间，根据文章的内容或结构进行综合的推理分析，然后推出作者的隐含意义，做出合乎逻辑的推论。这类题往往有一定的难度，它包括考生对作者观点的理解、态度的判断，对修辞、语气、隐含等方面知识的了解。这种题中干扰项对答案颇具干扰力，这是造成考生难以取得高分的主要原因。

第二节 英语阅读教学理论与方法解析

一、英语阅读教学中存在的问题

（一）阅读材料少，范围窄

阅读教学中所采用的材料往往就只有英语课本，所谓的英语阅读教学就是课文教学。事实上，除教材外，阅读一些适合学生的英语报纸、杂志，能根据需要从网络等资源中获取信息，也是学生提高阅读能力的重要途径。有些教师的教学活动就是讲解生词，补充词组，罗列搭配，逐句逐段分析课文结构，不厌其烦地分析语法等。只重视词汇，语法教学，却忽略了阅读训练。有些高中，在教师与学生中出现一种很奇怪现象：学生只做语法和词汇练习，综合填空和语篇理解全空着；教师详细讲解语法和词汇，然而综合填空和语篇理解部分，只报答案，没有详细的分析。本来阅读材料就少，阅读范围又不广，再加上不详细的讲解，学生的阅读兴趣自然难以提升。

（二）忽视对学生思维能力的培养

有的教师受传统英语阅读教学观念和教材的影响，把阅读教学仅仅看成是语言点的讲授，对于学生多种思维能力和理解能力的培养认识不足，对掌握各种阅读技能的阅读教学目标认识不足，以为只要多读、多做阅读题、增大词汇量，学生的阅读能力自然而然就会提升。有的教师既忽略了阅读策略指导和点拨篇章语言特征的意识，又忽略了对学生阅读难度的预测，如学生阅读兴趣偏低或者畏难情绪比较普遍，较为突出的问题是把阅读活动和思考评价文章的信息分隔开来，学生的思维能力仅停留在获取字面上显而易见的信息和表达看法方面。学生思维活跃，思想日渐成熟，除语言知识外，在英语阅读过程中可以取得文化意识和情感态度的提升，阅读对培养学生的跨文化意识、文化理解能力、爱国意识和国际视野可以起到重要的桥梁作用。而有的教师忽视在阅读教学中思维能力和精神层面的点拨指导，使学生失去深入理解英语文章文体特征、表达习惯和文化差异的机会，也没有起到引导学生具有积极向上的人生观、价值观和世界观的作用。

（三）阅读教学过度关注语言点的分析，多采用翻译法来讲解

在英语阅读教学中，部分教师为了应付四六级考试，过度重视语言点的教学，对阅读材料逐词逐句地翻译，生怕学生没有弄懂任何一个词或句子。这样的阅读教学，教师自认为很扎实，因为在阅读过程中的障碍完全被教师扫除。但实际上，这样的课堂，教师耗时过多，从头讲到尾，学生被动学习，阅读探究过程完全被教师包办，学生失去了自己探究和思考的机会，时间一长，自然会觉得枯燥乏味，没有了激情。在有限的教学时间里，学生的阅读量、阅读速度、阅读技能和理解能力都受到了较大制约，更不要说提高阅读能力了。

（四）阅读教学中对阅读理论、阅读模式、阅读技能等方面讲解不够

阅读教学模式单一，教师拘泥于对所读材料的表层理解。这种对阅读材料表层意义的理解．使许多学生不能对所读文章的要点进行有效推断，也不能正确把握文章的脉络，从而影响阅读的准确性。对于培养阅读能力这个总目标下的其他微技能目标不清楚。许多教师在上阅读课时往往采

取与学生一问一答的方式且仅局限于对阅读材料字面的理解，让学生回答的问题大多是教材中的指定问题，认为生词解释清楚了学生就自然会懂得文章的意思，学生仍然处于被动应付的局面，不利于培养学生的发散性思维和发挥学生学习的主动性。较少指导学生运用阅读策略，例如运用代词、冠词等推测或判断人物关系，或从上、下文猜测生词等；忽视引导学生运用根据标题、子标题、图片、读前问题等阅读策略寻找线索；忽视引导学生对阅读的每个阶段形成预测或者一定的期待等。教师只有学习并掌握英语阅读理论，了解英语阅读模式及阅读技巧等基本知识，才能从理论高度审视和调整教学方法，进而传授给学生相关经验，有效地指导学生进行阅读。

（五）与详细地讲解语言点相反，有的教师却完全淡化了语言点

据相关调查显示，相当一部分教师认为大学英语阅读教材应该淡化知识点和语法，学生只要能对阅读材料有个大致了解就可以了。因此，他们给学生指定了阅读材料、提出了阅读问题后，仅仅只是让学生在限定的时间内找出与问题相关的句子便认为大功告成，阅读的目的也就达到了。这种做法，与第二种做法相背而行，让学生丧失了对整个语篇理解能力进行培养的机会，学生词汇储备少得可怜，对包含有重要语法语言点的单句或复合句失去了剖析、理解和内化的重要过程。这样的阅读教学也不可能培养和提高学生的阅读能力。

（六）学生不良阅读习惯没有得到及时纠正

笔者在实际教学中发现，很多学生有不良的阅读习惯，如有的学生"回视"现象严重；有的学生需要"指读"；有的学生阅读时爱出声不能做到默读；有的学生精力不能集中，有各种习惯性小动作；有的学生喜欢咬文嚼字，遇到不会的生词就立即去查，等等。笔者还抽取了198名学生进行了问卷调查，在不能坚持阅读的几项原因中，选择"其他课程作业多，没有足够的时间"的学生占学生总数的50%，认为自己"不能克服学习中的干扰因素，精神无法集中"的学生占20%。众多干扰因素如手机、网络等也会影响学生注意力的集中。这些不良习惯严重影响了学生的阅读速度和质量，但往往没有得到教师的重视，它们被认为只是学习态度不端正和个人学习习惯的问题。高效率、流畅的默读方式是运用各种阅读策略的基础，应当让每个学生都掌握。

二、英语阅读教学的发展

英语教学由两个不可分割的部分组成，即听说和表达。而在课堂教学中，或多或少地偏重于语言知识的灌输。然而，就近年的考试而言，150 分的试题，单纯阅读理解就占了 40 分，共五篇文章。在整个试卷中，阅读理解也是最费时间、分值比重比较大的部分。从问题的设计方面看，已经从过去的原文中找答案和简单的计算，逐步要求根据原文的精神实质发挥自己的想象。学生会很自然地碰到像"infer"（揣测）、"imply"（暗示）这一类的词，要求学生根据这个段落深层次地理解作者的意图、支中没有直接陈述但却有所暗示的内容；甚至根据作者已经谈到的内容，i-magine（想象）作者在下一个段落（原文中并没有）可能会陈述的内容。从试题覆盖的广度上看，一般以交际环境为主，兼涉自然、人文、科技等方面。这些变化不仅对学生答题速度有了更高的要求，而且对其深层理解力，也就是学习语言的扩张力提出了挑战。诚然，学生的能力提高更多地要依靠平时教师对他们学习解题方法的训练。加之现在教材和考试的阅读理解文

章中，源于英语报刊的"原汁原味"的真东西越来越多，没有经过系统的训练是无法速成的。

（一）现代图示理论在英语教学中的应用

卡罗尔提出了现代图式理论，这一理论把图式分为两个部分：内容图示和形式图式。内容图示指读者对一篇文章的内容的认识程度，即对文章的背景知识、设计内容的了解；形式图式则色是指读者对一篇文章的结构、前后排列关系的了解。图式理论揭示了阅读教学的实质，即教师在讲解文章内容结构的同时要使学生了解文章的相关背景。

（二）教师角色的转化

英语课程提倡任务型的教学活动，让学生在教师的指导下，通过体验、探究、实践、参与、合作等方式实现任务目标。为此，要求教师必须改变传统教学满堂填鸭式的方法，进而树立以学生为主体，以人为本的教学理念，积极探索能促进学生全面发展的教学方法。这就要求教师努力从以下几个方面改变自己的理念，确立正确的教学观念。首先，教师应该从知识传授者的身份转变为知识的促进者和合作者。教师不再是知识的传授者和管理者，而是学生进行探究活动的有力的促进者和合作者，根据学生探究活动的需要而提供有力的帮助。其次，新的教学理念要求教师应具有多学科的、丰富而渊博的知识。新的英语阅读教学涉及广泛的科学内容和方法，教师必须对科学、知识等的本质有清楚的了解，对科学探究的方法有系统的把握且作为学生学习活动有力的促进者和合作者，教师应该明白在教学中，自己所面对的不仅仅是依靠本门学科知识就能解答的问题，知识的整合性要求教师应具备多学科的、丰富而渊博的知识，才能在帮助学生学习的过程中把握正确的探究方向，引导学生不断深入。作为学生学习活动的有力促进者和合作者，教师还该明白学习活动的规律，并根据这些规律来确定自己的教学重点。

（三）注重阅读策略的运用

学生如果在阅读过程中能够做到选择性阅读，如会辨析重点、找出关键词等，那么就能更好地梳理文章脉络，熟悉文章内容，而且还能有效提高学生的阅读速度。阅读能力的培养需要教师长期坚持不懈地努力，教师除了在教学中教授相关的阅读策略外，还应当进行策略训练。学生不能只是掌握了策略却不知道如何运用。教师的课堂可以按照"教师解释策略——教师演示策略的使用—学生对策略提出反馈意见—学生进行策略练习"的模式来进行，同时在课余时间可以在教室开展"策略学习""策略目标"等相关的学习专栏，提醒学生在阅读过程中时刻注意策略的使用。

（四）课内整体阅读，多层次指导

英语阅读教学中，课文阅读教学是英语课的精选教学，它是很重要的，是促使学生学好英语的基本点。所以，在课文阅读教学中，应以整体阅读，多层次指导。课文的整体阅读强调信息的整体输入，要求从阅读整篇课文着手，逐步加深对课文或语篇－内容的理解，摄取有用语言信息。在教学过程中，教师应发挥一个"导"字作用，激发学生的学习热情，启发他们的思索及理解，充分挖掘学生自学求知的内在动力，让他们的主体作用得到发挥，从而对课文或语篇能真正理解升华。授课之前，教师应要求学生做好预习工作，把整体课文的信息先粗略地输入学生头脑中去，为后续阅读埋下伏笔。

（五）加强学生主体性的发挥

在阅读教学中，最终的施行者和受益者是学生，在教学中教师要注意学生主体性的发挥。埃利斯曾说："教师如果不给学生提供足够的自然交际的机会，将会导致学生无法接触语言材料的最终来源（社会），将会大大阻碍学生获得知识的机会。"教材来源于社会又优于社会，它是对日常生活、人生百态的总结。在教学过程中教师应当以学生为中心，打破以前以教师为中心的传统教学模式，使学生成为课堂的主人，让学生在相互交流沟通的过程中最大限度地调动他们学习的积极性。同时，在教学中教师可以采用讨论的形式来指导学生学习。讨论小组可以由教师与学生组成，也可以是学生之间的自由组合。在阅读前，教师可以以课本上的图片或者是文章的标题等为讨论的主题，让学生在学习文章前能够对文章的基本内容有更加深刻的了解。在阅读后，教师可以引导学生对文中的内容进行延伸和拓展，充分调动学生思维能力的发展。

（六）阅读教学中，明确目标，坚持养成训练

英语教学的最终目标是进行交际。交际语言不仅是指语言的音、意统一，同时也指学生对所学语言国家文化的了解，从而懂得在何时、何地、何种场合、对谁、用什么方式和态度说什么话，通过重视文化差异对交际的影响，强调使用语言的得体性。同时，交际情景的真实性，是学习语言的生命和实质，在这种条件下，交际才具有实用性和有效性。只有在具体情景中交际，得体地使用上下文意思连贯的话语，而不仅是孤立的句子，我们教的才不是死的知识，而是活的能力。当今考查学生能力的方法，也正在朝着这个方向发展。这种语言学习的养成教育，不仅使学生能在考试中脱颖而出，而且会使一代人终身受益。

（七）灵活多变、注重教学手段的直观性

为了培养学生用英语思维的习惯和能力，教学中应注意以下几点：第一，采用直观教学手段，把英语和要表达的事物直接联系，让学生直接理解、直接记忆；第二，用英语教英语，让学生直接用英语理解英语，直接用英语下指令去做事情；第三，尽量使用英语，但必要时使用汉语。总之，让学生多听多读多练是培养交际能力的根本途径。如果要让学生动笔填词或记录句子，要让他们只记关键单词的前几个字母，自己（当时）认识即可，千万不要像平时做作业一样一丝不苟，要养成一种快的习惯。

另外，阅读教学要注重方法、持之以恒。教师要转变观念、重视备课的深度与广度。可深入介绍与阅读内容有关的社会、历史、人文、自然背景，特别是与我国不同的英美等西方国家的历史地理和风俗习惯、文化交际的相关内容；有针对性、有策略地帮助学生扫清有碍课文理解的生词，鼓励学生在阅读时去猜测，从而培养学生猜的能力；引导学生根据文章标题、插图和有关问题引导学生讨论并预测文章内容；也可根据已有的事实，对文章的结局、后来的前景、隐含的事实进行发掘；通过提出一两个能概括全文中心思想的指导性问题，提升学生体会阅读奥妙的能力，在具体的阅读教学过程中，可以适当开展如下步骤：第一，提高学生的阅读速度，获取基本事实，把握总体过程脉络；第二，分层次设计问题，提高学生的阅读兴趣；第三，精心准备阅读素材，让学生在细读中体验阅读的快乐、体验作者的写作意图；第四，巧妙运用分组讨论、角色扮演、采访、调查、辩论、仿写等方式，激发学生的阅读及写作欲望，实现阅读教学的扩展练习；第五，通过阅读教学策略的实施，提升学生的自主学习能力。自主学习的能力是学生在已有的知识水平

和技能的基础上，不断独立获取新知识并运用这些知识的能力。对于英语教学中让教师费工费时、讲解难度大、枯燥无味、出力不讨好的阅读来说，能否有所突破，就变得举足轻重了。

三、大学英语阅读教学情况剖析

英语阅读教学的效果直接关系到大学生的英语综合能力。然而一直以来，我国大部分的大学英语阅读教学情况不尽如人意，主要原因如下。

（一）教学观念比较陈旧

有相当一部分大学英语教师的阅读教学仍然是以传统的教师讲、学生听为主，教学目标不是英语阅读能力的培养，而是对生词、知识点、句子结构等的分析，从而导致阅读课偏离了根本——阅读。基于此，学生在阅读中只注重语法结构、知识点细节，而忽略了对阅读语篇的整体把握，缺筛选、分析、理解与归纳文章信息的能力，严重阻碍阅读水平的提高。另外，在阅读技巧的讲解与传授方面，教学以"填鸭式"为主，形式单一，师生交流互动较少，学生学习兴趣不高，教学效果打了折扣。

（二）阅读材料单一，学生的阅读量不够，阅读画偏窄

目前各高等院校很少开设专门的英语阅读课程，大部分院校的阅读教学依托《大学英语》课程展开。阅读材料由学校统一购买，大部分教师的课堂教学基本上使用教材中的课文作为阅读材料进行阅读训练，运用泛读或快速阅读材料进行辅助阅读练习。有限的课时、单一的阅读材料造成了阅读量不够，阅读面偏窄。研究表明，大量阅读是增加词汇量的有效方式之一。但实际上，大部分学生无法通过阅读增加词汇量，相反，生词成了他们阅读的主要阻碍。究其原因，一是教师在阅读教学中缺乏相关方面的讲解，二是学生阅读量不足，不能熟练掌握基本的猜词技巧。

（三）教学方法缺乏创新

目前，部分教师还在运用传统的教学方法进行阅读教学：讲解阅读材料中的生词，分析材料中的长句和难句的结构，要求学生回答材料后面提供的问题。笔者在听课时发现，学生在这种教学模式下，只是被动地听，机械地记，毫无积极性可言，整堂课学生的阅读都是被动阅读，而被动阅读显然无法培养学生的阅读能力。

（四）缺乏阅读技巧

阅读技巧包括两个方面，一是阅读习惯，二是做题技巧。有的学生一拿到材料，不看题目，不找主题句，就通读一遍，再做题目，这种漫无目的地阅读结果导致做题时记不清自己到底看到了哪些内容，只能重新跳读寻找重要信息；有的同学则喜欢在阅读时读出声、逐字阅读、频繁回视等，这样严重影响阅读和解题的速度；还有一些同学阅读时喜欢"译读"，即将阅读内容直接翻译成汉语后再去理解，遇到生词就停下来查字典，一看到长难句子就花费很长时间去推敲结构纠结汉语意思，慢慢养成了不良的阅读习惯，结果是阅读速度慢、效率低。有的同学缺乏解题技巧，如不会根据上下文（context）猜测生词意义，不会寻找主题句（topic sentence）等，不会划分长难句的主干（main clause）等，使阅读理解不能达到理想的效果。通过访谈发现在阅读技巧的教学中，只重视微观阅读技巧的培养，如主旨大意、细节事实、情节顺序、论据观点、

归纳总结、逻辑推理，却忽视文章结构等方面宏观阅读技巧的培养，从而导致阅读与语言运用能力的脱节。

（五）背景知识储蓄不足

文化背景知识对于理解材料有很大帮助，因此，学生除掌握大量的词汇和阅读技巧之外，还应该在广泛阅读的同时注意留意社会政治经济文化等各领域的知识。大部分教师也不是很重视文化背景知识输入，课堂上大多重视的是词、句等语言点的分析，较少补充和挖掘与英美国家的历史文化、社会观念、宗教习俗等方面的相关背景文化知识，学生没有输入就没有相应的输出，从而影响阅读理解的准确性。

（六）忽视快速阅读能力的培养

通过听课和访谈，发现阅读教学中广泛存在着教师告诉学生快速阅读的重要性，但在教学实践中却只注重培养学生的阅读理解能力，忽视了培养学生快速阅读能力。

四、大学英语阅读教学的优化策略

（一）充分利用现有的途径丰富阅读材料，增加阅读量，扩大阅读面

随着科技的发展、社会的进步，报纸、杂志和网络都是增加阅读量和扩大阅读面的很好途径，不受时间和空间限制，任由读者自由定。尤其是网络，它整合了丰富的教育资源，网络资源的广泛性可以使学生的学习变得更加灵活有效，可以快速、即时、多渠道、多视野、多层次、多形态地获得学习资源。可更大程度地增加阅读量，扩展阅读面，使学生的学习主动性、积极性得到充分有效地发挥，突破了学习的樊篱，构成了新型的学习生态环境，让学生到教育信息的海洋中去遨游，去广泛涉猎知识，增长能力。学生在英语阅读中往往忽视自己所具有的相关背景知识。而阅读理解不但要运用语言知识，而且还要依赖广泛的语言以外的知识。事实上，任何理解只有在读者已有的知识结构内才能产生。很多研究表明，读者的背景知识在阅读过程中扮演着关键的角色。读者所具有的背景知识越多，那么，他所需要的文字信息就越少。文章中提供的一些语言线索可以激活学生的相关背景知识，这些背景知识反过来可以帮助学生理解文章的内容，把握作者的行文思路。因此，教师在课堂教学中要注意引导学生激活他们的相关知识，提醒他们充分运用自身的知识储备。换而言之，语言是文化的一种表现形式。学习英美国家的文化和风土人情是英语一个重要部分。不少学生由于缺乏这方面的知识而影响了他们对阅读材料所含意义的正确理解。离开了文化背景去学习语言是不可能的，并且会最终阻止学生阅读能力的提高。因此，作为大学英语教师，在课堂上尤其是在课堂导入阶段，应该有意识地将文化背景知识介绍融入其中，介绍相关的背景知识，以激发学生的学习兴趣和动机。

（二）培养良好的阅读习惯

培养良好的阅读习惯对提高阅读效率有着至关重要的作用，教师在教学中应注重纠正学生不良的阅读习惯，培养正确的阅读习惯。如：督促学生克服逐字读。因为逐字读限制了视线的移动速度，使阅读速度过慢，会造成前读后忘，给理解造成困难，影响阅读效率。应引导学生以意群为单位进行阅读，同时通过过渡词等连接而保持思维的连贯，这样的阅读有利于主要信息的获取；

督促学生克服声读（即朗读）和默读（即表面不出声的阅读）。因为朗读和默读都会延长文字符号转换为信息的编码过程，限制了阅读速度。应引导学生视读（视读是仅用眼睛的真正意义上的无声阅读），视读可大大缩短文字转换为信息的时间，引导学生在视读时扩大视距。视距大，阅读速度就快，阅读效率也就高。但人的视距是随着阅读量的增加、词汇量和各种知识的不断扩大以及良好阅读习惯的形成而逐步扩大的。

（三）结合上下文猜词义

造成阅读困难的最大障碍就是词汇量不足，在阅读的过程中，许多学生倾向于在一遇到生单词的时候便查字典，对字典的依赖性非常大。但其实解决词汇量不足的最好办法就是语法知识结构，个人已有的背景知识来推断生词在文章中的大概意思，让学生逐渐养成自己发掘单词意思的习惯。

（四）提高阅读速度

培养学生快速阅读的能力可以从以下几方面着手：一是培养学生养成良好的阅读习惯，帮助学生更进一步提高阅读速度；二是培养学生在阅读实践中灵活地综合运用阅读技巧进行阅读，以达到快速、准确的阅读效果。同一篇文章，可以运用不同的阅读技巧更快更准确地达到不同的阅读目的，教师可在阅读课程的初期，将必要的阅读技巧介绍给学生；三是培养学生养成计时阅读的习惯。无论是课内阅读还是课外阅读，都必须计算时间。要有明确而严格的时间观念。阅读中，应有时间计划，分秒必争，快速阅读。

（五）概括信息

"自上而下"的阅读模式是指在阅读中简明扼要地写出所读材料的内容梗概，总结阅读材料的主旨。教师应当有意识地指导学生通过略读（skimming）和寻读（scanning）对文章内容进行取舍和浓缩。略读指通过选择性阅读捕捉文章的主旨和篇幅结构，对文章有概括性了解。读者舍去无关内容，滤去信息量少的句段，从而提高阅读速度。寻读要求读者迅速地在文中查找到具体，详细的相关内容信息。寻读是阅读图表、说明书、广告、工作手册等一些应用性文章比较多的阅读方法技巧。

（六）培养微观阅读技巧的同时，培养宏观阅读技巧

抓住文章的主旨大意，找出文章中所列举的细节事实，分析文章情节顺序，理解作者的论据观点以及归纳总结、逻辑推理等都是阅读理解文章的重要技巧，教师在阅读教学活动中，应注重训练、培养学生这些微观阅读技巧。同时，也应该培养学生了解文章结构这一宏观阅读技巧。了解文章结构不但对读懂文章和把握主题有很大作用，而且对于提高学生写作能力有很大帮助，能真正达到为运用而阅读的终极目的。

（七）科学调节阅读速度

科学调节阅读速度就要求正确处理细读与略读之间的关系。对于不用的阅读材料，采取不同的阅读技能。诗歌，原理或理论性文章适合学生细细品味，理解文章内涵的精髓。在细读中进行质疑和释疑是促进理解的有效策略。而相反，广告，说明书等类型的文章，略读是更为合理的策略。教师在实际教学中应当指导学生依据不同的阅读材料选取合理的阅读策略，以达到提高其阅

读能力的目的。

（八）激发学生的兴趣

激发学生的兴趣具有重要意义，它不仅使阅读具有目的性，让学生在重要的信息上投入必要的精力，更重要的是帮助学生成为具有好奇心和自信心的阅读者。我们可以用多种方式激发学生的兴趣。比如，我们可以做课文导入，针对文章的题目或内容提出一些与实际相结合的问题，或者可提供一些与文章相关的有趣的背景知识，吸引学生的注意力，调动他们的积极性和想象力。

教师还可以通过提供多样化的阅读材料来激发学生的阅读兴趣。通过阅读内容丰富、涉及面广的材料，学生得以在更广阔的语言环境中丰富自己的语言经历。丰富的语言经历是学好一门语言不可或缺的要素。教师选取的材料可涉及政治、经济、文化、自然科学等，体裁也可多样化，例如小说、新闻报道、诗歌、戏剧等。

在课堂上教师还可以组织形式多样的活动，在活跃课堂气氛的同时也可以加强教学效果。比如，教师可以组织小组讨论，让每一位学生积极地参与，更主动地进入课文内容。如果文章具有故事性，还可让学生进行表演。这样，学生兴致盎然，对文章的理解也更准确、深刻。

五、预设性教学与生成性教学

英语课堂上我们有时会看到这样的现象：教师的教学设计十分精细，一环扣一环，如果课堂进程按照这种设计发展下去，教学目标就会圆满实现。然而，事情却不能尽如人意，教师期盼的答案学生不能给出，教师精心设计的任务学生不能完成，教师所期待的积极参与场面不能出现。于是，课前满腔热忱的教师现在不禁感到沮丧，结果一堂课按教案走了下来，没有精彩，气氛即使不算沉闷，也可谓沉静。学生从这堂课中学到多少、体验到什么不得而知，教师给了学生多大帮助也不得而知。这一现象就是缺乏生成的单一预设性教学导致的结果。教学需要预设，但仅有预设是不够的。假如教师在出现意外情境的时候抓住时机，及时让课堂生成新的、真实的内容，解决学生的疑难，沮丧就可能变成惊喜，沉静就可能变成活力，精彩的课堂就会呈现。

（一）预设性教学的含义

预设性教学是遵循一定的教学规律，有目的、有计划地设计教学活动的目标、内容、方法与手段、组织形式等，进而提高教学效率的一种教学活动。预设是有效教学的前提，其一是因为教学活动是有目的的活动，凡是有目的的活动都必须事先做好周密的筹划，课堂教学作为一项重要的教育活动不能信马由缰，随心所欲，必须进行精密的筹划。教学预设是整个教学活动的起点和指南，它为相关成员确定了活动目标、主题以及实现目标的途径和方法，可以使教学主体有条不紊地活动。其二，教学活动是有一定规律的活动，规律是事物发展中本质的、必然的联系，具有必然性、普遍性和稳定性。人们可以认识规律，但不能消灭它。按教学规律预先规划和设计教学可以使教师对多种教学因素进行预见和控制，有利于教学的顺利进行。教学预设是由教学活动的目的性和规律性决定的。

（二）生成性教学的含义

"生成"就是创生、建构或生长，是某物从不存在到存在、从存在到演化的过程。生成性教学就是在动态的教学过程中产生新的目标、内容、方法和过程的教学活动，所生成的元素是对预设的相应元素的扩展、超越或者否定。生成性教学的产生基于以下两方面的原因。

一方面，教学活动的主体是学生，他们是一个个鲜活的生命体，他们之间存在着各种各样的差异。就英语学习而言，其差异主要表现在认知方式、学习方式、英语水平、性格特点、情感态度、对教师的态度、学习环境等方面。这就决定了学生的英语程度及学习能力各不相同，每个学生都有各自的学习需要，其课堂学习目标、学习内容重点、学习方式都会在不同程度上有别于他人。因此，教师很难预设出满足每个学生需要的万全的教学目标、内容、方法和过程。教师只能按照一般教学规律，在备教材的基础上通过对学情的分析和假设规划出教学方案，以此确定课堂教学的大方向、基本内容和预期的方法及过程。另一方面，教学过程是一个动态的过程，课堂上总会有预料不到的事情发生，课堂进程不可能完全按照教师的规划一步步发展。这些意外的情境会在不同程度上阻碍教学目标的实现。如果我们的教学理念是以学生为本而非以教材为本.那么，我们决不能忽视这些突发情境，而应把它们作为教学的契机来解决最真实的教学问题。这些问题的解决是课堂教学目标得以实现的保证。为了满足每一位学生的需要，为了实现教学目标，教学必须在充分预设的基础上进行生成。

预设性教学更着眼于教材和结果，生成性教学更着眼于学生和过程。只有充分预设基础上的及时生成才能还课堂以真实，才能激发学生的学习欲望，才能给课堂带来活力，才能让学生体会到收获的快乐、让教师感受到给予的满足。

六、外语阅读过程对生成性教学的要求

自 20 世纪 70 年代以来，大量的阅读教学研究将关注点放在阅读过程上，并指导着二语和外语阅读教学实践。心理语言学对阅读过程的分析给外语阅读教学带来了启示。

（一）阅读过程的特点及对教学的启示

阅读是一个积极的过程。阅读之前，读者对阅读材料怀有某种预料，在阅读过程中不是逐字逐句地从每一个文字获得意义，而是选择最少的、最有效的提示以证实或否定其预料。对于同一篇文章，学生会有或多或少不同的预料。在阅读过程中，读者运用的是词汇、句法和语篇知识及一般常识。阅读技能的发展有赖于多种技能的准确协调。教师应给学生提供机会练习这些技能并帮助学生发展有针对性的策略。

阅读是思想与语言之间的互动。读者带着大量的信息和概念、态度和观念进行阅读，这些知识在阅读过程中与语言预测能力相结合,决定了读者在阅读进程中所形成的语言预测能力相结合,决定了读者在阅读进程中所形成的预料.阅读技能的发展有赖于语言知识和一般常识的有效互动。由此得出两点：其一，学生对每一个任务必须有"概念准备"：要么阅读任务不能超出学生的一般常识，要么在任务开始之前教师必须给学生填补上知识的空白；其二，必须强调个性化阅读的重要性，因为在参与教学活动时每一个学生都带有各自的优势和弱点。

阅读是一个双重现象，它包括过程和结果，也就是"正在理解"和"已经理解"。阅读的过程与正确回答理解性问题同样重要。因此，教师的责任不只是给学生提供阅读篇章然后提出理解

性问题，而是必须设计阅读任务。阅读任务应既能使学生因正确回答理解性问题而有所收获，又因在阅读过程中付出了努力而有所收获。

（二）生成性外语阅读教学的必然性

外语阅读教学长期以来对教学预设给予了充分的重视，而对阅读过程的认识激发对生成性外语阅读教学的必要性进行了思考。教师的任务是帮助学生理解篇章、培养阅读技能并学习语言知识。在备课时，教师一般按照教学大纲和教学进度从这三个方面设定教学目标。但由于每个学生对阅读内容的预料不同，又由于他们在语言知识和一般常识方面的差异，教师的教学预设只能在某些方面适合一部分学生，而对那些差一些的学生就会有各种各样的难度，致使他们不能顺利完成阅读任务。所以，在教学过程中教师需要敏锐地发现学生的问题所在，及时对课前预设的某些细节进行扩展、超越或者否定，从而生成新的目标、内容或步骤，给学生填补上知识的空白，使他们跨越阅读障碍，以实现甚至超越原定教学目标。

七、英语阅读教学中有效生成的原则

驾驭外语阅读课堂需要预设基础上的生成，但是也不能不分轻重、不加分析地见问题就生成。为了避免随意性，教师的每一个教学行为都应具有意义，并遵循以下原则。

（一）精心预设，最终实现教学目标

精心预设是为了使课堂教学朝着一定目标行进。行进途中会有未预料到的事情发生，教师必须解决这些问题，但不能使教学偏离航向。研究表明，紧紧抓住某个小插曲而大加生成，虽然学生踊跃参与，但由于偏离了主题，结果没有达到教学目标。教学预设的第一步是分析教材，针对一篇外语阅读材料，分析的方面涉及文章题材、主题、主要思想、词汇、体裁、文章结构、写作意图、写作特点等；第二步是分 / 学生，分析他们是否具备相关背景知识，已掌握哪些词汇和语法知识，有哪些语言困难，是否熟悉相关文体。下一步是确定教学目标，包括对文章的理解、阅读技能、获取信息的能力、社会文化知识、语言知识、文体知识、情感态度等方面的目标。教学方法和教学过程也是教学预设的重要组成部分，所涉及的是通过什么样的活动或任务来实现预期目标。

（二）充分预测，为生成留有余地

在预设的过程中还要对课堂上可能出现的情况进行充分的预测，为课堂生成留有余地。每设计一个步骤都应对学生可能做出的反应，进行预测并设想应对措施。当设计一个问题时教师应预测学生可能会给出哪些答案，对于每一个答案教师应做出怎样的反馈；当设计一个阅读任务时要预测哪方面语言知识或能力的欠缺会影响学生完成任务，针对学生的弱点应采取什么措施；当准备知识点讲解的时候应考虑是否所有学生都能理解，假如某些学生有理解困难，该怎样降低知识难度使他们能够接受的同时又实现原定语言知识目标；当设计课堂讨论时要预想是否有些学生会滔滔不绝而有些学生会沉默不语，应采用什么技巧激发每一个学生发表自己的观点。如果把

这些可能性都预先考虑到，当课堂上出现类似情境时教师就能够及时地把握时机生成新的教学内容和过程。

（三）倾听学生，了解问题所在

以学生为本的教学应表现为肯定学生的主体地位，给他们充分的话语权，为他们解除疑惑。围绕问题进行教学的思路正是体现了以学生为本的思想。现在的阅读教学一般采用三阶段式的教学步骤，即读前活动、读时活动和读后活动。这种以知识结构理论（也叫图式理论 schema theory）为基础的阅读教学模式，通过促进学生的背景知识、语言知识及体裁知识之间的相互作用，达到从文章获得意义的最佳效果。但是，我们不能忽视一个事实，即学生在阅读课之前都进行了预习，对课文的内容及语言已有一定程度的了解，他们是带着一些疑问来到课堂的。如果教师忽视了这一点而是以旨在激活背景知识的读前问题，尤其是印在课文前的问题开始阅读课，就不能充分激发学生的求知欲，因为这里已毫无悬念可言，学生的期待得不到满足。真实的教学不应受到某种模式的制约，而应以学生的疑问为出发点。某些读前活动应在学生预习课文之前进行，而不是在预习之后。在阅读课上，教师可以先倾听学生的观点：他们对课文内容的看法、有哪些语言困难、有哪些理解难点、期望通过学习本课达到什么目的等。了解学生的问题所在，有利于教师有的放矢地进行教学生成，有利于教师根据学生的强项和弱项培养其阅读能力。

（四）判断情境，确保生成价值

每堂课都有特定的教学目标，都受一定的时间限制，这就要求教师对突发情境做出判断，使生成性教学围绕教学目标进行以确保生成的价值。外语阅读教学目标分为外语阅读教学总目标和针对一篇阅读课文的教学目标。简单地讲，外语阅读教学的总目标是培养学生理解英文书面材料的能力。由于阅读是一项复杂的活动，阅读能力的发展是一个渐进的过程，因此，从初学阅读到能够流畅地阅读，整个过程中不同阶段就有不同的目标。当学生从认识字母开始

发展到能够默读英文时，阅读教学就有了更高目标，具体为：使学生能够阅读多领域的英文文本；根据各种不同目的调整阅读方式并采用适当的策略；建构语言知识（如词汇、结构）以进一步发展阅读能力；建构图式知识从而能够理解文本的意义；培养英文书面文本的结构意识，并能够运用修辞结构、语篇特点和衔接手段理解文本；能够以批评的态度对待文本内容。

第三节 英语阅读教学中支架式教学法的应用

一、支架式教学的概念及其解释

关于支架式教学的概念，伍德（Wood，Bruner&Ross）等人把它界定为"学习者在别人的帮助下，实现了解答问题、完成任务的过程，或在别人提供的支持下，学习者实现了在其没有他人帮助的情况下而无法实现的目标的过程"。另外，欧共体"远距离教育与项目"（DGX）的文件中把它界定为"支架式教学为学习者在理解和建构知识的过程中提供了概念框架，而这是学习者在进一步理解知识过程中所必需的。因此，必须先将复杂的学习任务加以分解，然后，由浅入深地引导学习者理解知识"。

其实，这里的"支架"是一种暗喻。支架原指建筑行业中的脚手架，而脚手架在建筑房子的过程中起着支持、建设的作用。在"支架式教学"这个概念中，学生可以被看成是不断建设着的

大楼，而教师的"教"则起到搭建脚手架的作用，学生这座不断起高的大楼正是在教师脚手架的支持下拔地而起的，最终使学生实现了对知识不断建构、不断稳固的过程。

具体来说，在日常的学习过程中，学习者经常会接触到难度相当大的问题或任务，而这与学习者自身解决问题或任务的能力有着很大的差距，而这种差距使得学习者在自身建构知识方面面临着困难，也就是说学习者凭借自身能力很难或无法解决这类问题。这时，如果教师或其他有能力的人为学习者在这个过程中提供必要的帮助或支持，但又不直接为他们提供结果，从而使得他们自己利用已有的知识来理解、内化并建构新的知识，使其原有的水平上升到另一高度，那么，这种"帮助或支持"就是为学习者所提供的"支架"。

二、支架式教学的理论基础

（一）最近发展区理论（Zone of Proximal Development）

最近发展区是由苏联教育学家维果斯基提出的，他认为，人的发展水平可分为两个阶段，第一个阶段是其独立解决问题的实际发展水平，另一个阶段是学习者在接受同伴或有能力的人的指导下最终解决问题的潜在发展水平。而"最近发展区"就是这两个阶段之间的差距。

这一理论的重要性在于它成为教师开展教育教学的指导，并且，运用一些中介手段来激发学生达到最好发展水平，从而使学生在教师的帮助下实现最好的发展。同时，在实施"最近发展区"的过程中，教师要时刻关注学生所达到的发展水平，以及其所面对的三类不同问题：自己独自能够解决的问题、需要在别人帮助下才能解决的问题，以及介于这两者之间的问题。只有这样，教学才会走在发展的前面并引导发展，从而弥补学生在当前发展区和潜在发展区的鸿沟。

该理论指出，教学不能仅仅停留在学生已有的发展水平上，而是要以学生目前的实际发展水平为基础，以其潜在发展水平作为目标，要在最近发展区内展开教学，即教学要充分走在学生发展的前面，这样才能促进其发展。也就是说，教师在开展教学时所采纳的教学内容、教学方法，不仅仅要考虑学习者现有的发展程度，而且，要结合学习者潜在的发展水平充分给予其更好的发展空间，这样会更有利于学习者的发展和进步。

（二）构建主义教学理论

目前，盛行于教学前沿的建构主义教学理论，改变了传统的教学理念，更加突出了"以生为本""合作学习"等先进的教学主张。现将建构主义理论教学从知识观、学习观和学生观三个方面进行理论分析和阐述。

知识观：建构主义认为，知识是不断变化的符号，是人们对客观世界形成的一种假设或假说。此外，知识也并非拿来就用、一用就准的，而是要视具体情况对知识进行再加工和再创造。鉴于此，教师不能把知识作为"绝对真理"硬压给学生接受，也不能利用权威把自己对知识的理解强压给学生来接受，这无异于"生吞活剥式""复制式"的野蛮教育。正是由于建构主义的知识观，所以，支架式教学更加提倡学生自己独立探索，独立创新知识的能力，从而形成有着自我独特方式的知识建构方法。

学习观：建构主义认为，学习不是教师把知识直接传递给学生，而是学生利用自己的背景经验，主动对所接受的信息加以筛选、加工和处理，从而获得知识结构的重组。而这一过程常会出现旧知识经验伴随着新知识经验的获得而发生改变和调整。由此看来，建构主义的学习观强调学习并不是知识的叠加，也不是知识毫无保留的复制，而是学习者与新旧知识、经验之间相互冲突、相互联系、相互作用的双向过程。基于此，支架式教学强调创建教学情境的重要性。正因为教师通过背景知识的引入，唤醒学生对旧知识经验的回忆，从而为学习新知识做好准备。

学生观：建构主义认为，学生并不是空着脑袋进入教室学习的，所以，教师不应该忽略学生原有的知识经验，简单粗暴地对他们进行知识的"填塞"，而是应该把学生原有的知识经验作为他们获取新知识的生长点，并引导他们有效地获得新的知识经验。由此看来，教师应该倾听学生对知识理解过程的想法，并关注他们获得这些想法的由来，从而以此为依据改正和拓展其原先对知识的解释。另外，由于学生背景经验知识的差异，所以，他们对于某一知识的看法也不尽相同。因此，支架式教学非常注重"小组学习"。小组学习能够为学生相互交流知识获得重要的平台，学生在这个平台上集思广益、取长补短，从而实现对个人原有知识经验的补充、改造和重组。

（三）人本主义教学理论

以罗杰斯为代表的人本主义教学理论家认为，知识和情感是人的感情世界中不可分割、相互交融的有机组成部分。他十分反对教育注重知识的传授，而忽略了情感的培养，他认为这与人的本性——"主体性、整体性、独特性"相违背。他认为，人本主义重教学过程轻教学内容，重教学方法轻教学结果。

此外，罗杰斯还认为，人的学习应该是有意义的学习。他把有意义的学习界定为"学习内容对学习者个人有意义，学习者在学习时将个人的内在情感、需要、兴趣、动机以及知识经验相互融合时，才是有意义的"。罗杰斯进一步把意义学习分为四个要素：①全人参与，即整个人（包括情感和认知两方面）都要投入学习之中；②自我发起，即纵然有来自外界的刺激或动力，学习者对于知识的发现、理解和建构也要出于其自身内部的需求；③渗透学习，即有意的学习会诱使学生在情感、行为、态度乃至个性都会发生变化；④自我评价，即学生自己最清楚这种学习是否满足自己的需要，是否有助于知识的获得，是否明了自己原来不甚清楚的内容。

在支架式教学中，教师要充分注重学生是学习的主体地位。教师在教学过程中只是引导者、帮助者和协助者。以教师为中心，上课采用"填鸭式"的传统教学法，无法充分地考虑学生对知识的接受态度和情感需要。因此，教师要充分站在学生的角度来实施教学，在提供支架时，可向学生提供实物或示意图的方式以激发学习兴趣，用生动活泼、浅显易懂的讲解促使其主动接受知识，用耐心认真的治学态度激励学生全身心地投入学习，只有学生真正地将情感和知识融为一体，并且，发自内心地接受知识时，学生才能真正实现对知识的理解和内化。

三、支架式教学的优势

（一）实现了"学生中心"的现代教育理念

目前教学思想强调教师和学生之间的互动。支架式教学充分肯定了学生中心的地位，教师将成为学生学习的引导者，而不再像传统的课堂那样，教师占据主要角色，学生只是知识被动的吸收者，这样极大地避免了"一言堂""满堂灌"的教育现象的发生。具体来说，在阅读课堂中，通过教师提供的阅读技巧或阅读方法，学生能主动地对其进行独立思考，或积极地与老师、同学就其应用进行讨论，然后，独自将所获得的阅读技能应用到实践当中。整个课堂形成了师生之间、学生之间良性的互动。此时，课堂的主角已由教师转向了学生，整个课堂实现了"多主体"的良性对话。

以学生为中心的支架式教学并不意味着教师在课堂中地位的下降。相反，教师所要起到的作用将会更加多元化。具体说来，教师应该成为课堂中学生学习的"引导者"、课堂气氛的"调节者"、课堂管理的"领导者"、课堂讨论的"组织者、参与者"等身份（Marion, Warion&Robert L.Burden）。因此，教师必须比以往更加熟悉教材和教学背景知识，在设计课堂讨论时，教师还要充分考虑学生的水平、兴趣、性格等诸多相关因素。此外，在学生讨论偏离主题时，教师要适时

地调整方向。于对那些缺乏自信或天生腼腆的学生要多加鼓励。总之，支架式教学模式对教师提出了更高的要求。

（二）充分挖掘学生的学习潜能

学习动机理论认为，学生只有通过内部动机（因对学习自身的兴趣而引发的学习动机），才能在学习活动中得到满足，才会积极地参与课堂教学，才会对未知知识充满好奇，才会乐于挑战难题，从而才会使得其学习潜能充分发挥出来。支架式教学充分地认识到了这一点，十分清楚地把发现和提升学生的潜能作为教学任务的一大目标。因此，作为课堂指导者的教师要善于洞察学生的学习状态，并且，要提高自身的教育教学素养，努力调动学生学习的积极性，因为"知识是由学习者主动建构的，而不是被动吸收的（Von Glasersfeld）"。因此，只有充分挖掘学生的潜能，才能使学生主动对知识进行理解和建构。

（三）促进了教学效率的提升

支架式教学由于充分注重"教学以学生为本，课堂以学生为中心"，所以，教师会更加注重学生在课堂上学到了哪些知识，如何让学生掌握知识，而不是关注如何尽快地完成自己的教学任务。教师会更加采用新颖的教学方法，一改往日直接切入主题而忽略学生对于新知识接受的心理准备。比如，教师会在上课前让学生听一段与教学相关的音乐或欣赏一段影片，从而在上课的开始，学生即充满热情地做好接受新知识的准备，提高了教学效果（Spolsky）。再比如，在传统教学中，教师高高在上，教师的发言贯穿课堂始末，学生根本没有机会来展示自己。课堂气氛自然死板，学生学习也就毫无热情，因此，上课过程常中会发生学生神情呆滞、"左耳进、右耳出"等情况。教师在此情况下，只得通过提高嗓音的办法来吸引学生的注意，结果学生学得累，教师教得也很累。而在支架式教学中，由于有着相对宽松活泼的课堂气氛，教师时常通过创设教学情境，开展师生、学生对话的形式，紧扣教学主题，使得教师教得轻松，学生学得愉快，这样，教学效率有了必然的提高。

四、支架式教学的步骤

支架式教学的步骤一般遵循"创设情景—搭建支架—独立探索—小组合作—效果评价"等五个环节。

创设情景：即在教学任务开始之前，教师通过某些教学方法将学生引入教学背景之中，并启发对相关问题的思考。搭建支架：是支架式教学的核心，主要指教师按照学生的最近发展区，紧扣教学任务，设置概念框架。独立探索：即让学生独立对所学内容进行思考以及探索，从而摆脱对知识的"强灌"。在这一环节中，学生可先按照教师的引导进行思索，随着教学的深入，教师可渐撤帮助，让学生自己沿着"概念框架"不断建构知识。小组合作：即学生以群组的方式对知识进行探讨和协作。在这一环节的开始，由于每个人对于知识的理解程度差异，小组成员会产生不同的观点甚至矛盾，但随着小组间讨论的深入，起先纷繁复杂的场面渐渐变得明朗统一起来，从而使学生对知识具有更为正确、全面的理解。效果评价：即对所学的内容进行评价，这里既包括教师对学生的评价，也包括学生自评和学生组间互评。评价的内容涉及自主学习的能力，个人对于知识建构的程度，以及个人对小组学习中所作出的贡献水平等。

此部分主要分为两个部分展开论述：其一是阅读理论综述，其二是阅读教学理论综述。阅读理论研究主要探究阅读的定义和要旨，学生阅读能力的要求，以及英语阅读的过程模式；而阅读教学则主要从阅读教学的目的和培养要求，阅读教学的几种模式介绍，以及阅读教学中的注意事项展开研究。

（一）阅读的定义

什么是阅读？对于这个定义，美国语言学家哥德曼把它看成是心理语言的过程，是作者与读者之间的猜谜游戏，开始于作者对自己观点的表述进行编码，结束于读者对其所阅读的信息进行解码、释义并建构自己的观点。这充分说明阅读体现了语言与思想的相互作用的过程。还有人（Day&Bam-ford）认为，阅读就是对书面文字内容意义的构建过程。换句话说，阅读理解包括从所阅读的信息中尽可能快地提取相关信息，再把该信息与读者已有的知识背景结合起来，从而达到理解的过程。安德森也认为，阅读就是作者将文章信息与自己的背景知识结合从而形成意义的流利过程。他认为，阅读的目的就是形成理解。此外，他认为有策略地阅读就是读者运用各种阅读策略来完成阅读的能力，而流利阅读则是读者以恰当的阅读速度来实现对所读信息充分理解的能力。作者的背景知识要与所阅读的信息充分结合才能产生意义。因此，文章、读者、流利性和阅读策略结合在一起共同构建了阅读这个行为过程。

然而，从认知心理学的角度来看，读者在阅读文字时，首先，会从文字符号辨认开始，接着会对文中的语法、语义以及修辞等内容进行解码加工分析，同时，他们还会凭借着自己的生活经历、语言文化、知识背景等通过推测而重构意义的创造性思维活动。由此可见，阅读包含两个阶段：文字符号辨认的感知阶段和信息吸收、文章理解、观点重构的感知阶段。

（二）阅读的要旨

阅读的最终目标是形成对作者思想观点的理解，因此，理解能力成为阅读过程中最为重要的能力。文秋芳将阅读能力分为三种，即表层性理解、深层性理解、评价性理解。这三个层次的理解是由浅入深依次提升的。表层性理解，又被称为表层文字理解，即要求懂得字面意思，实际上就是理解生词、短语和句子的意思。深层性理解，又叫推断性理解，就是能够对所读的内容积极思考、大胆推测，能够揣摩出作者的言外之意。评价性理解为理解的最高层次，通常要求读者在读完之后，清晰流畅的表达出自己的观点。在调查访谈中发现，很多学生误把阅读理解看成是表层理解，认为阅读的目的就是弄懂单词、词组和句子的意思。所以，很多学生对其他两个层次的理解鲜有关注。导致这个问题的原因主要有以下两方面：一是学生和教师总是把大部分时间放在语言知识上，认为掌握了单词的意思，分析了语法的结构就等于理解了课文，结果课文被肢解得支离破碎，无法让学生从整体上理解课文；二是由于教师为中心的课堂过多强调教师的"一言堂"，忽视了学生对文章能动性的理解，学生始终处于被动状态，无法得到充分的思考和观点的表达。

（三）阅读的要求和能力

《大学英语六级考试大纲》对高校本科非英语专业的要求是：掌握较高的阅读技能，能顺利地阅读并正确理解一般题材、难度较高的文章，速度达到 90 词 / 分钟。在阅读难度略低、生词不超过总词数 3% 的材料时，速度达到 120 词 / 分钟，阅读理解的准确率不低于70%。以上的大纲要求非英语专业的学生在学习英语时应具备较高水平的英语阅读能力。学生的英语阅读能力主要体现在两个方面：阅读速度和文章理解效率。因此，衡量一个学生阅读的能力水平标准主要考查学生的阅读流畅程度及其阅读理解准确性。二者之间既相互独立，又相互统一。如果一个学生阅读速度再快，但理解率低，这是不可取的；同样，一个学生的文章理解准确性很高，但阅读速度很慢，同样，也达不到大纲的要求标准。因此，二者必须达到一个平衡点，才能有效地促进学生阅读能力的提高。实验证明，读者的阅读理解率能保持在 70% ~ 75% 的前提下，不断提高其阅读速度，便能实现读速最快、理解最佳的阅读效果。

五、支架式阅读教学

（一）支架式阅读教学的国外研究

关于支架式教学模式在阅读课堂中的应用研究最早起源于国外学者。Gibbons 在他的两本书《支架式教学——二语学习者的主流教学方式》和《学会学习第二语言》中，明确指出，在二语阅读课堂环境中采取支架式教学活动，可以有效地提高学生的阅读学习技能。在书中，他详细地描述了自己利用不同的教学模式对 198 名以西班牙语为第二外语的大学生的阅读学习进行研究。研究分为实验班和控制班，两班人数及其语言能力水平相当，在实验班中开展支架式教学，而在对照班中不进行支架式阅读教学。结果通过一学年的教学对比试验表明，实验班无论在对文章的生词词义推测、隐含意义理解等方面均好于对照班。并且，实验班学生会在课前主动地利用工具对文章作者的生平经历、创作作品等进行研究，而且，在文章重点语句的评鉴和赏析上的水平也好于控制班。另外，Hartman 指出，支架式互助性学习有利于学生在阅读技能方面的提高。他强调支架式阅读教学更能诱发学生之间开展小组互助学习，让学生通过讨论合作的方式，加强学生对文章不同理解的思想表达，提高学生对阅读文章的整体理解能力。Hartman 在其实验中发现，控制班的学生由于受到教师课堂权威的束缚，无法在课堂中对某些存在疑问的阅读难题进行探讨，而使得自己无法对文章进一步理解，从而也大大地减弱了他们今后学习阅读的热情。而实验班的学生在教师的引导下积极地相互探讨，这不仅能够降低教师的教学时间成本和功效成本，而且，最重要的是，学生在相互讨论中互相汲取各自好的观点和想法，拓展自己的思路，扩大了视野，使得自己在阅读深层水平，尤其是对阅读鉴赏能力方面，有了长足的进步。

（二）支架式阅读教学的国内研究

近年来，国内众多学者也陆续关注了支架式阅读教学的研究。朱峰曾将支架式教学应用于英语阅读课堂教学实证研究中，并且，通过实验证明学生在发现、体会和理解文章的隐喻方面，支架式教学优于传统的教学模式。张晓勤对于支架式教学模式引入阅读教学及其所采用的相关策略进行研究，证实了这种教学方式能够提高学生的自主阅读能力，实现阅读教学控制由教师向学生的动态转移。李晶晶则在研究中进一步将阅读教学中所采用的支架模式细化为范例式支架、问题式支架和建议式支架，并分别阐述了这三种支架的优势及其在不同教学情境中的使用说明。蒋大山通过研究支架式阅读教学在高职学生中的应用，从定量数据分析中发现，学生无论是课堂参与性还是阅读水平，均高于传统教学。

第四章 翻译与翻译教学的理论透视

第一节 英语翻译的定义与分类

一、翻译的概念

翻译是在准确、通顺的基础上，把一种语言信息转变成另一种语言信息的行为。翻译是将一种相对陌生的表达方式，转换成相对熟悉的表达方式的过程。其内容有语言、文字、图形、符号的翻译。其中，"翻"是指对交谈的语言转换，"译"是指对单向陈述的语言转换。

"翻"是指对交谈中的两种语言进行即时的、一句对一句的转换，即先把一句甲语转换为一句乙语，然后再把一句乙语转换为甲语。这是一种轮流的、交替的语言或信息转换。"译"是指单向陈述，即说者只说不问，听者只听不答，中间为双语人士，只为说者作语言转换。

这个过程从逻辑上可以分为两个阶段：首先，你必须从源语言中译码含义，然后把信息重新编码成目标语言。所有的这两步都要求对语言语义学的知识以及对语言使用者文化的了解。除了要保留原有的意思外，一个好的翻译，对于目标语言的使用者来说，应该要能像是以母语使用者说或写得那般流畅，并要符合译入语的习惯（除非是在特殊情况下，演说者并不打算像一个本语言使用者那样说话，例如在戏剧中）。

翻译有口译、笔译、机器翻译、同声传译、影视译配、网站汉化、图书翻译等形式，随着IT技术、通讯技术的发展和成熟，最后又诞生了真人服务的"电话翻译"，所以形式越来越多，服务也越来越便捷。从翻译的物质形态来说，它表现为各类符号系统的选择组合，具体可分为四类：

①有声语言符号，即自然语言的口头语言，其表现形式为电话通讯、内外谈判和接待外宾等；

②无声语言符号，包括了文字符号和图象符号，其表现形式为谈判决议、社交书信、电文、通讯及各种文学作品等印刷品；

③有声非语言符号，即传播过程中所谓的有声而不分音节的"类语言"符号，其常见方式为：说话时的特殊重读、语调变化、笑声和掌声，这类符号无具体的音节可分，语义也不是固定不变的，其信息是在一定的语言环境中得以传播的，比如笑声可能是负载着正信息，也可能负载着负信息，又如掌声可以传播欢迎、赞成、高兴等信息，也可以是传递一种礼貌的否定等。

④无声非语言符号，即各种人体语言符号，表现为人的动作、表情和服饰等无声伴随语言符号，这类符号具有鲜明的民族文化性，比如人的有些动作，在不同的民族文化中所表示的语义信息完全不同，不仅如此，它还能强化有声语言的传播效果，如在交谈时，如果伴有适当的人体语言，会明显增强口头语言的表达效果。

这四大类符号既可以表达翻译的原码，也可以表达翻译出的译码，它们即可以单独作为原码或译码的物质载体，也可以由两种、三种、四种共同组成译码或原码的载体。

从翻译的运作的程序上看实际包括了理解、转换、表达三个环节，理解是分析原码，准确地掌握原码所表达的信息；转换是运用多种方法，如口译或笔译的形式，各类符号系统的选择、组合，引申、浓缩等翻译技巧的运用等，将原码所表达的信息转换成译码中的等值信息；表达是用一种新的语言系统进行准确地表达。

上文的诸多翻译形式可以归纳为一点，翻译实际上是一种特殊形式的信息传播。整个翻译活动实际上表现为一种社会信息的传递，表现为传播者、传播渠道、受者之间的一系列互动关系。与普通传播过程不同的是，翻译是在两种文化之间进行的，操纵者所选择的符号不再是原来的符号系统，而是产生了文化换码，但其原理却是与普通传播相同的。

二、翻译的内涵

1. 口译（interpretation）或进行口译的人（interpreter）（口译又称：口语翻译），一种职业。

2. 笔译（translation）或进行笔译的人（translator）。

3. 法律用语，例如：

商标法第十三条第一款明确规定："就相同或者类似商品上申请注册的商标是复制、摹仿、或者翻译他人未在中国注册的驰名商标，容易导致混淆的，不予以注册并禁止使用。"

这个"翻译"来自《保护工业产权巴黎公约》中的"translation"。

由于翻译有直译、音译、意译。而且，同一种方式，可能会产生多种译义，以何种为准关系到如何保护驰名商标以及他人的合法权益。可以从以下几个方面考察：

第一，驰名商标是否具有明确含义的，并且与汉字形成一一对应的关系；

第二，驰名商标的音译是否是习惯的；

第三，翻译方式是否已为公众，尤其是市场所认可。

三、翻译的分类：

（一）人工翻译

1. 根据翻译者翻译时所采取的文化姿态，分为归化翻译和异化翻译

归化翻译是指把在原语文化语境中自然适宜的成分翻译成为在译入语言文化语境中自然适宜的成分，使得译入读者能够立即理解，即意译。而异化翻译是直接按照原语文化语境的适宜性翻译，即直译。

2. 根据翻译作品在译入语言文化中所预期的作用，分为工具性翻译和文献性的翻译。

3. 根据翻译所涉及的语言的形式与意义

分为语义翻译和交际翻译。语义翻译在译入语语义和句法结构允许的条件下，尽可能准确再现原作上下文的意义，交际翻译追求译文读者产生的效果尽量等同于原作对原文读者产生的效果。

4. 根据译者对原文和译文进行比较与观察的角度，分为文学翻译和语言学翻译

文学翻译寻求译文与原文之间文学功能的对等，其理论往往主张在不可能复制原文文学表现手法的情况下，译文只能更美而不能逊色，缺点是不重视语言结构之间的比较和关系问题。语言学翻译寻求两者之间的系统转换规律，主张把语言学研究的成果用于翻译，同时通过翻译实践促

进语言学的发展。

5. 根据翻译目的与原语在语言形式上的关系，分为直译与意译。

6. 根据翻译媒介分为口译、笔译、视译、同声传译等。

（二）机器翻译

美国数学家、工程师沃伦－韦弗与英国物理学家、工程师安德鲁·布思提出了以机器进行翻译（简称"机译"）的设想，机译从此步入历史舞台，并走过了一条曲折而漫长的发展道路。此后 65 年来，机译成了国际学界、商界甚至军界共同角逐的必争之地。机译是涉及语言学、数学、计算机科学和人工智能等多种学科和技术的综合性课题，被列为 21 世纪世界十大科技难题。与此同时，机译技术也拥有巨大的应用需求。

从上世纪 80 年代中期开始，基于语料和多引擎机译方法的广泛运用，机译系统的性能和效率有了明显提高，各式各样的翻译软件如雨后春笋般问世，而互联网的普遍应用，则使在线翻译成了当今机译的重头戏。机译分为文字机译和语音机译。在文字机译方面，谷歌目前处于领先地位。在语音机译方面，谷歌也处于领先地位。机译消除了不同文字和语言间的隔阂，堪称高科技造福人类之举。但机译的质量长期以来一直是个问题，尤其是译文质量，离理想目标仍相差甚远。中国数学家、语言学家周海中教授认为，在人类尚未明了大脑是如何进行语言的模糊识别和逻辑判断的情况下，机译要想达到"信、达、雅"的程度是不可能的。这一观点恐怕道出了制约译文质量的瓶颈所在。

四、语义翻译与交际翻译

语义翻译和交际翻译是纽马克翻译理论中最重要的组成部分。语义翻译与交际翻译两者相辅相成，两者交替使用是最理想的翻译方法。

（一）对纽马克的简要概述

纽马克是英国著名的翻译理论家和翻译教育家，毕生从事英德、英法互译教学，对翻译理论颇有研究。他将跨文化交际理论和现代语言学的研究成果，如格语法、功能语法、符号学和交际理论运用到翻译研究中，认为翻译既是科学，又是艺术和技能，并提出了著名的"交际翻译"和"语义翻译"法，这两个概念的提出，扩展了传统的直译和意译的概念，为翻译研究指出了新的思路和方向。

（二）语义翻译与交际翻译

1. 语义翻译与交际翻译的定义

交际翻译指译文对译文读者产生的效果尽量等同于原作对原文读者产生的效果。语义翻译则指在译入语语义和句法结果允许的前提下，尽可能准确地再现原文上下文意义。

2. 语义翻译与交际翻译的区别

首先，语义翻译较客观，讲究准确性屈从原语文化和原作者，翻译原文的语义，只在原文的内涵意义构成理解的最大障碍时才加以解释。而交际翻译较主观，只注重译文读者的反应，使原语屈从译语和译语文化不给读者留下任何疑点与晦涩难懂之处。其次，在形式上，语义翻译使译文与原文的形式更为接近，并尽量保留原文的声音效果；交际翻译则是重新组织句法，运用更为常见的搭配和词汇，使译文流畅地道，简明易懂。再次，当信息的内容与效果发生矛盾时，语义翻译重内容而不重效果，交际翻译则重效果轻内容。第四，语义翻译比交际翻译复杂精细，较笨拙晦涩，重在再现原文作者的思维过程，而不是他的意图，倾向于过译；交际翻译则更通顺、简朴、清晰、直接、更合乎译语习惯，采用与原文的语域一致的语域，倾向于欠译。第五，交际翻译的译文通常比语义翻译译文长，因为后者没有帮助读者理解的多余的词汇。第六，语义翻译是一门艺术，只能由一个人单独承担；交际翻译是一门技巧，有时可由多人承担。

3. 语义翻译与交际翻译的共同点

第一，两种翻译方法都是建立在认知翻译的基础之上的，是对认知翻译的修正和完善。第二，如果原文信息带有普遍性，不带文化特性，信息内容的重要性与表达信息的方式和手段同等重要而译文读者的知识水平和兴趣又与原文读者相当，就可以同时采用语义翻译和交际翻译。第三，在翻译中往往会出现这种情况：在同一篇作品中，有的部分须采取语义翻译，有的部分需采用交际翻译，二者相辅相成，互为补充。第四，在保证等效的前提下，无论是翻译何种类型的文本，都最好采取逐词翻译的方法，纽马克认为这是唯一行之有效的方法完全不必采取其他的近义词或同义词，更无须释义。

第二节 翻译教学的界定及其理念

翻译是运用一种语言把另一种语言所表达的思维内容准确而完整地表达出来的语言活动。一般讲它有理解和表达两个重要过程。而正确理解原文又是确切运用另一种语言再现原文风貌的前提和基础。从我国近代翻译家严复倡导"信、达、雅"到鲁迅先生提出"信与顺"的翻译标准。"信"都是第一位的，即忠实理解原文的内容，包括思想、感情、风格等。不得有任何篡改、歪曲、遗漏、阉割等现象；所谓"顺"或"达"，则是指译文用词正确得体，行文流畅通顺，符合英语的语言习惯，避免逐字逐句死译，生搬硬套，文理不通，结构混乱的现象。当然，对原文的理解，除了要注意英语中诸多的语言现象，还要注意理解英语中所涉及到的文化现象。可以这样说，文化因素是影响理解的原因，而一定的语言现象又是开启理解之门的金钥匙，在翻译过程中，二者相互依存，不可偏废，否则，顾此失彼，走马观花，望文生义，译文将会不伦不类，令人莫明其妙，不但达不到传播原文的目的，甚至会闹出笑话，我们将从理解英语语言现象和文化现象两个方面，来谈一下理解在翻译过程中所起的至关重要的作用。

一、对语言现象的理解

从有人类以来，人们在长期的劳动生活交往中，创造出了一种进行思想交流的符号，这就是语言。语言是文化的特殊组成部分，是人们彼此之间进行交流的工具，也是人与文化融为一体的媒介。它随着人类社会的形成而形成，也随着人类社会的发展而发展。人类用语言创造了文化，文化又反过来促进人类社会的发展，同时丰富了语言表达的方式。语言是人类社会文化中的语言，与人类社会和人类文化息息相关，密不可分。随着时间的推移，各个民族在运用本族语言进行思想交流的同时，又形成了大量约定俗成的语言习惯或规则，这就是我们说的语法，对语言现象的理解其实就是对上下文中的词汇、句型结构、惯用法的用法和意义的理解。

如英语中 level（水平）一词，"生活水平"和"理论水平"我们常译作 living level 和 theoretical level0 但"他的英语水平比我高"我们却译作：He knows more English than I。这里"level"一词尽管没有译出，但其意已暗含句子之中，因此就不言而喻了，若照汉语逐字硬译成：The level of his English is higher than that of mine，很显然不符合英语表达习惯。而"各级领导干部必须提高领导水平"这句话，我们则译成：Cadres of all levels should improve their artofleadershipo 这里的 all levels 是指"阶层、层次"；而"领导水平"实际是指领导能力和艺术，故译作：art of leadership。

看到 It is a wise man that never makes mistakes 这句话，你恐怕会误认为是英语里的强调结构把它译成："只有聪明人才不会犯错误"那就大错特错了，其意正好相反：应译为："无论怎样聪明的人也难免要犯错误"，这是一个较特殊的"it is a+adj+n, +that"的让步型"暗否定"结构，真正的句子含义与字面意思正相反，其让步意义又较为含蓄，大多译为"无论怎样都不免"，像 it is a long lane that has no turning（无论怎样长的巷子也会有转弯的地方）。It is a good horse that never stumbles（再好的马也会失蹄）都属于此类结构。

此外你知道"can not/hardly/never+enough/too"这个为了强调某事而使用的一种特殊方式吗？此结构看似否定，其实给了非常肯定的意义，并且表达了比较强烈的思想感情，往往译成"无论怎样也不为过分"或"越越好。"理解了这一点，下面两句话你才能表达确切：

（1）We can't be thankful enough to our party.

我们对党不能感激太过分了（误）。

我们对党感激不尽（正）。

（2）One can never be too careful in one's work,

在工中作从未过分谨慎（误）。

工作越细越好（正）

二、对文化内涵的理解

学习一门外语不仅要掌握其语音、词汇、语法和习惯用语，而且还要知道选择这种语言的人们是如何看待和观察世界的，也就是说要了解他们是如何运用语言来反映他们社会的思想习惯和行为的，即了解他们的社会文化。语言与文化相互影响、互相作用。理解语言必须了解文化，理解文化有助于我们更好地了解语言。英语语言与文化大师王佐良曾指出：在翻译中，虽然译者"处理的是个别词，但面对的却是两种文化"。语言是客观世界的反映，是一种社会和文化现象，不同语言中存在着大量看似相近而实际隐含着不同社会文化内涵的东西，所以对原文化内涵的理解主要是指对原文所涉及到的一些历史背景、典故、寓言以及一些特有事物的理解。如不去了解英美国家的社会风俗、政治、经济、历史、文化等各方面知识，往往会造成错译现象。

同一词汇，在一种文化可以联想到某种特征，而在另一种文化却联想不到。

Dragon 是西方神话传说中的一种神奇动物，中文通常译为"龙"。但在许多情况下，dragon 与中文的"龙"并不对等。中国人对"龙"情有独钟。自称"龙"的传人。"龙"在中国人的心目中享有至高无尚的地位，是智慧、王权及中华民族的象征；而 dragon 在西方国家则被人视为怪物、恶魔。在英语中 dragon 意为 fierce man（凶狠的人）。大写："Dragon"则指"撒旦、魔鬼"。所以在英语翻译时如不谙中西之别，简单地将汉语的"龙"译为英语"dragon"就会引起误解。"望子成龙"不应译为"wish one's son to be a dragon"而应译为"Hope one's children will have a bright futuren"。

尤其在表达颜色的词、动植物的词和数词方面，两种语言所赋予的联想意义不同，感情色彩也各异，体现了不同的文化含义。颜色词"white"（白色）在英汉两种语言中有些涵义是相近的："白"象征纯洁无瑕，如 a white spirit（纯洁的心灵）、purity（洁白）、innocence（清白无辜）等。但是，在汉语里"白"有"丧事"的意思，如"白事"（funeral），英语民族还以"白"象征"幸运""吉利"，如 a white day（吉日），white hope 是"被寄于厚望的人和事物"。"red"（红色）无论在英语或汉语中往往都与庆祝活动或喜庆的日子有关，如 red-letter days（纪念日，喜庆的日子）。但也有不同，如 to see red 是"使人生气"，be in the red 是"赔本经营"。汉语中"红娘"英语表达应是 match-maker，如果两方人不熟悉文化信息，想当然地以为是一位红衣女郎——a girl in red，就会闹笑话。汉语中的"红眼病"具有嫉妒的含义，英语的"green-eyed"才是对应的词语。

中国和英语国家有着截然不同的文化传统和生活习惯，中国人由于深受母语的影响，往往用自己的思维去分析和理解英语句子，结果由于对汉英文化差异缺乏敏感性，常常不能迅速理解英语语言信息中所包含的实际意思和说话人的真正意图，不掌握一定的背景知识是不可能真正理解这种语言的。人们往往将汉语中的"黄袍"译成英语 purple robe。而不译成 yellow robe。这是由于在西方历史上，国王和红衣主教所穿的长袍都近于紫红色。因此，长期以来，purple 成了王权、显贵的象征。

综上所述：语言是社会的产物，是人类历史和文化的结晶。也是传承文化的重要载体，文化是语言的内容，语言所反映的文化现象在英汉语言中比比皆是，由此可见，对文化内涵的理解十分有助于确切的翻译。常读英文原著的人可能有这种感觉，克服词汇困难可以凭借查字典而逾越文化障碍则只能依赖对原文化环境的了解。French window 不是"法国窗"，而是"落地窗"；Fire company 不是"纵火公司"，恰恰相反，是"消防队"。To blow one's own horn 不是"各吹各的号"，而表示"自吹自擂"。总之，要想译文通顺、贴切，必须要对语言现象和文化现象有着透彻的理解，这就要求译者不仅要有扎实英语基础知识，翻译技巧，还要有丰富的英美文化知识，这样译出的东西才能达到传神完美的标准，忠实无误的传播原文化。

三、翻译的内涵分析

人类在语言使用上有许多共性的特点，它有助于减少翻译中的很多障碍。然而，在很多方面，每个国家都有其不同的传递信息的方式，体现了不同文化的差异。因此，翻译必须顺应其中的变化。如何在翻译过程中处理好两种文化的关系在跨文化交际的研究中起着极其重要的作用。翻译中的文化因素也是复杂而难以把握的。因此，一个好的翻译者需要深入了解中西文化的差异，在翻译中能更好地掌握读者的心态，翻译出优秀的作品。

翻译不仅是一种语言到另一种语言的信息专递，更多的是两种不同文化间的交流与碰撞。语言与文化之间在发展中存在着相互促进、相互补充的互动关系，每一种语言都是在具体的社会、历史环境中产生和发展起来的，因此，本身就打上了文化的烙印。某种语言其实就是文化的一个重要的象征与标志，同时文化的发展与传承离不开语言这个媒介，因此，语言是文化的载体。语言的文化性质是指语言本身就是一种文化现象，是文化总体的组成部分，是自成体系的特殊文化；语言的文化价值是指语言包含着丰富的文化内容，是体现和认识文化的一个信息系统。

四、文化意识与翻译教学

翻译是语言之间的转换，更是文化间的交流。而中西文化差异所带来的翻译障碍往往会导致译文信息的失真。传统的"以语言转换为中心"的翻译教学无法有效地提高学生的翻译能力。因此，在翻译教学中恰当地引入文化因素，加强学生的母语文化素养，以学生感兴趣的流行文化为切入点，并辅助现代化的教学手段来增强学生对文化的敏锐性的尝试将有利于帮助学生克服文化障碍，实现语言间的顺利转换，

翻译是运用一种语言把另一种语言所表达的内容和意义准确而完整地重新表达出来，而传统的翻译观往往将翻译局限于语句结构的简单转换，忽视了翻译是跨文化信息交流与交换的本质。JuriLoman 指出："没有一种语言不是植根于某种具体的文化之中的，也没有一种文化不是以某种自然语言的结构为中心的。"这说明语言是文化的产物，又是文化的载体。语言的使用必须要体现出鲜明的民族文化个性。因此，我们在进行翻译时，应从跨文化的视角，充分了解中西文化差异，避免翻译信息的走失，确保译文的原汁原味。

在翻译的过程中，仅仅掌握一些语音、词汇和语法知识是完全不够的，毕竟我们所翻译的内容并不是语言符号本身，而是它们所承载的文化。文化很复杂，主要包含群体成员共享的知识、信仰、道德、风俗等。而翻译过程中所涉及的主要是蕴含在语言层面的小文化，即一些词语、惯用法等所包含的文化因素，而这些都是可译的。良好的双语（母语和第二外语）文化修养和综合知识功底会帮助我们译出好的作品。因此，在翻译教学中恰当地引入文化因素，有意地培养学生的文化意识，有助于学生克服文化障碍，实现语言间的顺利转换。

第三节　英语翻译教学的内容、目标与原则

一、翻译教学的内容

随着改革开放的深入和经济全球化进程的进一步加剧，全世界的人们正在以一种前所未有的方式进行交流合作。在努力发展我国的经济建设的同时，也出现了一些意想不到的困难和问题。其中之一，便是语言的差异所造成的困难。在我们的日常生活中，常常会听到这样一些令人颇为无奈的声音："在美国工作学习了好几年，但是我翻译的中文资料，没人能看懂。""我英语交

际能力很好，可是我不会把中文翻译成英语，还是找翻译公司吧！"。以上的例子集中说明了一个问题，那就是很多英语学习者的翻译水平很低，这已经成为对外交流中的一个突出的问题。

作为培养实用性人才的职业院校，本着对社会负责的态度，一切以就业为导向的思想，在英语教学方面，更应该引起重视。在英语教学的环节中，进行翻译教学的改革和创新，以满足社会的需求。

（一）教学途径和方法

1. 纠正学生对翻译这门学科的错误观念

在翻译教学中，有很多学生认为，只要能看能英文，只要有本汉英词典，就能从事英汉和汉英的互译工作。认为翻译是没有必要学习的。其实，这样的观点是很荒谬可笑的。比如，有的同学把很简单的句子"the window refuses to open"翻译为"这窗户拒绝打开"把"you are a lucky dog"翻译为"你是条幸运狗。"这都是对翻译方法不了解造成的后果。所以，翻译作为一门学科，无论你的中英文水平高低与否，都是必须要学习的。

2. 让学生对翻译这门学科有一个系统的了解

在翻译教学的过程中，首先要让学生了解翻译的定义。只有对翻译的定义有了充分的了解，才能激发学生的学习热情，端正翻译学习的态度，明确翻译学习的方向。

从古到今，许多中外翻译理论家对翻译给出了各种各样的定义。其实大都可以概括如下："翻译是两种语言社会之间的交际过程和工具，目的是促进本语言社会的政治，经济，和文化的进步，任务是把原作品中的逻辑映像，完好无损地从一种语言移注到另一种语言中。"这个定义就指出了翻译的目的，任务和要求。

再次，必须让学生充分理解翻译的标准。这是极其重要的，不了解翻译的标准，就不可能翻译出好的作品，也不可能对别人的翻译作品做出客观公正的评价。在实际的教学中，有的学生只是对严复的"信、达、雅"有所耳闻，却根本不知道把"忠实、通顺"的原则应用到实践中去，因此在教学实践过程中，教师要提醒学生，对翻译标准的理解和应用。

最后，还要让学生了解三种基本的翻译方法：直译（literal translation）、意译（free translation）和音译的重要性。因为有的学生在学习翻译之前，之知道直译的方法，结果闹了不少的笑话。比如：把"do you see any green in my eyes"翻译为"你在我眼里看到绿色了吗"；把"justice has long arms"翻译成"正义有长胳膊"；把"white lie"翻译成"白色谎言"，说到底是不了解翻译方法造成的。

3. 让学生从整体上把握英语和汉语的异同

任何翻译工作者，在翻译的过程中，都要把源语和译入语进行比较。没有比较，是不可能翻译出精彩的作品的。比如：英汉在词汇，感情色彩，句法，语态，时态，段落等方面的差异，要让学生真正掌握。

我们常常看到有的学生翻译的中文过长，中文中的定语也很长，这是因为不了解"中文句子一般短小，英文句子结构严谨，一般可以较长。"这一特点造成的。有的同学在翻译中文科技文章时，文中大量使用了主动语态。这是因为其不了解"英文正式文体，被动语态多，以避免带有感情色彩。"这一特点造成的。还有，"英语常用代词，汉语喜欢用实称词；英语忌讳重复，汉语去往往多次出现重复；汉语修辞色彩浓重；英语句子重视"形合"英汉叙事顺序不同。"等特点，这些在英语翻译过程中，都是很重要的。所以，对两种语言进行对比，是很必要的，对学生翻译水平的提高，大有裨益。

4. 充分讲解、练习翻译技巧

一般的教科书中都列有翻译技巧的内容。在教学过程中要多加练习。对其中的重要技巧更要多练。比如：增词、减词法、重译法、语态转换法、分译法、合译法等。没有学过翻译技巧的人，会把"they are the girls who are looking out for the young officers of the American air force"翻译成"他们就是那些望眼欲穿地等待从美国空军部队回来的年轻军官的小姐们。"这里的定语明显太长，如果采用分译法，就自然多了。

5. 不可忽视文化知识的学习

翻译是一本科学，更是一门艺术。不同的地理环境，历史发展，和宗教信仰，社会习俗和思维方式不同所形成的文化差异，在语言的表现是多种多样的。因此，学生只有充分了解两种语言的文化才能作好翻译工作。在翻译的实践过程中，有很多例子都是因为不了解两种语言的文化差异而造成的误翻、错翻的现象也是比比皆是。

总之，在翻译教学中，在教学的内容上要加以改进，以实用的原则为指导，从整体上把握翻译教学的实质。以通俗易懂为原则讲解翻译技巧和理论。避免陷入理论讲的过多，实践太少现象的出现。当然，也不能无视翻译理论的指导作用。盲目的进行大量的练习。同时还要重视跨文化交际知识的灌输。让学生真正了解中英两种文化和两种语言的本质。从而更好的进行翻译活动。

二、翻译教学的原则——翻译素养

任何课程的教学目标不但应规定教学活动达到的结果，而且应提出达到结果的教学活动的程序。对教学活动的深度和广度有明确的具体的指导作用，同时对学生的学也有直接的指向作用，能使教和学目标一致，既有利于发挥教师的主导作用，更有利于发挥学生的主体作用，把教和学两方面的积极性较好地统一起来。因此对教学目标的探讨对于课程的发展乃至学科的成长都大有裨益。译界曾借助于对"教学翻译"和"翻译教学"的思辨来探讨翻译教学目标。近几年西方翻译理论界对翻译能力的研究，使"翻译能力"成为国内探讨翻译教学目标的关键词。而"翻译素养"近两年才被少数学者关注。而大多数作者把"翻译素养"与"翻译能力"混用。

（一）"素养"一词的语义分析

"素养"一词在学校教育中得到越来越多的使用，如"人文素养""文化素养""科学素养""技术素养""语文素养""数学素养""艺术素养""美术素养""音乐素养"等。那么"素养"究为何意？按一般辞典的解释，"素养"是指"平日的修养"，也指学识、造诣、技艺、才能、品格等方面的基本状况。探究"素养"的涵义，需把"素养"与"素质"做一区别。"素养"与"素质"有着紧密联系，经常被一起使用，但两者之间还是有细微差别。"素质"是个体在先天基础上，通过后天的环境影响和教育训练而形成的顺利从事某种活动的基本品质或基础条件。相对来说"素养"含有继后教养效果之意味，在教学目标中使用该词则强调课程的育人能动性，企望通过课程教学帮助学生成长为具有学科知识，才能和良好学科品格的人才。

探究"素养"的涵义，还应厘清"素养"与"能力"的关系。"能力"是指顺利完成某一活动所必需的主观条件。"能力"总是和人完成一定的活动相联系在一起的。离开了具体活动既不能表现人的能力，也不能发展人的能力。因此与"素养"相比，"能力"的内涵主要是从动态的意义上讲的，是旷日持久的"养"与"练"，其特点是"外显"。而"素养"是从静态意义上讲的，其内容不仅涉及到知识、能力，还关涉到人的精神品质，其特点是"内凝"。"素养"内含"能力"又高于"能力"所承载的涵义。

（二）"翻译素养"的基本定义及内核要素

"翻译素养"的基本定义是什么？它应当涵盖哪些基本要素？对于翻译素养一词的探讨，国内相关文献很少，笔者查到了两个文献，其一是潘卫民的《全球化语境中的译者素养》一书，但遗憾的是作者对"翻译能力"和"译者素养"没做严格区分，而且对于"译者素养"也未作清晰的界定。另一文献是李瑞林的《从翻译能力到译者素养》一文，主张"译者素养主要表现为译者根据翻译情境和目的建构翻译的自主性、灵活性和创造性，是译者形成专家能力和可持续的标志，译者素养应是翻译人才培养的终极目标指向"。笔者认同李文对"翻译素质、翻译能力与翻译素养"三者关系的剖析，即译者素质是译者能力得以形成和发展的前提和基础。译者能力是译者素质的外化。译者素养是译者素质和译者能力综合发展的结果。但所以李文对"翻译素养"的只能作为一种观点，其并未给出"翻译素养"的本质特点或要素内核，使人无法认清这一概念在有关事物的综合分类系统中的位置和界限。孔子曰："名不正则言不顺，言不顺则事不成"。所以对"翻译素养"的界定对翻译课程教学目标的明确乃至实现这一目标都至关重要。

1. "翻译素养"的基本定义

根据上述对"素养"的辩议，"翻译素养"可以定义为：译者在翻译方面表现出的比较稳定的、最基本的、适应时代发展要求的知识、能力、技艺和情感态度价值观。其融合了翻译课程的整体目标追求。较之以前的课程目标，对"翻译素养"的新认识有以下几个方面：①提出了适应现代社会发展的基本人文素养要求。如尊重和理解多元文化，吸取人类优秀文化营养，关心文化的变革和发展，提高文化品位。②突出了适应现代社会发展的翻译能力要求。如注重翻译应用、审美、探究能力的发展；注重译者的自主性，创造性。③力求在学生的学习方式上有所突破，提倡自主、合作、探究的学习方式，要求课堂学习与实践学习相结合。④提出翻译的价值观和职业观，鼓励部分学生向职业化方向发展。

2. "翻译素养"的内核要素

"翻译素养"的基本要素，体现在英语专业课程总目标、各年段目标以及必修课程和选修课程目标之中。

（1）"翻译素质"与"翻译能力"

关于"翻译素养"的基本要素，我们可以参照《高等学校英语专业高年级教学大纲》对翻译课做出的规定："通过各种文体的翻译实践，运用翻译理论，训练学生在词义语序、语法形式、句子结构、篇章结构、习惯表达方式、修辞手段等方面对比汉英不同两种语言，掌握翻译的技巧，从而培养学生独立从事英译汉，汉译英的能力"。从中不难看出，翻译课程必须在学生具有相应的"翻译素质"，也即大纲中所提到的在词义语序、语法形式、句子结构、篇章结构、习惯表达方式、修辞手段等方面的知识，才能开展。在此基础上，翻译课的目标是培养"翻译能力"，而其手段是让学生在实践中掌握两种语言的差异并运用理论技巧，不断地"讲"与"练"。毫无疑问，"翻译素质"与"翻译能力"应该成为"翻译素养"的组成要素。但大纲中的"翻译能力"容易被解释为"文本转换能力"和"双语语言转换能力"。德国翻译家诺德认为翻译能力指翻译者要做的所有的事，包括接受翻译任务、译前准备、制定翻译策略、选择翻译辅助手段、翻译文本以及核定译本等。需要说明的是译者的能力因素内容十分复杂，不同学者对翻译能力会有不同的划分，比较与代表性的，如纽伯特认为翻译能力应该包括语言能力、文本能力、学科能力、文化能力和转换能力等五个要素。

（2）"翻译技艺"与"翻译价值职业观"

"翻译素养"还应包括"翻译技艺"与"翻译情感与价值观"。"翻译技艺"是指专门从事某一学科翻译的技能和艺术。单列出来是鉴于翻译教育与社会相对脱节的尴尬。据中国翻译协会调查，2019 年全国翻译从业人员超过 50 万，专业翻译公司 3000 多家，但真正受过专业训练的翻译人员很少，高水平的翻译人才不足总数的 5%。我国翻译人才缺口达 60%。造成该现状的原因很多，其中之一就是教学中没有结合学校资源优势与学生的兴趣爱好，培养他们把翻译与某一学科结合起来学以致用，以致所学与社会需求脱节。因此在培养学生综合能力基础上，引导学生锻炼并掌握某一学科的"翻译技艺"至关重要。

最后，"翻译素养"的培养不应忽视"翻译职业价值观"。而专业翻译就像医生一样，是专业服务，来不得半点掺假。""翻译职业价值观"只能在学生专业学习和实践中增强形成，在翻译家的潜移默化下通过技能训练提升。另外还要在社会实践中有意识地进行体验，在自我认识、体验陶冶职业情感、了解社会中培养对职业的热爱、责任和荣誉等情感。

传统的课程教授以"语言知识"为核心，现在有"翻译能力"目标论，这些自有其道理，但都未能成为共识。我们认为应从"知识（素质）、过程方法（能力），与职业价值观"三个方面来界定基本的翻译素养，三个要素互为依托，缺一不可。在教学时只有合理兼顾，才能培养真正为社会需要的人才。

三、翻译教学的教学目标

随着全球经济一体化的不断深入，越来越多的就业岗位对高校就业学生的英语综合运用能力提出了更高的要求，尤其是随着国际化进程的不断加快，若高校学生将英语的学习仅停留在掌握语法和积累词汇以及英语四、六级考试上，显然已经无法满足当前国际化岗位对人才的要求。通过英语翻译课的学习，学生不但提升了自己的英语翻译能力及技巧，而且将更加了解硬汉语言的差异及中西文化之间的差异。

当前翻译的特点是：信息量大、种类繁多、知识更新快、涉及面广，对翻译人员提出了更高的要求。为了适应形势，各高校开设了不同层次的翻译课程，培养能够满足不同需要的专业口笔译人才。因此，翻译教学也成为学者、译者不断探讨的课题。此外，新时期也为翻译教学提出了全新的目标，即改变翻译教学观念，培养掌握基本翻译理论、具备一定翻译素质、翻译能力和翻译素养的专业技术人才，使他们了解必要的翻译策略和技巧，具有解决翻译困难的能力。

目前中国的翻译课并没有系统的教学方法，教师授课也呈现出内容不一、方法不一、途径不一的状态，使翻译课具有很大的盲目性和随意性。事实上，翻译教学目的决定翻译课的成败，教学目的不同教学效果也会不同。有的教师以培养学生语言能力作为教学目的，比较重视翻译的结果。有的教师以培养学生翻译素质作为教学目的，不强调统一的翻译答案。因此，翻译教学目标对教学起着决定性的作用。

1. 翻译教学与教学翻译

在讨论翻译教学的目标之前，我们必须弄清翻译教学和教学翻译这两个概念。翻译教学与教学翻译相互关联但范畴不同。由于范畴之间存在着模糊的边界，所以到目前为止，很多教师都把两者混为一谈，造成了课堂教学处于两种概念的中间地带。

翻译教学是在学生具有一定的语言知识的基础上，通过大量的翻译实践，指导学生学习和掌握两种语言的技巧和理论，提高翻译能力。教学翻译是指在语言教学的基础阶段，用翻译的方法训练、运用和掌握语言知识的一种教学手段。

有人认为，教学翻译是翻译教学的初级阶段，其实也不尽然。二者的主要区别在于，前者以外语为中心，是外语教学的辅助手段，后者将外语能力视为获得翻译能力的前提条件。后者是自成体系的翻译职业的培训。教学翻译附属于外语教学，以巩固外语知识为目的，其教学重点是外语的语言结构。而翻译教学式独立的学科，目的在于让学生掌握翻译职业的理念和技能，其重点在翻译技巧和解决问题的能力。二者的前提也不同：前者不要求学习者有很高的双语水平，而后者建立在对双语都比较熟练的基础上。

2. 翻译教学的目标

翻译教学是翻译人才培养的主要手段，是更高形式的翻译教育形式。一直以来，人们都把培养学生翻译能力看作翻译教学的主要目标。翻译能力研究成为 20 世纪 70 年代过程研究的重点课题之一。

威尔斯从双语视角方面提出，双语能力之间具有互补关系，共同构成翻译能力的基础。译者必须具备源语文本的分析能力和译语文本的产出能力。纽伯特认为，翻译能力是指"译者应对翻译过程中具有变易性的各种任务"的能力，具体包括语言能力、主题能力和转换能力。他还提出了翻译能力的五个参数，即语言能力、文本能力、主题能力、文化能力和转换能力。以这些概念为依据，翻译教学一直以双语文本为主要的研究对象，在大量的实践中不断提高译者的语言转换能力，也取得了一定成效。

但是，翻译教学的研究对象不仅仅是文本。译者作为翻译教学的主要培养对象，也应成为教学的主要研究对象。翻译能力对于译者来说只是一种动态的外在条件，译者素质才是译者的内在条件。要想使翻译教学走向全面化的发展道路，我们就必须将译者素质的培养纳入到翻译教学中。

译者素质是指译者从事翻译活动必须的生理、心理、语言等主观条件，主要由陈述知识和以陈述形式表征的程序知识构成，是译者能力得以形成和发展的前提和基础。译者能力是译者素质的外化主要体现为译者应用程序知识解决翻译问题的思维和行为过程。

李瑞林教授将译者素质和译者能力统称为译者素养。他认为："译者素养是两者综合发展的结果，主要表现为译者根据翻译情境和目的建构翻译的自主性、灵活性和创造性，是译者形成专家能力和可持续发展能力的主要标志。译者素养应是翻译人才培养的终极目标。"

随着翻译事业的迅猛发展，翻译已经不是简单的文字转换性质的劳动，它和社会各个领域都产生了千丝万缕的联系。将来的翻译工作者必定面临着多重身份，他们可能是语言的转换者，可能是信息的传播者，也可能是文化交流的使者或经济利益的创造者。因此，翻译教学的目标势必要从培养翻译能力转化成培养译者素养。具体包括培养学习者的语言素养、知识素养、社会素养、批判素养和道德素养等。使翻译教学满足社会发展和人才培养的需要，为培养综合性翻译人才服务。

3. 实现翻译教学目标的途径

培养译者素养的翻译教学目标，为翻译教学指明了方向。而如何在有限的教学时间内达到最有效的教学效果是翻译教师正在思索和探讨的问题。为了达到翻译教学目标，可采取以下几种途径。

（1）重视理论研究

有些教师认为翻译教学最重要的一部分应该是实践，学生应该在大量的实践中积累经验，只要有时实践的积累就会有质的飞跃。各大院校也故意安排有实践经验的教师承担翻译教学课程，他们把自己的翻译经验和技巧传给学生，是学生受益匪浅。这是一种很好的教学现象。但是，在任何情况下实践都不能脱离理论的指导，没有理论的实践是盲目的。翻译学者指出翻译理论是对翻译规律的系统性的研究，翻译理论不是对翻译行为做出规定或者限制，而是引导翻译工作者能动地掌握和运用翻译的客观规律。理论的导向功能可使知识迅速转换为能力。经过理论知识的武装，学生的翻译实践活动也会事半功倍。当然，目前的翻译理论派别不一，种类繁多。比较有代表性的有语言学派、功能学派、阐释学派、解构学派等。教师在翻译教学中不能把所有的理论原封不动地推给学生，那样会使学生陷入混沌不清的理论混战中。教学应该具有选择性，教师要有针对性的介绍某些对学生有益的理论，使翻译理论教学具有实际意义。

（2）教学方法多样

目前我国大学教育，尤其是研究生教育没有设定统一的归化教材，各个学校可以根据自己的研究方向自行选定教材和安排授课内容。翻译教学也是如此，给教师留下了足够的发展空间和创新机会。要实现培养译者素养的翻译教学目标，教师在教材选择上要避免单一性，因为多维度的知识积累，有助于学生激发内在的潜力，全面发展。

此外，教师应打破传统的不断做练习、对答案的模式。我们要知道翻译没有绝对标准的答案。教师应该充分相信学生，让学生积极参与到课堂讨论中，让他们在不断的比较和探讨中获得新的认知。同一个文本在不同语境下评定标准是不同的，学生在讨论过程中兴许会发现自己的译本也有可接受性，从而信心倍增。而且，活跃的课堂气氛有助于师生之间的交流，有助于学生社会素养和道德素养的形成。

（3）培养学生主体意识

这里所说的主体意识是指作为译者来讲的主体地位。以前，很多人认为翻译工作简单机械，把译者看作翻译过程中最不起眼的组成部分。因为在大多数翻译文本中，尤其是非文学翻译文本中，人们都看不到译者的名字，从而忽视了他们的存在。

但近几年，随着翻译研究的不断深入，译者的主体性地位得到了确立。学者们认为译者作为语言的转换者在翻译过程中承担着很多重要的责任。通过教学教师要让学生懂得自己在翻译过程中的主体性特征。译者不是翻译过程的附属品，而是源文本向目的文本过渡的指挥者。译者的理解力和判断力直接决定着目的文本的走向。因此，翻译教学要帮助学生树立主体意识，把自己看作是翻译的主人，以积极健康的心态接受翻译任务。这种做法有助于培养学生的批判能力和创新能力。

新时期翻译教学的目标应该有所转变，应该从培养翻译能力提升到培养译者素养的高度。由于译者素养涵盖范围很广，属于非常复杂的系统工程，翻译教学面临着更加严峻的挑战。但是不管怎样，高层次的教学目标决定了高水平的教学结果。教师在教学过程中需要不断改进教学观念，善于采纳科学的教学理念，耐心和学生沟通，敢于进行创造性实践。翻译教学目标的确立有助于翻译课程的系统性和科学性，对翻译人才的培养起到积极的推动作用。

四、英语翻译教学发展策略

所以，如果把"四不"变成了"四要"，即考试要考，教材要编，教师要讲，学生要练，练好了语言基本功，学习了翻译方法和技巧，经过了大量翻译实践，毫无疑问，学生的翻译水平一定会得到很大提高。

1. 考试要考——四级新题型中翻译为必考内容

为适应我国高等教育新的发展形势，深化教学改革，提高教学质量，满足新时期国家对人才培养的需要，教育部高教司组织制定了《课程要求》。在此条件下，作为对我国在校学生英语能力是否达到《课程要求》的主要鉴定手段的大学英语四、六级考试也进行了相应改革，改革后，增添了翻译这部分的新题型，与以往作为四级考试备选题型之一的英译汉不同，新题型的翻译改为汉译英，增加了一定的难度。这种题型的考试形式是把句子补充完整，占卷面总分的5%。这充分说明在英语教学中对学生进行翻译技能的训练是十分必要的。因此在翻译教学过程中可适当选用四级考试的材料，也可结合四级考试中汉英翻译的要求进行教学，使我们的教学即为学生毕业后的进一步学习打下良好的基础，又能满足学生当前的需要，从而提高学生的学习积极性和学习效率。

2. 教材要编——大学英语教材中应多增翻译资源

目前，大多数英语教材中都编有英汉互译的句子以及段落，应该说教材已经为我们提供了基本的翻译练习机会和材料。但是以往有不少教师因为课时紧等种种原因或简单地作为课外作业布置给学生，或在课堂上简单地对一下答案，甚至直接用投影仪把答案放在屏幕上让学生自己核对，不作任何评讲和翻译技巧方面的指导。其实我们可以把它当作是培养学生翻译技能的一个重要手段。因为句子是人们表达思想进行交际的基本语言单位，具有相对完整的意思。因此，培养学生的翻译技能要从句子翻译开始。同时也要呼吁相关教育出版部门在教材中增加完善系统的翻译知识、翻译技巧，使师生能够充分利用教材资源，学有所依。

3. 教师要讲——将英汉对比法贯穿于英语教学中

任何翻译都和文化息息相关，语言是文化的重要载体。由于文化背景的不同使英汉语言各具特色，比如从地理环境、生活习俗、习性、宗教信仰、历史典故、思维方式等方面的差异，我们不难从中透视两种语言所承载的不同文化信息，同时领略和欣赏其各自不同的语言风格与浓郁的民族特色。因此，教师在翻译教学中要让学生对源语和译入语的文化做全面、透彻的认识和了解英汉两种语言的文化的主要差异，才能真正达到翻译的标准即"忠实和通顺"。

4. 学生要练——应当重视学生翻译能力的测评

考试要考，教材要编，那么教师和学生自然而然地要讲、要练。除了以上提到的教师在教学时，要注意结合翻译准备教学内容及方法，也可结合课文中的句型讲翻译技巧。学生的大量练习是不可或缺的重要环节，到后期可利用实际的技术资料等进行翻译练习，促使学生在实践中逐渐提高翻译水平。同时，各高校在测评非英语专业学生英语水平的过程中，应当重视翻译能力的测评。测试的方式可以多种多样，除了可以借鉴四级新题型中的汉译英填空题形式，还可以有段落翻译，英汉句子翻译，或者是组织几次翻译竞赛等。通过这些测评方式，不但可以提高学生对翻译技能的重视程度，还可以极大的提高他们对翻译的兴趣。

五、英语教学中进行翻译教学的有效方法与途径

1. 将翻译教学提高到一个学科的高度来对待

学术界已经达成共识，"翻译学应该是一门介于语言学、文学、符号学、美学、思维科学及一些现代学科之间的交叉性的边缘学科，它只能是一门独立的学科"。经过十多年的学科建设，翻译学已经初成体系，它主要包括理论和技巧两部分。我们在大学英语中进行翻译教学，一定要意识到翻译是一门学问，有其独立的学科体系，在对翻译理论和技巧加以研究的基础上，根据教学实际，有计划、系统地安排翻译教学，从而避免翻译教学的随意性和偶然性。这里必须强调的一点是，在翻译教学中既要重视翻译技巧，也要传授翻译理论。翻译技巧是人们多年翻译实践向学生讲授翻译的技巧，这对于初涉翻译的非英语专业的学生来说更容易接受，能够起到立竿见影的效果，增强他们对翻译的信心。但光学技巧是不够的，这是因为翻译技巧毕竟是他人经验的总结，只能告诉我们在某些具体情况下应该使用的技巧，只是部分情况，不是全部，因而很不全面，有局限性。实际上语言实践是千变万化的，有很多情况翻译技巧还没有也不可能涉及，并且翻译中有很多规律性的问题，如翻译的标准，如何提高翻译质量等，"技巧"是解决不了的，只能靠翻译理论来解决。

2. 深刻认识翻译教学特点和充分考虑英语教学的实际情况

关于翻译学，不同的学者从不同的角度有不同的看法，这里我们不必深究。但纵观他们的定义我们不难看出，翻译学是一门综合性的边缘学科，又是一门在基本理论指导的实践性很强的学科。翻译教学的主要任务是系统地介绍翻译基本技巧和理论，通过大量的翻译实践，提高学生语际转换的技能。翻译课要求学生有较好的双语基础，学生对两种语言基础知识和规律掌握的程度直接影响翻译教学的效果。

3. 将翻译教学和语言教学有机结合起来

英语教学大纲明确规定，英语教学目的是："培养学生具有较强的阅读能力，一定的听、说、读、写、译的能力，使他们能以英语为工具交流信息。"因此，英语教学应该使学生听、说、读、写、译等五项技能协调发展。由于翻译是学生日后工作中利用英语的主要方式之一，对翻译能力的培养显得尤其重要。广大英语教师应该将培养学生的翻译能力贯穿于英语教学始终，重视翻译教学。

第四节 以学生为中心的翻译教学

一、"以学生为中心"教学的概念

"以学生为中心"的教学是由于翻译教师仅作为知识的传授者和指导者的角色已远不能满足教学的需求，因此教师应通过多种途径突出学生的中心地位，形成课堂上的新型师生关系的一种教学模式。这种教学模式认为翻译是对两种语言的创造性运用，因此翻译活动应涵盖在交际框架下的语言活动、文化活动、心理活动等内容。这种教学模式重视英语翻译教育的发展趋势，特别重视翻译教学环境和学生作为教学主体这两个因素。由于翻译教学环境趋向于提倡、建立一种交际性的课堂教学形式，也就是要努力创建一种能培养学生独立开展创造性语言转换以及语言交际的环境，因此也就应该特别重视社会背景和文化迁移在翻译教学中的作用。此外，这种教学模式认为教师不应再被认为是翻译操练中的带头人、翻译材料的介绍人或译文好坏的评判者，而应在翻译教学的过程中，明确学生才是积极的创造者，而不是消极的接受者；要重视学生的不同个性、学习风格、学习策略以及在学习过程和学习内容上的学生智力因素。总而言之，以学生为中心的翻译教学就是要充分重视学生在学习过程中的积极作用，充分调动学生学习的积极性和自信心，要尽量让学生自己控制学习内容和方法，鼓励学生参与到教学活动的各个环节中来，鼓励学生更多地对自己的学习负责。

二、"以学生为中心"教学的特点

1. 教师引导，学生为主体

在传统翻译教学模式中，教师通常会处于相对的权威地位，所以人们常常可以看到教师在台上一板一眼地讲，学生在台下不停地记笔记，这也是一种"填鸭式"的教学方法。而"以学生为中心"的教学模式则要求实现教师角色的转移，也就是要将教师角色由主演转变为导演，从而更好地引导、辅助学生学习翻译；而将学生转变为主演，将翻译知识掌握并付诸实践。

2. 教师和学生融洽合作，教学突出实践

"与传统翻译教学模式'以教师为中心'不同,'以学生为中心'的翻译教学模式强调翻译教学过程中学生的主体性。认知理论认为,教学不是知识的'传递',而是学生积极主动地'获得'。"在"以学生为中心"的翻译教学模式中,教师与学生应形成积极的合作关系,也就是说双方应成为翻译教学中的合作者。

实行"以学生为中心"的教学模式并不代表教师失去权威性,而是仍要以教师作为课堂活动的引导者,采用多种途径突出学生的中心地位。传统的教学法一般是"以教师为中心"的教学方式,这种教学方式通常"将改错作为教学手段,将教师提供的参考译文作为翻译课的终极目标,不符合真实情况下翻译的本质特点,在一定程度上扼杀了学生学习翻译的主动性与创造性"。可见,传统的翻译教学方式由于过分依赖教师的主导地位,从而在很大程度上忽视了学生的主体地位,也就很难激发学生的积极性,学生不仅没有选择回答问题的权利,而且教师也很难把握及满足学生的真实需求。

"以学生为中心"的翻译教学模式,首先便是让学生在"译"中学习技能。同时,翻译是一门理论与实践相结合的课程,王鸣妹在自己的论文《如何改进英语翻译教学》中提出了"好的理论以实践中获得的材料为依据,好的实践又以严谨推断出来的理论为指导……"的观点。他认为学生在学习英语翻译的过程中要以理论为基础指导,通过大量的实践练习和与参考译文对比来更好地掌握所学的翻译技巧,从而进一步提高翻译能力。

正如黄青云在其论文《翻译观念与教学模式也应"与时俱进"》所说的一样:"新的现代教学理念认为,在翻译课上,是先鼓励学生去译,在'译'中学习。也正是因为学生在译的过程中,需综合运用原有的知识经验,查阅工具书以及其他相关资料。"所以,学生可以从新的角度去思考和考虑已学过的内容,并能有时间去理解这些理论和翻译技巧或方法,最终达到掌握相应知识和积累经验的目的。

3. 共同参与评价

"以学生为中心"的教学方式要求改变传统的以教师为主体的评价方式,并要实现评价主体多元化,组织学生间、师生间的自评和互评相结合的多层面评价。教师可以通过以下几个步骤来将评价权利完全赋予学生:

第一,教师应先将学生分成若干个小组;

第二,在完成一种翻译方法或技巧详解和示例后,教师应给学生们布置课前选定的相应翻译练习;

第三,学生完成练习之后,可以考虑进行小组讨论进而评选出能够获得小组成员共同认可的较好译文;

第四,教师检查完各小组译文之后,应对其分别加以评价,并指出这些译文中的翻译较好的部分和不妥之处;

第五,最后教师还应为学生提供参考译文,并鼓励学生指出其中可能存在的不足之处,进而实现师生共同探讨某种译法的效果。

学生可以根据英汉长句转换原则,将英语的"树状形"结构转换成汉语的"波浪形"结构,也就是将英语长句译成汉语的若干短句。如果认为参考译文翻译得比较拗口，通过探讨，可以得出较佳译文：

第一，利用火箭研究，人们证实了早就怀疑的一个奇怪事实，即大气层中有一个"高温带"，其中心在距离地面约 30 英里的高空。

第二，人们早就怀疑，大气层中有一个"高温带"，其中心在距离地面约 30 英里的高空。利用火箭进行研究后，这一奇异的事实已得到证实。

4. 重视学生独立翻译能力的培养

"以学生为中心"的翻译教学模式的目的是培养学生独立的翻译能力，而不是只教学生学会翻译某些句子或文章。这种教学模式重视翻译过程，旨在通过教师的指导，帮助学生学会如何理解原文，并且通过恰当的技巧来表达自己的译文。此外，为了树立学生的自信心，教师必须对学生的作业持积极的批改态度%

三、"以学生为中心"教学的活动安排

1. 开列阅读书单

由于翻译是一项实践性较强的活动，所以在翻译教学的所有阶段都必须重视实践练习环节，翻译课程安排更应以实践活动为主线。但也要重视理论指导实践的重要作用，因为如果离开了科学的理论指导，也就没有办法进行高效的实践活动。所以，为了帮助学生在较短的时间内掌握科学的翻译理论知识，教师向学生推荐阅读书单是一个很好的办法。教师可向学生推荐《翻译简史》《翻译理论与技巧》《中英文化习俗比较》等书籍，学生可以通过这种方式学会用普遍的原理来处理个别的实例，之后再经过老师的指点，就可以将实例接通到理论上去，做到真正的融会贯通。

2. 多进行笔译、口译练习，消除文化障碍

学习口笔译的学生要具备坚实的双语素养、丰富的文化知识和运用翻译策略的技巧。特别是在口译教学中，跨文化沟通认知对学习口译的学生十分重要。许多口译初学者在翻译过程中出现错译或误译，并非因为他的语言能力欠缺，而是因为他遇到了无法解决的文化障碍。所以，只有进行不断的翻译实践，才能消除可能出现的文化障碍。

3. 采用多媒体教学手段

由于语言运用是一种多感官的体验，可以通过不同的媒介或者不同的感官渠道传输语言信息，所以很有必要采用现有的多媒体技术进行英语翻译教学%目前很多的学术讨论会、记者招待会或者国际交流性质的互访宴会等都会采用同声翻译录像、光碟，在翻译教学中就可以利用这些录像、光碟，来创造模拟的现场效果，从而进行英汉或其他语言的互译实践。

四、"以学生为中心"教学的不足

"以学生为中心"的翻译教学模式并不是十全十美的，它同样存在以下局限性：

第一，如果同一组学生在一起讨论问题时间过长，一些学生的注意力就会逐渐开始分散，有时候他们会讨论某些个人的事情，忘记了正在讨论的问题。

第二，这种方式会助长部分学生的惰性，特别是那些经常处于中下水平的学生，他们会依赖

小组成员，而不去思考，他们常常只会等待其他人来回答，也就是说会造成"窃取他人成果"的现象。

第三，这种教学模式会让部分学生感到困惑，尤其是那些处理语言解码和语言编码能力较差的学生，这种教学方式会使他们对自己的翻译能力感到自卑。

第五节 翻译教学中应注意的事项

一、技巧知识传授与理论知识讲解相结合

大学英语的翻译教学大都以教授翻译技巧和翻译知识为主要内容。但是，如果教师能把翻译理论融会贯通在技巧和知识的传授中，则会有助于学生在翻译实践中学会独立解决问题，通过理论分析克服实践中遇到的困难，认识翻译活动的基本规律，尽快提高自己的翻译实践能力。就非英语专业课程而言，大学英语精读课中的单句或段落翻译练习是基础阶段综合训练的一个非常重要的组成部分。大学生有一定的英语基础，又有较高的汉语修养，如果教师能在授课中增加一定的翻译理论指导，对学生稍作点拨，便会收到事半功倍的效果。

二、翻译能力与其他能力的提高相结合

翻译教学是包括理解与表达的教学，涉及英语的理解能力和汉语的表达能力。对学生翻译能力的培养，不应只依赖单方面的翻译理论及相关知识的传授和技巧的训练。听、说、读、写、译五种语言基本技能不是孤立的，而是相辅相成的。所以在语言教学中，培养翻译能力还要从诸多方面入手，通过加强词汇和语法教学，夯实学生语言学习的基础；通过精听、泛听、精读、泛读训练增加学生的语言输入，为语言输出做好质量上的前提准备；通过加强中、西方文化的对比分析，培养学生语言学习和运用中的文化意识，提高文化素养。

三、阅读的"面"式教学与翻译的"点"式教学相结合

翻译教学与阅读教学有着紧密的联系。阅读和翻译对理解的要求不尽一致，对阅读的要求是理解准确率不低于70%，而对翻译准确率的要求则是100%。因此翻译教学以阅读教学为基础，翻译教学经常融于阅读教学中。在阅读教学中进行点式翻译教学，对于阅读教学的深化大有裨益。阅读教学中一部分学生不求甚解，对难句、关键句或难度较大的段落含义不甚清楚，因而要通过翻译表达的反作用，加深学生对原文的理解，进而完全消化吸收。翻译教学有机地融于阅读教学过程中，作为阅读教学过程的一个环节，也将传统的语法翻译教学法与现代的交际教学法有机结合起来，使之相得益彰又各取所需。

四、英语理解的准确性与汉语表达的审美性相结合

尽管大学英语翻译的教学和测试标准主要是考查学生的准确理解力，但表达的问题也不可忽略。表达水平直接反映对原文理解的程度和翻译的质量。理解的程度只有凭借表达，才能得以显现。虽然大学英语教学对翻译教学在语言形式上要求并不很高，但翻译作为一种语言活动必然涉及审美问题。在翻译过程中，审美意识是一种积极主动的心理活动。对翻译语言进行美学上的评

价和欣赏，必须把语言所表达的思想感情内容与语言形式统一起来，把语言表达与交际语境统一起来，才能对文本语言做出恰当的审美判断并获得美感。语言审美包括语音、文法、修辞等方面。在翻译教学实践中，学生自身因忙于做抽象的词义及语法分析而忽视语言审美，教师需要在讲授翻译知识和技巧时，注意唤醒学生的审美意识，引导学生在理智分析语义的同时，联系具体语境中的语言形式、交际场合、交际目的等诸多因素，进行具体或整体的感性理解。要说明的是，大学英语翻译教学毕竟不同于其他类型的翻译教学，审美意识的渗透和培养要适时适量，不可喧宾夺主。翻译教学作为大学英语教学的一个重要组成部分，应当予以充分重视。本节简要分析了翻译教学中的一些现存问题及应注意的几个环节。另外，教师应更深入地钻研教材，更合理地设计教学方法，学生也应端正对翻译的学习态度，积极配合教师，扎实、勤谨地进行翻译练习和实践，以达到教学互动、教学相长之境界，使自己的实际翻译能力和水平得到实质性提高。

翻译理论的重要性更体现在它对翻译实践的指导意义上。古人云："凡事须由其途，得其法，方能终其果。"英汉互译自然也需要科学理论的指导，此处的理论其实就是翻译实践的必由之路和原则法度。"翻译实践水平的提高，不能依靠提高劳动强度，只能依靠与自然科学和社会科学水平相适应的理论指导。"翻译理论的启蒙性、实践性与指导性不容我们忽视对其基本理论的传播。另外，翻译理论也能促进翻译教学水平的提高。深刻参透新的翻译理论，必然会拓展教师的专业视野，丰富教师的专业知识％这些新的理论经由教师的筛选，融入翻译教学，进而指导学生的翻译实践，必将更快、更有效地为国家培养翻译人才。

第六节 翻译理论在翻译教学中的实践应用

一、关联理论与翻译

1. 关联理论

语用学家斯伯博（Sperber）和威尔森（Wilson）综合认知科学、语言哲学和人类行为学的研究成果创立了关联理论，不仅在语用学界反响强烈，对语言学、文学、心理学、哲学等领域也产生了一定影响，对翻译研究也同样具有积极的意义，他们的学生格特（Gutt）运用关联理论对翻译进行了专门研究，并在《翻译与关联：认知与语境》一书中进一步发展了关联理论，阐述了他对翻译研究的启示，提出了一种全新的关联翻译理论，为翻译研究开辟了新的领域。

关联理论认为，若文本话语的内在关联性很强，则读者在阅读中无需付出太多推理努力，就能取得好的语境效果（语境含义或假设）；反之，若文本话语的内在关联性很弱，则读者在阅读过程中需付出较多推理努力，才能取得好的语境效果。从文本的创作或翻译看，好的文本或译本并不是要向读者提供最大的内在关联性，而是要提供最佳的内在关联性。从文本或译本的解读看，读者理解话语的标准就是在文本话语与自己的认知语境之间寻求最佳关联，而不是最大关联。这里的最佳关联就是用最小的推理努力，取得最大的语境效果。文本的内在关联性往往与文本的创作意图、社会功能、写作风格和文体色彩等有关。例如，以信息功能为主、含义单一明确的实用文体，往往提供较清楚的内在关联性，读者很容易直达其意；而意境深远、蕴含丰富的文学作品，其内在关联性较为含蓄，为读者留下丰富的想象和推理空间。但无论文本的文体、风格或功能如何，都应该设想为读者提供最佳的内在关联性，才能使读者从文本话语中获得最大语境效果。

关联理论是以认知和交际为基础的。在关联理论中，关联性被看作输入到认知过程中的话语、思想记忆、行为、声音、情景、气味等的一种特性。语境则是一个心理结构体（psychological construct），它存在于听话者头脑中的一系列假设（a set of assumptions），包括：

第一，上下文，即在话语推进过程中明白表达出来的一组假设；

第二，会话含意（conversational implicature），即按照语用原则推导出来的一组设；

第三，百科知识，即涉及上述两类假设中相关概念的知识或经验。

任何一个交际行为都是明示一推理的过程。听话人为了理解说话人的意图，必须根据关联理论把对方具有最佳关联性的言语刺激以及当时的交际情景当作信息输入，并从记忆中提取相关的百科知识与之匹配（即做出语境假设），在大脑中枢系统中采用演绎规则对它们进行综合加工（付出一定的努力），最终获得语境效果。因此，话语理解的过程就是通过语境进行推理的过程。翻译的本质也是一种言语交际活动，原作作者与译者构成交际双方，译者和译语读者（接受者）又构成交际双方。原作中的每一个语句、每一段话语对译者而言即是明示激，这种明示激明示性话语就是一语，译者在这种言语刺激作用下，就会激活其认知语境，利用词汇知识、逻辑知识及百科知识寻找关联，进行推理，推导出作者的意图，进而理解原文。另外，译者要将自己的理解传达给接受者，就要调用译入语方面的认知语境，尽量将原作内容和形式忠实地表达出来，使译文符合接受者的期待。

关联理论认为语境不是在话语生成之前预先确定的（contexts not seen as fixed in advanco of the utteranco），而是听话者在话语理解过程中不断选择的结果，它会随着交际过程的发展而不断发展和变更％语境是一系列假设，是一个大范围的概念，在话语理解的过程中也使那些最为相关的语境被激活，通过推理做出判断。要使交际成功，就要寻找话语与语境之间的最佳关联，也就是要找到对方话语同语境假设的最佳关联，通过推理推断出语境暗含，最终获得语境效果。制约相关性的两大因素就是语境效果与推理努力，语境效果大，推理时所付出的努力小，关联性就强，反之亦然，由于认知语境是因人而异的，对同一话语的推理往往也有不同的暗含结果。比如在朋友家聊了一段时间后，起身准备离开，这时天正下着雨，朋友说："在下雨呢。"如果朋友是坐着说这句话，根据已有的认知语境，即"下雨时主人常留客人"，结合朋友的话便可以得出结论：主人要留客人。但是，如果朋友一边递给客人一把伞，一边开门说这句话，客人就要调整认知语境，搜索有关的信息：朋友大概有事，主人为客人开门常有送客之意，下雨出门可以打伞。根据这一组信息，结合朋友的话，就可以推出结论：朋友至少不反对客人离开。因此，话语理解的过程实际上就是不断激活相关语境，寻找关联，进行推理的过程。

翻译的本质是一种交际活动，译者扮演着信息输入（对原作的理解）和输出（言语产出）的双重角色。不同的译者有着不同的认知语境，同一个译者处在不同的时间、地点也会有不同的认知语境。在翻译过程中，译者必须依赖语境，从原作的言语或语句的刺激中寻找最佳关联，再把这种关联传递给译语读者，也就是说译者把自己的理解传递给译语读者，由于译者的认知语境是动态的，加上不同语言构成的语篇或文本受不同语义、文化等诸多因素的制约，译文不可能完全对等于原文。也就是说，翻译是动态的、波动的。

翻译的本质是一种交际活动。译者必须从原作的语句刺激中寻找最大关联，通过认知语境进行演绎推理，识别作者的交际意图，进而用正确的语码传递给接受者。译者只有在原语和译语之间找到它们最大的语义和语用关联时，才能使译文最大限度地趋同于原文。因而，笔者认为翻译的趋同可分为语义趋同和语用趋同。

语义趋同指在语言形式和规约意义（conventional meaning）上的趋同，语用趋同则指在内容和隐含意义（implicature）上的趋同。规约意义的识别受语境的干扰较小，而隐含意义的识别必须借助语境进行推理才能实现。翻译中，译者必须依赖语境，寻找关联，通过推理识别作者的交际意图，并对接受者的认知语境做出正确的假设，选择适当的译语，努力使原作作者的意图与译语读者的期待相吻合。翻译的本质是交际的、语用的。因此，质量好的译文必须兼有语义趋同和语用趋同，仅有语义趋同，有时译文可能传达不出原作的意图，变成"曲译"或"死译"。

2. 关联理论在翻译教学中的作用

关联理论对翻译教学有很大启示，它首先告诉人们，要翻译，先要理解原文。根据关联理论，要准确无误地理解原文的语境，根据语境做出认知假设，找出原文与认知假设间的最佳关联，从而理解原文语境效果。寻找关联要靠译者的百科知识、原文语言提供的逻辑信息和词语信息。因此，寻找关联就是认识推理的理解过程。更为重要的是，翻译是作者—译者—读者三元关系，原文作者和译者的认知环境不同，作者力图实现的语境效果同译者从原文和语境中寻找关联而获得的语境毕竟是两回事。这样一来，原文信息和译文传达的信息就不可能完全对等，翻译只能做到"达义""对体""求形"。所谓"达义"，就是正确地表达原文的意义，意义是交际的核心内容，意义的篡改、歪曲，谈不上是在翻译，只有准确无误地表达原文的意义才是翻译的首要任务。无论是明说还是暗含，意义的语码转换是可行的。"意义"包括两方面的意思，一个是"意"，一个是"义"。"意"是指意图，原文作者的意图，翻译就是译意。如上文中的例子，有人因不知道 eat no fish 和 play the game 分别是典故和习语，而按字面译成#他一向不吃鱼而且经常玩游戏"。其实 eat no fish 出自一个典故，指英国伊丽莎白女王时代，耶稣教徒为表示对政府忠诚，拒绝遵守反政府的罗马天主教徒在星期五只吃鱼的习俗。

二、认知语言学意义观与翻译教学

1. 认知语言学意义观

传统的意义观主要包括指称论、使用论、行为主义论、真值条件论、概念论、成分论。这些意义观是四种主要语言学范式的意义观的具体体现，即传统哲学、对比语言学、结构主义语言学和转换深层语法。这四种语言学范式虽有其不足之处，但都属于客观主义语言学范畴。客观主义语言学对于意义的核心观点是语言是对现实世界的直接的镜像反映，意义来自语言本身，现实世界可以通过语言的意义得到准确的理解％由此得出描述同一场景的不同表达具有相同的意义，因为它们反映的是同一场景，如同一源语表达"玛丽把杯子打破了"既可以翻译为 Mary broke the cup，也可以译为 The cup is broken by Mary，因为两种译文反映的都是"玛丽把杯子打破了"这一场景。

然而，认知语言学则与客观主义语言学持明显不同的观点，它认为意义不是来自语言本身而是来自对体验的理解。语言仅仅只是起激活意义的作用，语言与意义之间是导引与被导引关系。而意义就是概念化。具体地说，意义存在于人们的大脑中，而不是语言中，语言的作用只是激活意义和其所属的概念框架。意义或概念化存在于现实世界和概念结构之间的人类认知过程的结果，而认知过程是指人类识解现实世界的过程。因此，意义或概念化是人类用识解方式感知和体验现实世界过程的识解结果，每一层意义不仅包括具体的概念内容，还含有相应的识解方式。语言意义应该由概念内容和识解构成，一种有挑战性的意义观尤其不能忽视后者，由此可知，能够激活相应概念框架中的某一意义的表达必定反映隐含在意义中的某一识解方式。换句话说，某一具体语言构造的使用事实上赋予了所构造的场景某一具体的意象。因此，根据认知语言学的意义观，可断定上段中所给出的例子中的论断是不合理的：尽管"玛丽把杯子打破了"的两种英文翻译可以激活同样的概念内容，但是译文 The cup is broken by Mary 不能激活与源语表达一致的识解方式，因此改变语表达的意义。

另外，为了说明认知语言学的意义观，句子尤其是被动句常常用来作为说明例子。在此，必须指出这一做法大大局限了普通读者对认知语言学语义观的理解，甚至会使其误认为认知语言学语义观只适用于句法层面，事实上，词汇和句法都可用来例示这一意义观，因为两者之间没有明显的区分。

2. 认知语言学意义观对名词翻译教学的启示

在具体名词翻译教学过程中，教师首先需结合认知语言学意义观探索出具体的名词翻译原则，然后在此原则的指导下以引导的方式与学生探讨具体名词的翻译。

如上所述，意义由概念内容和识解方式构成，译者在用某一名词激活某一意义的同时也是在选择某一意象、构建某一场景，而翻译的性质又是在目的语中再现源语的意义。据此，可以认定翻译名词的原则，即名词翻译应该以认知意义为导向，即意义的概念内容和识解方式都应该在目的语中再现。然而，词本身所具有的特点使得这一名词翻译准则的具体实施困难重重。首先，与句子相比，词虽与句子构成一个连续体，两者没有明确的界限，但是词在结构上比句子稳定，而句子较灵活，更具有兼容性以及词无法可及的优点。比如英语句子 His disappointed feelings became the object of her compassion，孙致礼就充分利用句子的灵活性，把其译为"他的沮丧情绪也引起了她的同情"。显然，原句的意义在译文中得到了很好的再现，因为原句的识解方式和概念内容在目的语中得到实现。然而，如果根据本文所提出的翻译原则把名词 paperclips 直接译为"纸针"的话，其后果可想而知，虽然原词的识解方式在目的词中得到再现，但是人们无法理解"纸针"为何物。另外，人们所涉及的名词都已经深深扎根于汉英两种语言中，因为这些名词所指称的名词性概念主要来自人类所共有的基本领域，如衣食住行，这就意味着这些概念汉英两种语言都存在并且都有自己约定俗成的词汇表征。因此，如果按照上述翻译原则把汉语名词直接翻译到英语里，结果就会是：虽然原词所激活的概念内容和识解方式在英语里得到体现，但有可能在英语里无法激活与在汉语里一样的概念，甚至会导致误解，反之亦然。因为汉英两种语言在概念化同一实体时所采用的识解方式完全不同，自然无法激活同一概念。如"床头柜"，如果根据上述翻译原则把其译为 bed-head cabinet，就很有可能在英语读者头脑里激活的是像衣柜那样的实体，而不是摆在床边的小桌子。因此，以上提出的名词翻译原则只是描述了一种理想状态，考虑到原语意义的成功传递和目的语读者的理解两个因素，名词翻译原则应进一步修正为：在翻译名词时，译者首先应该尽量在目的语中再现源名词的概念内容和识解方式，若无法达到两者的同时再现，译者应该舍弃源名词的识解方式，而选择与目的语一致的识解方式。基于以上观点，以下将探讨概念共享情况下的名词翻译教学及概念缺失情况下的名词翻译教学。

第一，概念共享下的名词翻译教学。汉英在词汇表征同一名词性概念时存在两种情况。第一种情况是同一名词性概念在汉英两种语言中都有词汇表征，且汉英词汇表征体现相同的识解方式。这种情况的名词翻译策略为：如果源名词所表征的概念为汉英两种语言所共有，且在目的语中由体现相同识解方式的词来表征，那么源名词所激活的概念内容和识解方式都应在译文中体现出来，如概念 BOOKSHELF 在汉语里词汇表征为"书架"，该词体现了功能视角识解方式，即该词所表征的实体是用来放书的。而在英语里，该概念词汇表征为 bookshelf，其所激活的识解方式与"书架"一样。因此，英译"书架"时，其所激活的概念内容和识解方式都应在英语中得到再现，翻译为 bookshelf。由于这种名词翻译方法沿用了源名词的识解方式，所以笔者把其命名为传承法。第二种情况则是名词所表征的概念为汉英两种语言所共有，但在两种语言中分别由其约定俗成的词汇表征，即源名词所表征的概念为两种语言所共有，但目的语中表征此概念的名词体现不同的识解方式。由于两种语言采用了不同的识解方式，如果硬要在目的语中再现源名词的概念内容和识解方式，其结果只会是在目的语读者头脑中无法激活同一概念内容。因此，为了激活同一概念内容，只有舍弃源名词的识解方式以适应目的语中已经存在的识解方式。

第二，概念缺失下的名词翻译教学。以上主要在阐释翻译性质和认知语言学意义观的基础上提出了名词翻译原则，并在此原则的基础上提出概念共享下的名词翻译。用这种翻译来概缺失情况下的名词翻译，以期能为以后相关名词翻译提供翻译依据，并为评价已有的名词翻译提供评估标准，概念缺失是指源名词所表征的概念是源语所独有的，在目的语中不存在这一概念，这种情况下的名词翻译方法则为传承法和参照法的结合，即参照与原概念所在的原框架相似的目的框架中相关概念的识解方式，然后决定是否传承源名词所激活的识解方式。例如"毛笔"所表征的概念是汉语所独有的，英语则无此概念，但是英语中有 QUILL PEN（羽毛笔）、STEEL PEN（钢笔）和 LEAD PEN（铅笔））概念，其与源名词所表征的概念处在同一框架下，即 PEN（笔）框架。那么翻译"毛笔"时，就需参照原概念的识解方式。如果原概念的识解方式与相关目的概念的识解方式一致，那么原概念的识解方式就在目的语中得到传承。

翻译是指在目的语中再现源语的意义。根据认知语言学的意义观，意义就是概念化，由概念内容和识解方式构成，在此基础上，人们提出了名词翻译原则：在翻译名词时，译者首先应该尽量在目的语中再现源名词的概念内容和识解方式，如无法达到两者的同时再现，译者应该舍弃源名词的识解方式，而选择与目的语一致的识解方式。在该翻译原则的指导下，人们提出了名词翻译的三种策略，即传承法、参照法以及传承参照结合法。传承性翻译策略是指源语名词所表征的概念为两种语言所共有且此概念在目的语中也体现相同识解方式的词汇，翻译时源语名词所表达的概念与体现的识解方式在目的语中同时获得再现。参照性翻译策略则指源语名词所表征的概念为两种语言所有，但源语名词表达的概念在目的语中是以不同识解方式得以表征的，翻译时则采用符合目的语识解方式的词语。传承参照结合法则指参照与原概念所在的框架相似的目的框架中相关概念的识解方式，然后决定是否传承源名词所激活的识解方式。

3. 翻译教学中认知语言学的意义观与译者主体性

传统意义观根植于客观主义，认为意义是客观存在的，每个句子都有一个客观意义，这个意义并不关乎任何一个人，而是独立存在的。而现代意义观的哲学基础是经验现实主义，认为没有独立于人的认知以外的所谓意义，语言符号不是对应于客观外部世界，人的认知参与了语言的意义和推理。因此，人们说意义不能独立于人的认知以外而存在，而这也同样适用于隐喻的意义。王寅在分析隐喻的工作机制时认为，同一种语言和文化中的交际双方共享的语境知识、文化因素、常规模式等因素是隐喻得以实现其交际价值的基础。

在的可能，才会具有生命力。但是他同时指出人的认知能力是有差别的，这会导致对隐喻理解的偏差，从跨文化交际的翻译角度来说，这种偏差是大量客观存在的。不同文化背景的目的语读者能否通过翻译来感知到源语中作者要表达的隐喻意义，无疑是检验翻译质量的一个重要标准，翻译是一种语际交流，是一种跨文化交际，也是意义通过译者从作者向目的语读者传递的过程。传统翻译观认为译者居于从属地位，是原作者和读者之间的隐形人。解构主义颠覆了这一想法，认为译文不再是原文的附庸，从此，译者在作者和读者间逐渐开始显露其存在和作用。

20 世纪 70 年代翻译界出现文化转向也在一定程度上凸显了译者的主体性。"译者从被动、从属的地位中解放出来，享有翻译主体的充分自由，使平等对话与创译成为可能，译者也因此能突显个人的意志，张扬个性，发挥译者的主观能动性。"但是谈译者的主体性并不意味着译者可以任意妄为。译者的主观能动性必须是建立在客观文本的基础之上的，也必须以译者本身的认知结构为依托，并体现作者的认知结构和对目的语读者认知能力的预测。无论译者在翻译过程中体现怎样的个人意志，采取怎样的翻译策略，译者主体性所起到的作用最终还是为传达意义，即为跨文化交际这一目的服务的。也就是说，译者既要面对原作者、原作，又要面对读者，考虑到读者在自身文化中的接受能力。宗教词汇隐喻的翻译对译者提出了较高的要求，译者需以传达意义为目的，力求在源语和目的语以及两种文化之间取得完美的平衡。

三、认知语言学翻译观与翻译教学

1. 认知语言学翻译观

认知语言学的翻译观认为，"翻译是以现实体验为背景的认知主体所参与的多重互动作用为认知基础的，读者兼译者在透彻理解源语语篇所表达的各类意义的基础上，尽量将其在目标语言中表达出来，在译文中应着力勾画出作者所欲描写的现实世界和认知世界"。认知语言学的翻译观强调体验和认知的制约作用，重视作者、作品和读者之间的互动关系，追求实现"解释的合理性"和"翻译的和谐性"。认知语言学建立在体验哲学的基础上，用认知语言学的视角去审视翻译，相比传统的以文本为中心的翻译观和传统语言学的翻译观，它突出了主体认知活动在翻译中的表现。这是有关翻译活动的一个本质现象，却一直以来在翻译研究中未能得到足够的重视。同时，相比解构主义、阐释学和文化学派的翻译观等强调译者（即解构者或阐释者）本身的视域、经验和立场等主体性因在翻译活动中的，知语言的翻译观提出体和知体性因素的制约作用。

认知语言学的翻译观一方面承认认知活动对翻译的决定作用，即译文是体验和认知的结果，一方面又指出译者作为认知主体之一应受到其他参与翻译活动的认知主体间互动的制约，翻译时应"创而有度"，而不是"任意发挥"，因而它是一种追求平衡的翻译观。换言之，认知语言学的翻译观承认并描述了认知活动在翻译为中的客观在；它既是看待翻译活动的一种新的整合性视角，又从认知的角度提出了翻译活动的标准。鉴于翻译教学的对象是未来的译者，而认知语言学直接关注译者认知活动的过程，强调主体的体验性和创造性，重视认知所产生的结果，笔者认为用认知语言学的视角去审视当前的翻译教学，将会有助于翻译研究者和教师在与翻译教学相关的一些问题上有新的发现，如课堂教学的具体目标、模式，翻译教材的选择和使用的标准。认知语言学的翻译观可以为翻译教学提供一种有效的理论模式和支持，以下将以认知语言学翻译观为指导，具体探讨文化意象的翻译教学问题。

2. 认知语言学翻译观对文化意象翻译教学的启示

在具体文化翻译教学过程中，教师首先需结合认知语言学翻译观探索出具体的文化翻译模式和文化意象翻译模式，然后在两种模式的指导下以引导的方式与学生探讨具体的文化意象词的翻译。

第一，对文化翻译模式的启示。一个社会的文化是这个社会成员所共有的。它的形成建立在社会成员对客观世界的体验的基础上。为此，它必然与其他文化在某些方面具有相似性，这使得不同文化间的交流和翻译成为可能。在当今的跨文化交际中，译者是文化间的协调者。

在体验客观世界的过程中，团体成员不是镜像直接反映外部世界，而是与外在世界互动。互动要求人类充分发挥其主观性来识解现实世界。同时，也是由于人的主观性，使得其识解结果存在差异性。也就是说，在感知同一认知对象时，人们由于自身体验的差异性，会有不同的认知结果。文化当中的这种差异性充分体现在文化意象中。

第二，对文化意象翻译的启示。传统上，异化与归化是翻译文化意象的两种主要的翻译策略。韦努蒂认为，异化翻译指通过打破目的语中惯用文化编码以保留外语文本的异域性。这意味着在进行文化意象翻译时，源文化意象应该保留在译文中，尽管这可能违背了目的语的文化编码。显然，异化翻译策略只考虑了源文化或作者的因素，而没有考虑目的语文化或读者的因素。然而，归化策略恰好与异化策略对立，它主张翻译中采用符合目的语表达规范的自然流畅的语言风格，最大限度地淡化原文的陌生感，尽可能使原文所表达的世界与目的语文化读者的世界相近，使作者靠近目的语读者。这种翻译思想在奈达主张的"动态对等"或"功能对等"观点中得到充分体现。奈达指出动态对等翻译旨在达到表达的完全自然性，并试图把接受者与其自身文化语境下的相关行为准则联系起来。在进行文化意象翻译时，就意味着源文化意象应该被消除，因为其对于目的文化来说具有异域性，违背了目的文化的行为准则。显然，归化翻译策略只关注目的语文化或目的语读者的因素。因此，可以说归化和异化翻译策略都具有片面性，它们相互排斥，是两种极端的做法，都不适合当前跨文化交际环境下的文化意象翻译。然而，认知语言学的翻译观在某种程度上弥补了这种缺憾，提出了翻译的和谐性。为了实现文化意象翻译的和谐性——文化意象的有效传递和理解，作为文化协调者的译者必须进行翻译中各个因素之间的互动，即要充分考虑源语文化、作者、目的语文化、目的语读者因素。根据翻译的认知语言模式二，译者以其个人经验或百科知识为基础，首先需要识解源语文化意象。而要感知源语文化意象，作为协调者的译者还必须了解文化意象的基础，即源语文化，但是一个文化意象在一种文化中可能有几个相似或不同的含义。这就需要译者通过与源语语境或作者意图进行互动以推敲出某一具体文化意象的"独立于语境的原型含义"。比如，在中国文化中，文化意象"龙"有"神圣""权威""高贵的性质""成功""能力""雨水"等相似或不同的文化含义。译者就需要通过识解具体的语境和作者的意图来确定"龙"的具体含义。如"望子成龙"中的"龙"就应该识解为"成功"或"能力"。又如文化意象"竹"，在中国文化中有"事情发展得很快""正直的性格""冷静的心态"等文化含义，如中国著名诗人欧阳修的诗句"竹色君子德，猗猗寒更绿"的"竹"就应识解为"正直的性格"这一文化含义。另外，译者应该与目的语文化或读者互动，必须考虑如何使用符合目的语文化编码和语言规则的语言来表达其识解结果，从而使目的语读者较容易地理解译文。译者作为文化的协调者，应该思考采取什么样的方式既能有效地在译文中传递源语文化意象和含义，又能便于目的语读者的理解，从而促进源语文化与目的语文化之间的有效交流，最终实现翻译的和谐性。

根据上文对异化翻译策略、归化翻译策略和认知语言学翻译观的探讨可知，异化和归化这两种翻译策略应该在翻译中适当地结合，两者应该是可相互兼容的组合关系而不是相互排斥的聚合关系。人们把这种处理方法叫作"融合"策略，即文化意象翻译的"融合"策略。

第三，案例分析。基于以上所论述的文化意象翻译的"融合"策略，教师可结合一些典型的文化意象词来探讨文化意象词的具体翻译。在具体翻译过程中，教师在文化意象翻译模式的指导下，先引导学生去分析该文化意象词在源语文化中的文化含义，然后引导学生去分析目的语文化中在表达同一含义时是否使用相似的手段。如果不是，就要提示学生采用"融合"策略思想思考出既能体现源语文化含义又能便于目的与读者理解的具体翻译方法。

例：

a. 她是我们学校的林妹妹。

b.Poor Charlie!Of all the girls in the world, he should have fallen in love with the daughter V a Judas!

原文 a 中，众所周知，"林妹妹"是中国四大名著之一《红楼梦》中的女主角。这一人物以其多愁善感和精致的美而出名。在中国文化中，提到"林妹妹"这一文化意象，人们就自然会联想到多愁善感和精致美的特质。但是英语文化环境中没有这一意象，如果译者根据异化翻译策略直接将例句 a 译为：She, in our school, is called Cousin Lin. 目的语文化中的读者将无法理解"Cousin Lin"究竟指的是什么，如果对方不能理解，那么文化传递和促进双方文化交流将无从谈起。根据归化翻译策略，可以这样翻译：She is famous for her sentimental and delicate beauty in our school。毫无疑问，这一译文符合目的语的表达习惯，也便于目的语文化读者的理解，但是"林妹妹"这一文化意象在译文中消失殆尽，结果也没有达到传递文化意象和促进文化交流的目的。

四、言语行为理论与翻译教学

言语行为（speech act）早在20世纪50年代就是语言哲学家的研究对象。所谓言语行为指人们为实现交际目的而在具体的语境中使用语言的行为。言语行为并非"言语的行为"，而是一种交际活动，涉及说话者说话时的意图和他在听话者身上所达到的效果，即言语就是行为。言语行为理论的创始人是英国哲学家 Austin。他设想了言语行为的三分说：言内行为（locutionary act）、言外行为（illocutionary act）及言后行为（perlocutionary act）。

言内行为指的是"说话"这一行为本身，即发出语音，说出单词、短语和句子）。这一行为本身不能构成语言交际。言外行为是通过"说话"这一动作所实施的一种行为，如传递信息、发出命令、问候致意等。言后行为指说话带来的后果，即说话人说出话语后在听话人身上产生了哪些效果。例如，"我饿了"这一言语行为，其言内行为就是说出这三个字；言外行为是实施说话人的一种"请求"行为，请求听话人能提供一些食物；对方提供食物与否就是言后行为。在这三种言语行为中，语用研究最感兴趣的是言外行为，因为它是同说话人的意图一致的。说话人如何使用语言表达自己的意图，听话人如何正确理解说话人的意图是研究语言交际的中心问题。

1. 理解原文的内涵

翻译是一种跨语言、跨文化的交际行为。根据认知语用学的观点，要确定话语意义，就必须充分考虑说话人的意图或语用用意、交际场合以及听话人的背景知识、信念、态度等语境因素，而语境因素往往又不止一个，它"可以是语言语境（上下文），也可以是具体语境（交际场合），也可以是认知语境（记忆和知识结构）"，说话人正是通过这一系列语境信息来传达他意欲表达的话语意义。从言语行为角度论述翻译，就是要求译者正确领会原作者的主观意图，教师要使学习者认识到，翻译绝不仅仅是一种从原作到本族语的转换。根据言语行为理论，译者在翻译过程中，不仅要理解原文的字面意义，更重要的是要弄清原作者的真正意图，同时根据不同的交际情景、文化传统、社会条件、思维方式、语言结构和表达方式等有的放矢，才能译出精品佳作来。

例：It seems to me what is sauce for the goose is sauce for the gander.

对这句话，译者如果不懂得其内在含义就很有可能译成"我觉得煮鹅用什么酱油，煮公鹅也要用什么酱油"。对这一译文，读者会感到莫名其妙，不知所云。译者若能透过表层理解深层意义就可译为"我认为该一视同仁"，从而将作者的原意清楚地表达出来。

例：Do you think he has it in him? 你认为他干得了吗？

in him/in her/in them 中的 in 常表示"有能力做什么"而不是"有什么"。

例：The study room had a Spa/an look.

2. 翻译时注意言外之意

翻译最主要、最根本的任务是再现原文的意义。美国翻译理论家奈达说："翻译就是翻译意义。"可见，意义及语用意义是翻译的出发点和归宿点。由于他设计了两种语言的语用原则，推导出原文所示的言外之意并使译文读者理解这一言外之意，使两种不同的语用意义的差异得到沟通、融合。

教师在教学时，要让学生了解不同文化内涵及其言外之意。英语和汉语之间有着由人类共性所决定的语言共性，这是英汉语之间得以互译的前提。但英汉语言分属于两种截然不同的语系，两种语言在语音、词汇、语法、语义等各方面差异很大。尤其是两种语言根据其语法关系的习惯用法表现在句子结构和表达方式上存在很大的差异，正是这种差异给两种语言的顺畅互译带来了障碍。如 American education owes a greet debt to Thomas Jefferson，学生原译为：美国教育大大归功于托马斯·杰弗逊。指导后译为：托马斯·杰弗逊为美国教育事业做出了巨大的贡献。学生缺乏对英汉思维差异的了解，过分拘泥于原句的框架结构，导致汉语译文并不十分通畅。在教学中，教师适时地指导学生对两种语言的异同进行对比，增强他们对英汉语言差异的理性认识，力求引导学生在语言学习中自觉探寻并逐步掌握两种语言相互转换的基本规律，掌握英汉互译的基本原理知识和常用技巧，以便有效地指导自己的翻译实践，提高自己的翻译能力。

3. 英汉语义对比的重要性

翻译即译意，对语义的研究无疑很重要。在很多情况下，处于不同语言文化中的人对同一客观事物的反应是相同的，用以描绘这个事物的语言在语义上也没有差异％中国人所说的电视机和英语中的 television 是完全对应的，没有其他附加的文化色彩，这类表示实体的词比较容易翻译。因为在英汉语言中，这些词的指代十分清楚，没有文化上的差异可言。但有些表示概念或抽象的词，其核心语义在英汉两种语言中没有大的差异，但所附加的文化含义却有很大不同。例如，西方崇尚自由，中国强调纪律性，因而英语中的 freedom 和汉语中的"自由"在文化意义上有很大不同。propaganda 在英语中有贬义，而"宣传"在汉语中却是中性词。有时，英汉两种语言中，词的指代完全一样，文化含义却截然相反％如 Red China 在英文中含有负面意义，汉语中"红色中国"则是褒义。翻译过程中，在不同语言之间找对应词实际上会很困难，即使找到了最接近的词，也不见得是真正意义上的对应，不过人类不得不借助词这个媒介来进行交流，所以用词语的人即使知道所用之语和现实所指并不完全一致，也只能使用那个词。

教师在讲授翻译的过程中，选择一种易为学生所理解和接受的分类进行介绍，帮助学生掌握辨别语义的方法，为正确理解源语、借译语之辞达源语之意打下良好基础。英汉语义的对比还将有助于增强学生的预见性。例如，英语词义灵活，含义宽泛；汉语语义固定，严谨精确。那么，语言习得（无论母语还是外语）过程中，就要预先留意英语词义的适应性，把握其精神，而非英汉字典给定的字面意义，唯有如此，才能为日后的汉英翻译打下词汇基础。换言之，只有全面洞察语言的显性意义和隐性意义，在翻译的表达阶段才不至于"词"到用时方恨少，最优化的表达法才能信手拈来，这一点再好的双语字典也望尘莫及。

在翻译实践中，为准确把握原语语义开辟新的路径，例如，汉译英时，透过汉语松散的结构，识别语义间的逻辑关系，英译汉时，则可以深刻挖掘英语词序、曲折变化以及功能词所传递的信息；为强化译者的译语意识打下理论基础，在此基础上，译者才会自觉抵制原语影响，选用符合译语表达方式的文辞或句式传译原语信息。

五、语篇分析理论与翻译教学

1. 语篇理论

对于语篇的理论研究迄今已十分深入，如刘辰诞的《教学篇章语言学》一书将"语篇"英译为 discourse，指"一段有意义、传达一个完整信息、逻辑连贯、语言衔接、具有一定交际目的和功能的语言单位或交际事件"。

胡壮麟的《语篇的衔接与连贯》这样描述语篇："任何不受句子语法约束的在一定语境下表达完整语义的自然语言……目的是通过语言这一媒介实现具体交际任务或完成一定行为。可见，首先语篇是人们在特定语境中听到或说的话、读到或作的文，是语言在使用中的单位；其次语篇能独立实现一定交际目标；再次它是一个语义连贯的整体。"此外，他还在该书中对语篇范畴做了规定，"本书中所谈的语篇是广义的，既包括'话语'（discourse），也包括'篇章'（text）"，这里的"篇章"和"话语"都是语篇的组成部分。

另外，王宗炎的《英汉语言学词典》里对 text 和 discourse 做了明确界定：前者指口头或书面的一个单位，后者指语言运用的各种实例。李运兴的《语篇翻译引论》一书这样定义"语篇"："语篇指任何不完全受句子语法约束的在一定语境下表达完整语义的自然语言。"

从"外部"看，不同语篇在翻译中必须进行不同处理。例如，文学语篇的翻译注重语篇风格的文学性、艺术性；政论语篇的翻译注重语篇风格的严肃性、庄重性；传媒语篇的翻译注重语篇风格的信息性、可读性；科技语篇的翻译注重语篇风格的专业性、术语性；法律语篇的翻译注重语篇风格的严格性、精确性）。从"内部"看，所有类型的语篇翻译又都必须使目的语篇具有"衔接""连贯"等各种特征，否则得出的结果将不是"语篇"，而只是伯格兰德所说的"非语篇"（non-text）。

很多把句子翻译得很好的学生，一旦接触到篇章翻译就感到无从下手，或翻译的每个句子独立地看都符合翻译要求（意义正确，语言流畅），但放到一起读就会出现语言表达不衔接、语体不连贯等问题。

2. 语篇意识应用与翻译教学

语篇意识应用于教学，不仅将翻译教学从传统的教学翻译方法提升到一个新的水平，而且会对翻译课的安排产生影响，也给上翻译课的教师提出了更高的要求。具体应体现在翻译文本的选取、翻译的教学模式以及翻译作业的批改等方面。

首先，在语篇当中，任何一个词的出现都离不开它的语言环境。翻译教师可以通过与学生研究词语的不同色彩，对比语境，使学生们准确把握词义。

英汉两种语言在显示语境上似乎有一个明显的区别，那就是：在上下文语境清楚的情况下间接转述他人的话语时，英语不必加上 he said, he asked 等标记词语，而汉语是必须将情境明确标记出来的。

　　另外，课堂上可以让学生们互相批改译文，或者做译文对比研究，利用语篇理论，让学生们掌握高质量译文的标准，例如段落、句子之间的连贯、衔接，语篇叙述与描述在整体上的一致性等。

　　对于初学者来说，片面地在词上追求对应，不如去好好理解整个语篇，根据自己的理解再造一个文本，最后再回过头来修补偏差，这样更容易进步。著名翻译家杨绛在总结翻译经验时这样总结翻译的过程：先对原文概括、缩减基本句意，再润色加工生成译文。

　　因此，翻译课选材应从不同体裁方面着手，这样可以将翻译实践与语言的各种使用功能相结合。此外，翻译课的选材和练习都应以语篇为单位，在课堂上，翻译教师与学生都应当树立语篇意识，通读整个语段，多方位分析语篇的功能，这样才能够从整体上把握原文实质，使译文在整体上忠实于原文。

第五章　英汉语言对比维度的英语翻译教学

第一节 英汉语言对比维度的英语翻译策略

一、主语与主题

（一）何谓主语显著、话题显著

在英汉互译时，往往倾向于在两种语言中寻找相应的语法成分。在一般情况下，我们确实能在两种语言中找到相应的基本语法成分或基本句型。

现代英语划分出五种基本句型，即：

SV=subject+intransitive verb（主语 + 不及物动词）

SVP=subject+linking verb+predicate（主语 + 系动词 + 表语）

SVO=subject+monotransitive verb+object（主语 + 单宾语及物动词 + 宾语）

SVOO=subject+ditransitive verb+indirect object+direct object（主语 + 双宾语及物动词 + 间接宾语 + 直接宾语）

SVOC=subject+complex transitive verb+object+complement（主语 + 复合宾语及物动词 + 宾语 + 补语）

根据语言学家赵元任的研究，汉语中有近50%的句子是用话题—评论（topic-comment）结构。《朗文语言教学与应用语言学辞典》分别对"主语显著"和"话题显著"的语言下了这样的定义：

主语显著指的是这样一种语言，即主语和谓语是句子结构的最基本语法单位，而且句子一般都有主谓两成分。英语就属于主语显著的语言。（a language in which the grammatical units of SUBJECT and PREDICATE are basic to the structure of sentences and in which sentences usually have subject-predicate structures.English is a Subject-Prominent language.）

以话题和评论为句子结构基本单位的语言为话题显著的语言，汉语就属于话题显著的语言，因为话题一评论这样的句式是汉语中常见的句式。（A language in which the grammatical units of topic and comment are basic to the structure of sentences is known as a Topic-Prominent language.Chinese is a Topic-Prominent language,since sentences with Topic-Comment structures are a usual sentence type in Chinese.）

这一定义十分明确地指出了英汉两种语言的基本差异之一，即主语显著与话题显著。对汉语中近50%的句子来说，以"话题一评论"结构进行分析，在英汉互译的语言转换中，可以获得更令人满意的结果。

（二）英译汉：英语"主谓结构"转为汉语"话题—评论"结构

如前所述，英语是主谓（subject-predicate）结构的语言，而汉语句子却具有"话题性"

(topicality),因而在英译汉时,用含义更为广泛的话题和对话题的说明更符合汉语的表达习惯。具体方法就是灵活地进行语法成分的转换。

（三）汉译英：汉语"话题—评论"结构转为英语"主谓结构"

英语主谓分明,英语传统语法对句子的定义是：一个含有主语和谓语的语言单位。与英文相比,汉语句子界限较为模糊,尤其是以"话题—评论"为结构的句子,常常是小句相接,主谓不是特别分明。汉译英时,往往要考虑利用英语主谓结构,将汉语的话题转为英语的主语。为此,首先要确认汉语的话题。

汉语的话题句是指那些首先提出一个话题而后进行评述的句子。话题是一个语义上的概念,并不局限于某一种语法形式。它可以是一个名词或代词,英译时与译文的主语相重合,它可以是各种词性的词,可以含有引导词,也可以是一个隐含的主谓结构。

二、静态与动态

从词类的运用和遣词造句的方法来看,英语和汉语还有一个显著差异：前者呈静态(static),后者呈动态（dynamic）。亦即,英语中有一种少用谓语动词,或用其他手段表示动作意义的自然倾向；而汉语动词十分丰富,应用广泛而自由。与英语动词不同,汉语的动词并无人称与数的限制,没有严格意义上的时态、语态、语气的变化,没有谓语动词与非谓语动词的区别,因而使用频率较高,常常大量采用连动式或兼语式的说法。

英语的静态特征主要表现在句法方式和词汇方式两方面。第一种情况指用非谓语动词（即动词的 -ed 形式、-ing 形式或不定式,以及将动词名词化等）；第二种情况指用动词的同源名词（如 indicate-indication；appreciate-appreciation）、同源形容词（如 indicate-indicative；appreciate-appreciative）、副词及介词短语等等。相对而言,汉语的动词由于无形态变化,也缺少同源名词及同源形容词,因此若要表示动作意义,往往只能采用动词本身。试比较：

A high forehead indicates great mental power.

A high forehead is an indication of great mental power.

A high forehead is indicative of great mental power.

译文：前额高表示智慧高。

The students appreciate the teacher's teaching.

The students show appreciation of the teacher's teaching.

The students are appreciative of the teacher's teaching.

译文：学生们欣赏那位老师的讲课。

由于以上差异所决定,英译汉的过程常常是在译文中强化汉语的动态色彩的过程,而汉译英则是将汉语诸多的动词结构转换为英语的静态的过程。

（一）英译汉——化静为动

1. 英语的名词短语转换为汉语的动词短语或主谓结构

英语句中的名词短语如果有动词意义，可转译为汉语的动词。

例1:The commission of certain acts such as armed attack, naval blockade was considered as a form of aggression.

译文：从事诸如武装进攻、海上封锁之类的行为，被认为是一种侵略。

【评析】commission 用作动作名词，作"从事"解。the commission of certain acts 相当于 committing acts。

例2:How can you—how dare you have such wicked, revengeful thoughts?

译文：你的心思怎么这样毒，干嘛老想报复呢？你的胆子可太大了

【评析】如把原句中斜体部分改成 thoughts of revenge，就可以看出与例1和例2的相仿之处了。

2. 英语形容词短语转换为汉语动词短语或主谓结构

如前所述，英语中某些形容词是由及物动词派生而来的，这类形容词及其短语，可以转译为汉语动词或主谓结构。另外，英语中的一些形容词，本身具有动词的含义，如 aware（having knowledge or realization）A popular（liked or favored by many people）、sure（knowing and believing）等等，汉译时往往转换为汉语的动词。

例1:Haste may be productive of errors.

译文：草率可能产生种种差错。

【评析】形容词 productive 由及物动词 produce 派生而来。

例2: In a word, George was as familiar with the family as such daily acts of kindness and intercourse could make him.

译文：总而言之，乔治和这家人天天相处，彼此水乳交融，当然在这里混得很熟。

【评析】原文中的连系动词加上形容词表语的结构被转换成了汉语的系表结构。实际上，英文原句也可以改写为:George familiarized himself with the family in the same degree as such...。句中的两个名词短语，即 daily acts of kindness 和（daily）intercourse 均被译成了汉语的主谓结构。

英语中有许多形容词并不用来修饰名词，而是与系动词组成谓语部分，表示各种意愿、态度、感情和欲望等心理状态。在汉译时通常把此类形容词转换成汉语动词，形成动宾结构。

3. 英语副词转换为汉语动词短语或主谓结构

例1:Who invited you out for the evening yesterday?

译文：昨晚谁邀请你出去的？

以 -ly 为结尾的副词在英语中可以自由地修饰动词、形容词等，但在汉语中有时难找到同样的搭配关系，需译成汉语的动词结构或主谓结构。如，

例2:Hopefully, the two sides may come to an agreement on this point.

译文：双方在这一点上可能达成协议，这是有希望的。

4. 英语介词短语转换为汉语动词短语或主谓结构

在英语中，介词是最活跃的词类之一。英语介词随处可见，形式多样的表达方式与灵活多变的句法作用，能够具体、准确、简洁、明快地表达出千姿百态的动作概念与含义。英语的介词犹如人体的小关节，有了它们英语的句法才灵活自如，并由此使得英语这一习惯于使用不同词类表示动词意义或动作概念的静态结构语言，与倾向于较多使用动词，偏向动态的汉语之间形成了更加鲜明的对照。

英语介词不少是表示空间关系的，其中有些是表示动态意义的，如 into A across.through 等，翻译时当然译成动词，而有些静态介词用于引申义时也具有某种动态意义，也要译为动词。

例 1：Here, give her another cup of tea, Sam. On me.

译文：来，再给她一杯茶，萨姆，我付钱。

例 2：...and that government of the people, by the people, and for the people, shall not perish from the earth.（Abraham Lincoln：The Gettysburg Address）

译文：……使这个民有、民治、民享的政府永世长存。

从上述例可清楚地看到，英语介词的表现力极为丰富，使用范围甚广，译为汉语时多偏向于使用动词结构。

（二）汉译英——化动为静

前面谈到，英语的特色是以静态为主，而汉语突出的是动态优势。汉译英时也常常需要注意这种语言现象，适时地进行动态与静态的相互转换，以适应英语的语言习惯。

简单地说，汉译英的化动为静即是上节英译汉化静为动的反过程。但这绝不是说，凡汉语中的动态必须转化为英语中的静态。我们只不过需要在翻译时注意避免汉语中高频率地使用动词这一习惯表达方式的影响，认真琢磨化动为静的可能性。一般说来，汉译英时的化动为静主要涉及汉语动词如何转换为英语的其他词类。

1. 汉语的动词转换为英语的介词

著名翻译家许孟雄教授在《英语介词在汉译英中的作用》一文中说："在某些情况下，英语介词是能够用来代替汉语动词的。""我们的'老大难'可以说是英语介词。由于汉语缺乏多种多用的介词，在一定程度上我们不十分重视英语的这种介词；又由于汉语句多用动词写成，所以我们就不知不觉地用英语动词写英语句，结果是有时符合英语习惯用法，有时又不符合。我们译的英语句子读起来有浓厚的汉语气息；表面看来是英语，但是其中一部分是受着汉语动词的影响，与英语格格不入的。我们学习汉译英技巧时，不能不使译文适合英语习惯，其重要途径之一，就是注意英语介词的应用。"具体做法就是"把不符合英语惯用法而带有汉语气味的英语句向英语介词句转化。"这番论断，是我们提高英语表达水平和提高汉译英能力的关键。请看下面几个例句，从中体会这种转换。

例 1：这次会议具有重大意义。

译文：This meeting is of great importance.

例 2：我在山坡的小屋里，悄悄掀起窗帘，窥见园中的大千世界，一片繁华，自己的哥姐，堂表兄弟，也穿插其间，个个喜气洋洋。

译文：In the little house on the slope，I quietly lifted the curtain to be met by a great and prosperous world with my elder brothers and sisters，and my cousins among the guests，all in jubilation.

【评析】汉语原句结构松散，以一个一个短句排列而成，彼此逻辑关系不明显，细读之下，可以发现"穿插其间"和"喜气洋洋"是动词构成的谓语。英译时用了表示静态的"with+ 名词＋介词（among）短语"这一复合结构和"名词＋介词（in）短语"这种独立结构，使英译文显得准确而地道。

2. 汉语的动词转换为英语的名词

汉语中的动词往往在译文中改用名词，成为对一种状态的客观描述。

例 1：他能吃能睡能说，就是不能干。

译文：He is a good eater，good sleeper and talker，but not a good doer.

例 2：中国一贯坚定支持国际奥委会各项动议。

译文：China has always been a staunch supporter behind the IOC initiatives.

3. 汉语的动词转换为英语的形容词

形容词的广泛使用是英语静态特点的另一个重要表现，因而在汉译英时需适时地进行汉语动词向英语形容词的转换。一般说来，从汉译英的角度看，有下述三种情况可用于翻译实践。

汉语中一些表示情感、情绪、愿望、知觉等心理活动的动词，可译为英语"be+ 形容词"结构或特殊系动词如 feel Jook，become 等加形容词结构。

例 1：接到来信，大喜过望。

译文：I am thrilled to have received your letter.

例 2：我很同情你，但爱莫能助。

译文：Although I feel very sympathetic with you，I am really not able to help you.

汉语中一些表示人或物特质的动词常可译为"be+ 由英语动词派生而来的同源形容词"结构。

英语形容词中以 -able 和 -ible 为后缀的形容词动感明显，使用广泛，如：marketable（可销售的，有销路的）、understandable（可理解的）、comparable（可比较的）、applicable（能应用的，可适用的），convertible（可改变的，可变换的）等等。这类词能够较贴切地表达出汉语的动词含义，汉译英可适时使用。

例 3：他过于讲究体面，我不欣赏。

译文：He is altogether too respectable for my taste.

例 4：这餐饭可与最好的法国烹饪媲美。

译文：This dinner is comparable to the best French cooking.

4. 汉语的动词转换为英语的副词

在前面讨论了英译汉时如何把英语副词转为汉语动词短语和主谓结构。基本上说，汉译英时汉语动词转为英语副词就是上述转换的逆反过程。有下述两种情况可用于汉译英翻译实践。

汉语的动词或动词短句可转译为英语以 -ly 结尾的副词。

例 1：当她丈夫爬上树，面带怒容逼近她时，她纵身向树下跳去。

译文：When her husband climbed menacingly towards her, she threw herself out of the tree.

例 2：不出所料，颠覆活动毫无效果。

译文：The subversion attempts proved predictably futile.

汉语中表示动作发生、进展的副词可译为英语中表达相似含义的副词。这类副词一般用在连系动词 be 后作表语。如，

例 3：让她进来！

译文：Let her in!

例 4：庄稼收完后，他们开始秋种。

译文：When the crops are in, they start autumn sowing.

三、被动与主动

在英语中，主动结构虽占绝对优势，被动形式却也无处不在，尤其是科技、政论、法律等信息类文本，被动语态使用频率之高，常令人有近于泛滥之感。谓其"泛滥"，抑或不慎妥帖，深究起来，倒该另有正解：其一，以认知习惯及思维方式而论，主体性之外，西方人亦崇尚客体意识，于是，将意识活动付诸言语实践，便有了体现主体意识的人称表述手段及反映客体意识的物称表达结构，就后者而言，其典型表现形式之一即是将意识客体或施事对象置于显著位置（句首）的被动语态，故此，与主动结构一样，被动结构亦可视为英语中的常规表达手段；其二，作为屈折语言，英语动词可依照构形规则发生相应的形态变化，一旦需要，绝大多数及物动词，也包括某些不及物动词与小品词构成的动词短语或短语动词，皆可借其本身的形态变化而构成被动语态，就此而言，动词的形态变化特征也直接促成了英语的被动表达优势。当然，英语中也不乏 These products sell like hot cakes 等无标志的功能被动句，但与前者相比，其数量及使用频率均远为不及。

相比之下，汉民族更强调意识的主体性，所谓万事皆为我用，万物皆备于我，凡此等等，无不反映了中国哲学对于主体意识的彰显，见诸语言表述，汉语构句时往往将认知主体置于显著位置（句首），而即使发生意识客体或对象前置现象（如受事成分或宾语提前等），表述的焦点仍聚于主体一方，这种思维模式及行文习惯也就决定了汉语以人称为先的表达优势。此其一。其二，汉语不属于拼音文字，故而不存在形态变化，从严辨别起来，汉语中亦无语态概念，动词要表达附加的句法意义或逻辑关系，常需要借助词汇黏着手段才能得以实现，比如被动意义的表达即应于动词之前添加"被""受"等词语。如此一来，形式方面的因素便直接或间接地促成了两种结果：首先，"被""受"等标记形式常用于表达负面意义，如"被人欺了""受人骗了""给人打了"等，故而使用范围受到限制，尽管现代汉语中亦不乏"被鼓励了""受表扬了""给赞美了"等表达正面意义的句子，形式标记仍然不过是一种次要的补充表达手段；其次，汉语注重意

合，只要语义及逻辑关系不受影响，一切与形式相关的标记手段往往会尽数省略，这一点也典型地体现于被动意义表达过程：较之形式衔接，汉语更倾向于选择"书读完了"等无标志的意念或功能被动句（主动形式，被动意义）。

对比及分析结果表明，被动语态为英语常规表述手段之一，并从一个方面体现了英语的表达优势，此外在形式方面，英语被动语态大都有显性的形态标记，无形态标记的意念或功能被动句虽不乏其例，使用范围却相当有限。而在汉语中，受行文习惯影响，加之标记形式（"被""受"等）本身的语义限制，被动意义的表达大都呈现为隐性的意合方式，也即更倾向于选择无标记的功能被动句，尽管被动意义的表述有时可以或必须借助黏着手段，但就使用范围而言，由"被""受"构成的特定句式（"被字句"等）毕竟不如前者宽泛。

（一）英语被动语态汉译

英语被动结构多由 be 动词加动词过去分词构成，其语义严密，形式严谨，与主动结构形成了鲜明的对照。汉语被动意义表述方式则颇为不同，少数"被"字句及类似现象除外，汉语常将施事者省略，运用施事对象加及物动词构成无标记的功能被动句。故此，英译汉时，原文中的被动语态有时需要酌情化为主动句或无标志的功能被动句，偶尔也可译作"被"字句等。

首先，某些被动句可转换为结构完整的汉语主动句，或保留原有主语，或将其转化为汉语的话题，而后将谓语由被动转变为主动，比如 He was forced by circumstances to resign his post 一句，可译为"迫于环境，他只好辞去职务"，本例译文酌情将主语移到后一部分，说明被动语态汉译时语序上还需要灵活处之，至于表述形式的选择，也应该允许一定的自由度：比如改"迫于环境"为"环境所迫"（"所"字结构）亦毫无逊色。再看几例。

例1：In the afternoon rush of the Grand Central Station his eyes had been refreshed by the sight of Miss Lily Bart.

译文：午后，中央火车站客流如潮，一看到丽莉·巴特小姐的身影，他不觉眼前一亮。

例2：Imagine the clumsy carts of five hundred years ago, being used to this hour, and drawn, as they used to be, five hundred years ago, by oxen, whose ancestors were worn to death five hundred years ago, as their unhappy descendants are now, in twelve months, by the suffering and agony of this cruel work!

译文：想一想吧，这些五百年前的大笨车至今仍在使用，而且一如五百年前，要靠牛来拉动。正像自己不幸的后代一样，早于五百年前，这匹牛的祖先就在忍受不堪的劳顿，短短一年内便折磨致死！

其次，化被动为主动时，可酌情将原有主语替换成其他主语，也可将原句中省略的施事者还原为句子主语，或将主语直接省略，或另行添加新的主语。以 If you have such a suspicion, something must be done 为例，可译成"你要是这样猜想，我们就不得不防了"，其中"我们"可视为替换主语或新增主语，也可解作将隐含或省略的施事者还原为主语。此外，直接省略原有主语，将其改译为"那就不得不防了"也未尝不可。再看几例。

例3：The feeling of the nation must be quickened; the conscience of the nation must be roused; the propriety of the nation must be startled; the hypocrisy of the nation must be exposed; and its crimes against God and man must be proclaimed and denounced.

译文：我们必须激发这个国家的感情，唤醒其良知，撼动其礼俗，揭露其伪善，公开并谴责其违逆上帝与人类之罪行。

上述两例译文均出现了主语替换现象，也可认为原已省略的施事者被还原为主语。此外，某些被动结构也可译作无主句或主语省略句，以 It has been found that all kinds of matter consist of atoms 为例，就不妨译成"业已发现，凡物质皆由原子构成"，当然，还原隐含的实事者，将其译为"我们业已发现……"也未尝不可。再看几例。

例 4：In the far distance was seen the glittering surface of a lake surrounded by pine woods.

译文：远处可以看到一个湖泊，湖面波光粼粼，四周松树掩映。

例 5：As might have been expected, it was not long before John tried to break all his promises. 译文：果真不出所料，转眼工夫，约翰就想背弃所有的承诺。

如上所述，无标记的汉语被动句所占比例远远大于形式被动句，故英译汉时也可酌情将某些被动结构转化为无标记的功能被动句，也即借主动结构表达被动意义。例如，

例 6：Power can be transmitted to wherever it is needed.

译文：哪里需要电力，电力就能输送到哪里。

例 7：It is required that the machine should be maintained at regular intervals.

译文：机器需要定期维修。

（二）汉语被动意义英译

首先，英译过程中，多数有标记的汉语被动句可直接转化为被动语态，但某些情况下，原文中的"被"字结构则需要酌情译为主动形式。

例 1：过去的日子如轻烟，被微风吹散了；如薄雾，被初阳蒸融了。

译　文：The bygone days, like wisps of smoke, have been dispersed by gentle winds, and, like thin mists, have been evaporated by the rising sun.

例 2：宝玉没趣，只得又来找黛玉。谁知才进门，便被黛玉推出来了，将门关上。

译文：After this snub Baoyu went to look for Daiyu, but scarcely had he set foot in her room than she pushed him out and closed the door in his face.

其次，汉语中的某些存在句、无主句或主语省略句也可酌情译为英语被动结构。

例 3：在远方，埋葬着我的亡失了的伴侣。

译文：I thought of the place in the distance where my departed other half was buried.

例 4：层层的叶子中间，零星地点缀着些白花。

译文一：Here and there, layers of leaves are dotted with white lotus blossoms.

译文二：The leaves are dotted in between the layers with white flowers.

上述四例原文为存在句。在汉语中，凡表示何处存在何人或何物的句子即是存在句，汉语存在句主要包括"是"字句、"有"字句、"着"字句等。从结构上看，存在句属无主句类型，句首表示空间意义的成分一般称作话题或主题。译成英语时，前两类常可直接转换为 there be 结构，而鉴于 there be 句型描写功能较弱，某些情况下也会转换成被动式等其他结构，至于"着"字句，则往往需要译成被动结构。

例 5：但这种壮美的趣味，是非有雄健的精神不能够感觉到的。

译文一：And this delightful sensation, however, can only be shared by those with a heroic spirit.

译文二：However, one call never have this delightful sensation shared unless he is armed with a heroic spirit.

例 6：要把孝顺的心，扩大为民族感情，去敬爱民族，奉献于国家。

译文一：Filial devotion should be expanded into national devotion, which means love of the nation and dedication to the country.

译文二：We should expand filial devotion into national devotion, which means love of the nation and dedication to the country.

再次，在汉语功能被动句中，因句子主语或话题为受事者，谓语则均由及物动词充当，起说明、评判或描写作用，故而此类句子一般需要译成英语被动形式。例如，

例 7：全部成品出厂前必须在实验室进行检验，严格把关，一丝不苟。

译文：All products must be inspected strictly and scrupulously in the lab of the factory before delivery.

例 8：这大概是因为糖果要用嘴去吃，摆存毫无意义，而书则可以买了不看，任其只管插在架上的缘故吧。

译文：This is probably because candies are to be eaten with the mouth and not worth keeping as knick-knacks while books can be bought without being read and just left on a shelf.

（三）在被动与主动之间

如前所述，汉语首先并不绝对排斥有标记的被动结构，某些情况下，标记手段有时还不乏强制性，以"儿童被组织起来了"为例，"被"字省略即有可能产生歧义：儿童是自发组织起来的、儿童是大人组织起来的；此外，受欧化影响，汉语被动结构使用范围已有所拓展，诸如"被提名""被采纳"等表达正面意义的说法已属常规行文手段。但另一方面，汉语被动句亦有其内在构成规则，取舍之间应依据表达内容来定夺，以"苹果弟弟吃了，这孩子真听话"为例，后句内容为褒义，故前句不能用被动，而在"苹果被弟弟吃了，这孩子真不听话"中，因后句内容为贬义，故前句可以用被动。就英汉翻译而言，如不至于造成语义混淆，汉语被动标记语（被、受、由、给、让、遭、

为……所)即可以能省就省,免得啰嗦,以 Which hospital was he sent to 为例,在特定语境中,便可放弃被动,译为"他送往哪家医院了";另一方面,在被动与主动之间,汉语句式选择上往往更具灵活性,不同的译文,出自同一句原文,只要不影响语义及表达效果,译者尽可以自由选择。

例 1:He was scolded for nothing.

译文一:他平白无故地给人臭骂一顿。

译文二:他莫名其妙地挨了一顿臭骂。

例 2:For generations coal and oil have been regarded as the chief energy sources used to transport men from place to place.

译文一:几十年来,煤和石油一直被认为是交通运输的重要能源。

译文二:几十年来,人们一直认为煤与石油是交通运输的重要能源。

译文三:几十年来,人们一直将煤与石油视为交通运输的重要能源。

四、物称与人称

(一)英译汉:从物称到人称

受英语影响,某些物称表达形式业已为汉语所接受,这种现象尤其见于新闻文体。比如 One reliable source said……一语,一般应译为"据可靠消息……"或"可靠消息表明……",但也不乏"(据)可靠消息说……""(据)可靠消息称……"之类的说法。此外,某些以地点、时间作主语的物称表达手段也已成为汉语常规表述形式,比如 New York has witnessed many historic events 一句,比之"纽约发生过许多伟大的历史事件""纽约目睹了许多伟大的历史事件"一说似乎更有市场。但必须指出的是,上述举例只是极个别现象,通常情况下,英语中的物称主语结构大都需要或必须译为汉语的人称主语句。

例 1:The fresh sunlit January morning filled the young teacher with happy thought.

译文一:一月早晨清新的阳光使年轻教师的心中充满了愉快的思绪。

在汉语中,"使"字结构虽为常见句式,用于本例却显得很是别扭。当然,译文一并非一无是处,也并非无可索解,但就表达效果而言,句式安排上终归有修改的余地。

译文二:一月的早晨,天气清新晴朗,年轻老师心中充满了愉悦的思绪。

例 2:It may, perhaps, have struck her that to have been honest and humble, to have done her duty, and to have marched straight forward on her way, would have brought her as near happiness as that path by which she was striving to attain it.

译文:她大概也曾想到,自己始终在执着于那遥远的幸福,而倘若能做个诚实而卑微的人,尽本分,走直路,那样的幸福或许早已是近在咫尺了。

例 3:Anger choked his words.

译文:他气得话都说不出了。(或:他愤怒之极,哑口无言。他一气之下,话都给噎回去了。

不宜译为：愤怒使他说不出话来。愤怒噎着了他的话。）

例4:Bitterness fed on the man who had made the world laugh.

译文：这个人曾让全世界充满了笑声，而他自己却饱受辛酸。（不宜译为：痛苦吞没了这个曾使世界充满笑声的人。）

上述译例表明，大多数情况下，英语无灵主语句需要译成汉语有灵主语句，而某些时候，译者也可选择人称和物称两种不同的表达形式，其前提自然是不违背汉语表达习惯。比如Illness deprives him of life 一句，就有"他因病而终"和"病魔夺去了他的生命"两种有效形式，再如The explosion frightened me 一句，也可有"我给爆炸声吓坏了"和"爆炸声把我给吓坏了"两种译法。下面再举几例，

例5:Ashe puffed, an abrupt sound startled him.

译文一：吞云吐雾间，他突然听到一声大响，不禁吃了一惊。

译文二：吞云吐雾间，突然传来一声大响，他不禁吃了一惊。

译文三：吞云吐雾间，一阵突如其来的响声让他大吃一惊。

例6：The happiness 一 the superior advantages of the young women round aboul her, gave Rebecca inexpressible pangs of envy.

译文一：周遭里小姐、太太个个美满幸福、条件优越，丽蒋卡见了说不出的眼红。

译文二：身边的小姐、太太个个生活幸福、条件优越，让丽荷卡说不出的眼红。

对比上述备例中的不同译文，不难发现这样的事实：就通顺程度而言，人称主语结构往往要略胜一筹，因而可以作为主要翻译手段；而另一方面，从保留原文行文风格来看，只要译文具有较高的可读性，或不至于过分违背汉语表述习惯，带有某种"洋味"的物称主语结构也可以作为补充转换手段。

（二）汉译英：从人称到物称

在上述讨论中，我们实际上已经涉及两种翻译方法的取舍：一是意译法或归化法，也即改变原文结构，运用目标语惯用的表述方式忠实地再现原文意义，该方法意在尽量消除形式上的差异性，从而为译文读者营造一种似曾相识的语言环境；二是直译法或异化法，也即在不影响忠实再现原意的前提下，尽量保留原文独特的行文方式，旨在为译文读者创造一种充满异国情调的语言环境。意译法或归化法注重彰显译入语表达优势，归化后的译文通顺流利，便于读者接受，其缺点在于牺牲了原文中某些具有借鉴价值的表现形式；直译法或异化法注重再现原文行文方式，强调表达的新奇性与独特性。此外，从长远观点来看，得体或良性的异化形式还有望丰富目标语表达手段，该方法缺点在于因忽略语言差异性而导致译文的阻塞。至于应选择何种方法，上文已有所触及：英语物称结构汉译当以意译或归化为主，直译或异化为辅，其前提是不过分偏离汉语基本的行文规则及表述习惯。同样，在汉译英过程中，某些句子的转换也会有两种可能的选择。先看下面选自《红楼梦》的译例。

例1：那时黛玉耳内听了这话，眼内见了这光景，心内不觉灰了大半，也不觉滴下泪来，低头不语。

译文一：This appeal and her obvious wretchedness melted her heart.But though shedding tears of sympathy, she kept her head lowered and made no reply.

译文二：The palpable evidence of her own eyes and ears had by now wrought a considerable softening on Dai-yu's heart.A sympathetic tear stole down her own cheek and she hung her head and said nothing.

译文一为杨宪益夫妇所译（下同），其中前句运用了物称结构，后句保留了原有的人称主语结构；译文二为霍克斯所译（下同），其中前后两句中均出现了无灵主语句。该现象表明，在物称与人称之间，不同句式的选择往往取决于译者个人的偏好，这一点在下面几例中表现得更为明显：译文一大都保留了原文的人称主语结构，译文二则倾向于将有灵主语句转换成无灵主语句。

例2：经过二十多年的快速发展,中国西部地区已奠定了一定的物质技术基础,社会保持稳定,市场经济体制正在逐步建立和完善,为西部经济持续快速增长创造了有利的市场环境。

译文一：Thanks to the rapid development in the past 20-plus years, we have laid a relatively solid foundation in terms of material wealth and technology in the western region of China.

译文二：The rapid development in the past 20-plus years has witnessed a relatively solid foundation in terms of material wealth and technology in the western region of China.

的确，无论直译还是意译，或者说，无论采用人称主语句还是物称主语句，两种手段以及由此而产生的两种译文都有其可取之处。就汉译英而言，这一点尤其属实：其一，既然人称主语句在英语中占绝对优势，译者自然完全可以对原来的有灵主语句进行复制；其二，既然物称主语句是英语中独特的表达手段之一，尽管汉语中缺少相同或类似的表述形式，译者也完全有理由发挥译入语表达优势，将汉语中某些有灵主语句转换为英语的无灵主语句。

第二节 英汉语言对比维度的英语翻译教学效果

一、词义的选择、引申和褒贬

（一）词义的选择

英汉两种语言都有一词多类、一词多义的现象。一词多类就是指一个词往往属于几个词类，具有几个不同的意义。一词多义就是说同一个词在同一个词类中，又往往有几个不同的词义。在英汉翻译过程中，我们在弄清原句结构后就要善于选择和确定原句中关键词的词义。选择和确定词义通常从以下两个方面着手。

1. 根据词在句中的词类来选择和确定词义

选择某个词的词义，首先要判明这个词在原句中应属哪一种词类，然后再进一步确定其词义。

例如，在 Like charge repel, unlike charges attract 一句中，like 用作形容词，它的汉语对应意义是"相同的"，因此全句可译为："相同的电荷相斥，不同的电荷相吸"。但在下面各句中，like 又分属其他几个不同词类。

例 1:He likes mathematics more than physics.

译文：他喜欢数学甚于喜欢物理学。（动词）

例 2：In the sunbeam passing through the window there are fine grains of dust shining like gold.

译文：在射入窗内的阳光里，细微的尘埃像金子一般在闪闪发光。（前置词）

2. 根据上下文联系以及词在句中的搭配关系来选择和确定词义

英语中同一个词，同一词类，在不同场合往往也有不同含义，必须根据上下文的联系以及词的搭配关系或句型来判断和确定某个词在特定场合下所应具有的词义。例如"last"这一形容词：

例 1:This is the last place where I expected to meet you.

译文：我怎么也没料到会在这个地方见到你。

再如"take（off）"这一动词：

例 2:Their first major design was a pleated denim jean with external pockets dubbed "baggies" that took off in high schools and colleges and soon was imitated by other apparel 27 manufacturers.

译文：他们的头一项重要设计是一种打褶的、缝上明袋的蓝色斜纹粗布裤，这种裤子人们称为"袋子"，在中学和大学中首先流行，接着别的服装制造商也都很快仿制起来。

（二）词义的引申

英译汉时，有时会遇到某些同在英语辞典上找不到适当的词义，如任意硬套或逐词死译，会使译文生硬晦涩，不能确切地表达原意，甚至造成误解。这时就应根据上下文和逻辑关系，从该词的根本含义出发，进一步加以引申，选择比较恰当的汉语词来表达。现举例说明如下。

1. 将词义作抽象化的引申

英语中，特别在现代英语中，常常用一个表示具体形象的词来表示一种属性、一个事物或一种概念。翻译这类词时，一般要将其同义作抽象化的引申，译文才能流畅、自然。

（1）将表示具体形象的词译成该形象所代表的属性的词

例 1:There is a mixture of the tiger and the ape in the character of the imperialists.

译文：帝国主义者的性格既残暴，又狡猾。

这里把 tiger（老虎）和 ape（猿）这两个具体形象引申为这两个形象所代表的属性："残暴"和"狡猾"。

例 2:Eveiy life has its roses and thorns.

译文：每个人的生活都有甜有苦。

这里把 rose（玫瑰）和 thorns（刺）这两个具体形象引申为这两个形象所代表的属性："甜"和"苦"。

（2）将带有特征性形象的词译成该形象所代表的概念的词

例 3:See-sawing between partly good and faintly ominous, the news for the next four weeks was never distinct.

译文：在那以后的四个星期内，消息时而部分有所好转，时而又有点不妙，两种情况不断地交替出现，一直没有明朗化。

See-sawing 是从 see-saw（跷跷板）转化而来的动词，本作"玩跷跷板"解，这里根据上下文引申为"两种情况不断地交替出现"。

2. 将词义作具体化的引申

英语中也有用代表抽象概念或属性的词来表示一种具体事物，译成汉语时一般可作具体化引申。

例 1: As the Politburo gave the go-ahead to Brezhnev, Nixon and Kissinger were meeting in the President's Kremlin apartment, prepared to accept a setback on SALT.

译文：在政治局向勃列日涅夫开放绿灯时，尼克松和基辛格正在克里姆林宫的总统下榻处开会，准备承受限制战略武器会谈失败的挫折。

例 2: Vietnam was his entree to the new Administration, his third incarnation as a foreign policy consultant.

译文：越南战争成了他进入新政府的敲门砖。他担任政府的对外政策顾问，那是第三次了。

英语中有些词在特定的上下文中，其含义是清楚的，但译成汉语时还必须作具体化的引申，否则就不够清楚。

（三）词义的褒贬

语言本身虽没有阶级性，但在具体使用时不可能不为一定的阶级服务。为了忠实于原文的思想内容，翻译时必须正确理解原作者的基本政治立场和观点，然后选用适当的语言手段来加以表达。原文中有些词本身就表示褒贬意义，就应该把褒贬意义相应地表达出来；但也有些词语孤立起来看似乎是中性的，译成汉语时就要根据上下文恰如其分地把它们的褒义或贬义表达出来。

（1）英语中有些词本身就有褒贬意义，汉译时就应相应地表达出来。

例 1:Henry keeps boasting that he has talked to the President.

译文：亨利总是吹嘘说他曾同总统谈过话。

例 2:We were shocked by his coarse manners.

译文：我们对他的粗暴态度感到震惊。

（2）英语中有些词义是中立的，本身不表示褒义或贬义，但在一定的上下文中可能有褒贬的意味，汉译时就应该用具有褒贬意味的相应的词来表达，如：

1）需要用褒义的词来表达

例 1:Once, early in 1974, while driving along the San Diego Freeway from Clemente to Los Angeles, he was asked to reflect on his hopes and ambitious.

译文：一九七四年初，有人同他一起驱车从克利门蒂沿圣地亚哥公路去洛杉矶，途中请他谈了他的希望和抱负。

2）需要用贬义的词来表达

例 2:He was a man of integrity, but unfortunately he had a certain reputation. I believe the reputation was not deserved.

译文：他是一个正直诚实的人，但不幸有某种坏名声 a 我相信这个坏名声是强加于他的。

二、词汇翻译的方法与技巧

（一）增词法

英汉两种语言，由于表达方式不尽相同，翻译时既可能要将词类加以转换，又可能要在词量上加以增减。增词法就是在翻译时按意义上（或修辞上）和句法上的需要增加一些词来更忠实通顺地表达原文的思想内容。这当然不是无中生有地随意增词，而是增加原文中虽无其词而有其意的一些词。

1. 根据意义上或修辞上的需要

（1）增加动词

根据意义上的需要，可以在名词前后增加动词。如果把下面例子中的 after the banquets, the concerts and table tennis exhibitions 译为"在宴会、音乐会、乒乓球表演之后"，意思似乎不够明确。如果在名词之前增加原文中虽无其词而有其意的动词，译为"在参加宴会、出席音乐会、观看乒乓球表演之后"，形成三个动宾词组，那就意思明确，读起来也较通顺自然，符合汉语习惯了。

例 1: In the evening, after the banquets, the concerts and the table tennis exhibitions, he would work on the drafting of the final communique.

译文：晚上在参加宴会、出席音乐会、观看乒乓球表演之后，他还得起草最后公报。

（2）增加形容词

例 2: 0, Tom Canty, born in rags and dirt and miseiy, what sight it this! (Mark Twain)

译文：啊，汤姆·康第，生在破烂、肮脏和苦难中，现在这番景象却是多么煊赫啊！

根据原著，汤姆·康第本是一贫儿，穿上王子服装以后，被人认为真是王子，就显得特别煊赫。原文虽无表示"煊赫"的字眼，但含有此意，所以翻译时应增加上去。上面的例子表明，为了意义上或修辞上的需要，有些英语句子中的名词，译成汉语时，可以增加一些适当的形容词。

（3）增加副词

根据原文的上下文，有些动词在一定场合要增加适当的副词，才能确切表达原意。

例 3:He was fascinated by the political processes—the wheeling and dealing of presidential politics, the manipulating, releasing and leaking of news, the public and private talks.

译文：一幕幕政治花招真使他看入迷了：总统竞选活动中的勾心斗角，尔虞我诈；对新闻消息的幕后操纵、公开发表和有意透露以及公开和秘密的谈话。

（4）增加名词

1）在不及物动词后面增加名词

英语中有些动词有时用作及物动词，有时用作不及物动词；当它作不及物动词用时，宾语实际上是隐含在动词后面的，译成汉语时往往要把它表达出来。例如 to wash before meal 是"饭前洗手"，如果不译出隐含的宾语"手"，译文"饭前洗一洗"的意思就不明确。同样，to wash after getting up 和 to wash before going to bed 也应分别译成"起床后洗脸"和"睡前洗脚"了。

例4：Then Lieutenant Grub launched into the old recruiting routine, "See, save and serve!Hannigan, free tour to all the ports in the world.A fine ship for a home.Three meals a day without charge...You mustn't let such a golden opportunity slip by."

译文：于是，格拉布上尉开始说起招兵的老一套了："见见世面，攒点钱，为国家出点力！汉尼根，免费周游世界上所有的港口。一艘上好的船为家，一天三餐不要钱。……你千万不要错过这样大好的机会呀！"

2）在形容词前增加名词

例5：He is a complicated man—moody, mercurial, with a melancholy streak.

译文：他是一个性格复杂的人，喜怒无常，反复多变，还有些郁郁寡欢。

3）在抽象名词后增加名词

某些由动词或形容词派生来的抽象名词，翻译时可根据上下文在其后面增添适当的名词，使译文更合乎规范。如：

persuade 说服

an ogant 自满

antagonistic 敌对

例6:Profanity was tacitly given up.

译文：亵渎神灵的粗话全都心照不宣地不用了。

4）在具体名词后增加名词

当具体名词表达一种抽象概念时，译文中也常根据上下文增加一些适当的名词。

例7:He allowed the father to be over ruled by the judge, and declared his own son guilty.

译文：他让法官的职责战胜父子的私情，而判决他儿子有罪。

（5）增加表示名词复数的词

汉语名词的复数没有词形变化，很多情况下不必表达出来。但要表达指多数人的名词时，可在该名词后面加"们"字，如"the teachers""教师们"，或在该名词前面加上"诸位""各（位）"，如"ladies and gentlemen""诸位（各位）女士和先生"。此外，英语名词复数，汉译时还可以根据情况，增加重叠词、数词或其他一些词来表达。这样做还可以提高表达效果。

1）增加重叠词表示复数

例8:There were rows of houses which he had never seen before.

译文：一排排的房子，都是他从来没有见过的。

2）增加数词或其他词表示复数

例 9:Most were absorbed into the Russian empire through colonial expansion under the Tsars.

译文：大部分是在历代沙皇统治下，通过殖民扩张而并入俄罗斯帝国的。

（6）增加表达时态的词

英语动词的时态靠动词词形变化（如 write, wrote）或加助动词（如 will write, have written）来表达的。汉语动词没有词形变化，表达时态要靠增加汉语特有的时态助词或一般表示时间的词。因此，翻译完成时往往用"曾""已经""过""了"；翻译进行时往往用"在""正在""着"；翻译将来时往往用"将""就""要""会""便"等等。除此之外，为了强调时间概念或强调时间上的对比，往往需要加一些其他的词。

1）对某种时间概念作强调时，往往要加一些词。

例10:The old man had taught the boy to fish and the boy loved him.

译文：原来是老头儿已教会了孩子捕鱼，所以孩子很爱他。

2）强调时间上的对比时，往往需要加一些词。

例11:The high-altitude plane was and still is a remarkable bird.

译文：该高空飞机过去是现在仍然是一种了不起的飞机。

（7）增加语气助词

汉语有许多语气助词，如"的""吧""呢""啊""呀""嘛""吗""啦""了""罢了""而已"等等。不同的语气助词可以起不同的作用，英译汉时细心体会原文，增加一些汉语所特有的语气助词，可以更好地表达原作的意义和修辞色彩。

例12：It is entirely possible that things are being done for my release right flow and that it takes time to do this.

译文：完全有可能眼下正在想办法使我获释，只不过需要时间而已。

（8）增加量词

英语中数词（包括不定冠词a）与可数名词往往直接连用，它们之间没有量词，而汉语却往往要借助量词。因此翻译时应根据汉语表达习惯恰当地增加表示其形状、特征或材料的名量词。如：

a bike 一辆自行车

a typewriter 一台打字机

a full moon 一轮满月

a bad dream 一场恶梦

例 13：November 26："...Started trying to read a Russian story.Constant use of dictionaries and many questions."

译文：十一月二十六日："……开始试读一篇俄国短篇小说。词典不离手，问题一大堆。"

英语中有些动词或动作名词，译成汉语动词时常需增加一些表示行为、动作量的动量词。如：

have a rest 休息一下；

make a stop 停一下。

例 14：1 was extremely worried about her，but this was neither the place nor the time for a lecture or an argument.

译文：我真替她万分担忧，但此时此地，既不宜教训她一番，也不宜与她争论一通。

（9）增加根据上下文需要及反映背景情况的词

例 15：In April，there was the "ping" heard around the world.In July，the ping "ponged".

译文：四月里，全世界听到中国"乒"的一声把球打了出去；到了七月，美国"乓"的一声把球打了回来。

这句如只译为"四月里，全世界听到乒的一声；七月里，这乒声却乓了一下"，读来就不知所云。

（10）增加概括词

英语和汉语都有概括词。英语中的 in short，and so on，etc. 等等，翻译时可以分别译为"总之""等等""……"。但有时英语句子中并没有概括词，而翻译时却往往可增加"两人""双方""等""等等""凡此种种"等等概括词，同时省略掉英语中的连接词。如：

You and I 你我两人

Russia，the United States，Britain and France 俄、美、英、法四国

militarily，politically and economically 军事、政治、经济等各方面

例 16：The thesis summed up the new achievements made in electronic computers，artificial satellites and rockets.

译文：论文总结了电子计算机、人造卫星和火箭三方面的新成就。

（11）增加承上启下的词

例 17：Two，we heard later，were sent to a college，at the government expense，while one，it was rumored，had attempted to blackmail the Agency.Unsuccessfully. （Francis Gary Powers）

译文：我们后来听说，两人已由政府资助送进大学学习，并据传说，一个曾试图对中央情报局进行讹诈，结果并未得逞。

2. 根据句法上的需要

（1）增补原文回答句中的省略部分

例 1：Rebecca："What!Don't you love him（Amelia's brother）?"

Amelia："Yes, of course, I do."

译文：利蓓加："怎么？你不爱他（爱米丽的哥哥）？"

爱米丽："我当然爱他。"

（Yes, of course, I do=Yes, of course I love him.）

（2）增补原文句子中所省略的动词

例 2 All Eagle and a Fox had long lived together as good neighbors the Eagle(...) at the summit of a high tree, the Fox (...) in hole at the foot of it.

译文：一只鹰和一只狐狸长期友好地住在一起，鹰住在一棵高高的树顶上，狐狸住在树下一个洞里。

（3）增补原文比较句中的省略部分

例 3:The footmen were as ready to serve her as they were their own mistress.

译文：仆人们愿意服侍她，就像他们愿意服侍他们的女主人一样。

原文全句应是 The footmen were as ready to serve her as they were ready to serve their own mistress.

（4）增补原文含蓄条件句中的省略部分

例 4: We didn't admit it (escape) was impossible. To do so would have been to surrender one of our few hopes.

译文：我们认为越狱不是不可能的。如果认为不可能，那就等于把我们仅存的一点希望也放弃了。

（二）重复法

重复法实际上也是一种增词法，只不过所增加的词是上文刚刚出现过的词。翻译和写作一样，本应力求简练，尽量省略一些可有可无的词；但有时为了明确、强调或生动，却往往需要将一些关键性的词加以重复。

1. 为了明确

（1）重复名词

1）重复英语中作宾语的名词

例 1:Let us revise our safety and sanitary regulations.

译文：我们来修订安全规则和卫生规则吧。

例 2: Thus, I wrote "Spain in Arms, 1937" and saw China in revolution in 1925-27, and later in war with Japan.

译文：这样，我就写了《战斗中的西班牙（一九三七年）》。我也看到了一九二五年至一九二七年正在革命的中国，后来又看到了正同日本作战的中国。

2）重复英语中作表语的名词

例 3:This has been our position—but not theirs.

译文：这一直是我们的立场——而不是他们的立场。

例 4：John is your friend as much as he is mine.

译文：约翰既是你的朋友，又是我的朋友。

3）重复英语前置词短语前所省略的名词

英语中常重复使用前置词，而将第二个、第三个前置词前的名词省略，翻译时往往要重复该名词。

例 5：The story of Jurgis is a story of groans and tears, of poor human beings destroyed by the capitalist industrial machine.

译文：尤吉斯的故事是一篇充满呻吟和泪水的故事，是资本主义工业机器摧残不幸的人们的故事。

例 6：We see, therefore, how the modern bourgeoisie is itself the product of a long course of development, of a series of revolutions in the modes of production and of exchange.

译文：由此可见，现代资产阶级本身是一个长期发展过程的产物，是生产方式和交换方式的一系列变革的产物。

4）重复英语中作先行词的名词

英语定语从句常用关系词引导，它一方面代表定语从句所修饰的那个先行词（名词或代词），一方面在从句中充当一个成分。汉语中没有关系词，往往需要重复这个作先行词的名词。

例 7：May I extend my heartiest congratulations to the great Chinese people and its Communist Party, through you, for the glowing success of your tremendous revolution, which is now respiring the world.

译文：让我通过您最衷心祝贺伟大的中国人民及共产党，祝贺你们巨大革命的辉煌胜利，这个胜利正在鼓舞着全世界。

例 8：The little apprentice in particular lived in terror of the boss, who had borne down on him so often and so hard that there was little left.

译文：小学徒对老板尤其怕得要死，老板经常整他而且整得很重，简直把他整瘪了。

英语中的同位语，在译文中有时也可以重复被修饰的词。

（2）重复动词

1）英语句子常用一个动词连接几个宾语或表语，在译文中往往要重复这个动词。

例 9：For a good ten minutes, he cursed me and my brother.

译文：足足有十分钟之久，他既骂我，又骂我的兄弟。

例 10：Chairman Mao is an activist, a prime mover, an originator and master of strategy achieved by alternating surprise, tension and easement. (Edgar Snow)

译文：毛主席是一位活动家，是原动力，是创始者，是交替运用出其不意、紧张和松弛而取得成就的战略大师。

2）英语句子中动词后有前置词时，在第二次、第三次往往只用前置词而省略动词，在译文中则要重复动词以代替英语中重复的前置词。

例 11：And the body lay white and still beneath the pines, all bathed in sunshine and in blood.

译文：这具尸体苍白而安静地躺在松树下，浴于阳光中，浴于血泊中。

例 12:He supplied his works not only with biographies, but with portraits of their supposed authors.

译文：他不仅在他的作品上提供作者传记，而且还提供假想作者的画像。

3）英语中连前置词也省略了，但译文中仍可以重复动词。

例 13:They wanted to determine if he complied with the terms of his employment and his obligations as an American.

译文：他们想要确定，他是否履行了受雇条件，是否履行了作为美国公民所应尽的职责。

例 14:But they did not show it and they spoke politely about the current and the depths they had drifted their lines at and the steady good weather and of what they had seen.

译文：但是他们并没有把感情流露出来，只是斯斯文文地讲起海流，讲起他们把钓丝送进海水的深度，讲起好久不变的好天气，还讲起他们所看到的一切。

（3）重复代词

1）英语中用代词的地方，翻译时往往可按汉语习惯重复其所代替的名词。

例 15:The change of Taylor was that of a key man in the key slot—something that symbolized the gradual transformation of the other players.

译文：泰勒的转变是一个把守重要关口的关键人物的转变，他的转变象征着其他参与者也在逐渐转变。

例 16:Stephen made a bow.Not a servile one—he will never do that.

译文：斯蒂芬鞠了一个躬。这不是一种卑躬屈膝的鞠躬——他决不会那样做。

2）英语中用物主代词 its,his,their 等等以代替句中作主语的名词（有时附有修饰语）时，翻译时往往可以不用代词而重复其作主语的名词（有时附有修饰语），以达到明确具体的目的。

例 17:Big powers have their strategies while small countries also have their own lines.

译文：强国有强国的策略，小国也有小国的路线。

例 18:Each country has its own customs.

译文：各国有各国的风俗。

3）英语中强调关系代词或强调关系副词 whoever,whenever,wherever 等等，翻译时往往使用重复法处理。

例 19:Wherever severe oppression existed, there would be revolution.

译文：哪里有残酷的压迫，哪里就有革命。

例 20:You may bonow whichever novel in my bookcase you like best.

译文：我书架上的小说你最爱哪一本，你就可以借哪一本。

（4）英语用 some...and others...（some...others...）连用的句子，译成汉语时主语往往是谓语重复形式的"的"字结构，有时也可以用"有的……有的……"句式。

例 21:Some played soccer and others played basketball.

译文：踢足球的，踢足球去了，打篮球的，打篮球去了。（＝有的踢足球去了，有的打篮球去了。）

为了使译文明确具体，除了上面谈到的一些重复手段外，还有一种情况：英语原文没有重复，汉译时采用一种在内容上而不是在形式上的重复的手段。

例 22:In the Soviet Union there had been no radio, TV, or press mention of either AbeFs an'est of conviction.

译文：苏联对于艾贝尔的被俘或判刑既没有电台广播，也没有上电视节目，在报刊上也没有发表。

原文中名词 mention 没有重复，译文却以"电台广播""上电视节目"和"发表"三种不同形式重复同一个内容。

2. 为了强调

为了强调，英语句子中往往重复关键性的词，以使读者留下深刻的印象，英译汉时往往可以采用同样的重复手段。

（1）英语原文中有词的重复，译成汉语有时可以保持同样的词的重复

例 1:Gentlemen may cry peace, peace—but there is no peace.

译文：先生们尽管可以高喊"和平、和平"，但是依然没有和平。

例 2:He demanded total loyalty, not loyalty in the traditional sense'not positive loyalty, but total loyalty, not just to office or party, or concept, but loyalty first and foremost to Lyndon Johnson.

译文：他要求的是绝对忠诚，不是传统意义的忠诚，也不是一般的忠诚，而是绝对的忠诚，不只是对职务、政党或观念的忠诚，而是首先对约翰逊的忠诚。

（2）英语原文中有词的重复，译成汉语有时可以用同义词重复。

例 3："I know you hate me and I hate you; we had better part right now."

译文："我知道你恨我，我也嫌你，咱们最好即刻就分手吧。"

例 4：Every change of seasons, every change of weather, every hour of the day produces some change in the magical hues and shapes of these mountains; and they are regarded by all good wives, far and near, as perfect barometers.

译文：季节的每一更迭，气候的每一转变，乃至一天中的每一小时，都给这些山峦的奇幻色彩和形态带来变化，远近的主妇都把这些看作是准确的晴雨表。

3. 为了生动

英语原文中即使没有词的重复，翻译时为了使译文生动，有时也可以采用下列各种重复手段。

（1）运用两个四字词

汉语中有大量四字词组，这是汉语的一大特点。四字词组比较精炼，念起来顺口，有节奏感，如运用恰当，可使文字生动活泼，增强修辞效果。为了使译文符合忠实、通顺的标准，译者有时可酌情运用两个同义或近义的四字词组，这也可以说是一种重复。

例 1:The streets were overrun by Hitler's bullies.

译文：那时希特勒的暴徒在街上横行霸道，无恶不作。

例 2:Target priorities were established there.

译文：目标的轻重缓急，孰先孰后，是在那里决定的。

（2）运用词的重叠

词的重叠是汉语中常用的一种修辞手段。古代诗词中有很多这样的例子，如："青青河畔草，郁郁园中柳""年年岁岁花相似，岁岁年年人不同""寻寻觅觅，冷冷清清，凄凄惨惨戚戚"等等。在散文中也可经常见到词的重叠运用，如"清楚"往往说成"清清楚楚""明白"往往说成"明明白白"。英译汉时，我们可适当采用词的重叠，特别是四字重叠词组，使译文生动活泼，通顺达意。

例 3:Only a very slight and very scattering ripples of half-hearted hand-clapping greeted him.

译文：欢迎他的只有几下轻轻的、零零落落、冷冷淡淡的掌声。

例 4: With his tardiness, carelessness and appalling good humor, we were sore perplexed.

译文：他老是磨磨蹭蹭，马马虎虎，脾气又好得惊人，我们都对他毫无办法。

（3）运用四字对偶词组

汉语中有不少四字对偶词组，在这四个字中前后两对字形成对偶，往往具有相同或类似的含义，也可以看成是一种重复。英译汉时我们可酌情采用此类四字对偶词组，使译文显得生动活泼。

gratitude 感恩戴德

eternal glory to 永垂不朽

例 5：It was a bright September afternoon and the streets of New York were brilliant with moving men.

译文：这是九月的一个晴朗的下午，纽约的大街上，人来人往，五光十色。

例 6:Whatever initial worries we had about the plane soon vanished.

译文：不管开始时我们对这架飞机有什么不放心，这种顾虑不久就烟消云散了。

三、词汇翻译的方法与技巧

在实际的翻译中，人们做不到译文与原文完全一致，也就是说做不到不增一词，不减一字，即使以单词为单位进行翻译也做不到。前面一节举例说明了译文应当有所增补这个道理，本节则将讨论减词译法。

减词译法也称为"省略"译法，是指在翻译的过程中，把原文中自然的、必不可少的一些词语给予舍弃，也就是不翻译出来，是谓省略。与上面一节所讲的加词一样，应用"减词"这种方法的前提，是要保证原文的语义完整、信息准确。只有在这个前提下才能谈到省略，而省略的应当是在译文中显得多余或者累赘的词语。换句话说，不译或省略翻译的目的是使译文简练，合乎汉语规范，绝不是为了肢解或压缩原文信息。请看例句。

例1：I meant to have told you about it, but I forgot to do so.

译文：我原打算告诉你的，可是忘记了。

为什么在"忘记"后不把粗体部分 to do so 译出来，译成"忘记了去那么做"呢？答复是：译出来不如不译。你可以大声地试一试：用英语讲"I forgot to do so"简明响亮，用中国话说"我忘记了去那么做"显得啰嗦累赘。再看一个例句。

例2：You must excuse us for the inconveniences we have caused to you.

译文1：你们必须为我们已经给你们带来的一些不便而原谅我们。

译文2：务必原谅我们给你们带来的诸多不便。

译文3：诸多不便，请多包涵。

你会注意到原文的粗体部分在原文里并不显得怎么不妥，译文1"忠心耿耿"地全都翻译出来反倒不爽，在译文2里省略了一半，在译文3里则都省略了。同时你也得承认，后两个译文的含义并没有因此受到实质性伤害，实际上反而显得干脆利落、语义显豁。

许多人的译文洋腔洋调（比如说例2的译文1），而他们自己或者没有意识到，或者在别人指出后不以为然。对比上述两个例句来看，其实改进并不困难，改进的理论依据也很简单：仍然是本书其他地方一再提及的汉语语感或习惯，有时候还需要考虑上下文；有时候需要表现出比较明显的口语特征（比方说例1），有时候某句话应用场所比较正式严谨（比方说例2），等等。

需要说明的是，原文中已经有所省略，译文直译一样能够达到双语交流的目的，则不是本节所谓的"减词"译法。例如，

例3：I told her she didn't have to write to me. And she didn't. Not for three and a half years.

译文1：我告诉她不必给我写信。她也没有写。三年半来一直没有。

译文2：我对她讲不必给我写信。她果然没写。一连三年半都没有。

省略法在英汉翻译中使用得十分广泛，其主要目的是删去一些可有可无、不符合译文习惯表达法的词语。英译汉常见的省略情况有以下几种。

（一）词类省略

词类的省略是指英语的冠词、介词和介词短语、连词、部分代词等虚词，使用频度极高，但是往往只体现出某些语法功能，译为汉语时，这些词语都可以考虑给予省略或者转换词类。

例1：One shall pay for what one has said.

译文：一言既出，自负其责。

这句虽短，但是人称代词、情态动词、介词、关系词、时态在译文中均已省略，甚至句型也

有根本性变革。

1. 冠词的省略

在英译汉时，要注意何时需要译出冠词的含义，何时可以省略。

英语定冠词一般用来表示种类，或具有明确的指称、限定作用，但这些用法在汉语中往往是不言而喻的，没有保留的必要。英语不定冠词所起的泛指作用和单数含义，在汉语中往往无须保留。例如不定冠词 a 或者 an 可以表示类别。A commercial invoice 译作"商业发票"即可，不必特意译作"一张商业发票"，后者远不及前者自然。下面一起举例，无论是定冠词还是不定冠词，均以粗体表示原文。

例 1：A square has four sides.

译文：正方形有四条边。

上面例句中的不定冠词 A 无须译出；或者说，在这个上下文里不需要翻译出来。

例 2：Winter is the best time to study the growth of trees. Although the leaves are gone and the branches are bare, the trees themselves are beautiful.

译文：冬天是研究树木生长的最好季节，虽然树叶落了，树枝光了，但树木本身却是美丽的。

2. 代词的省略

英语中使用代词的频度远远高于汉语。而如果汉语译文中代词过多，则会显得多余、甚至十分别扭，因此可以根据具体情况给予省略。这包括人称代词、物主代词、非人称代词、不定代词等。

例 1：He put his hands into his pockets and then shrugged his shoulders.

译文 1：他将他的双手放进他的衣袋里，然后耸了耸他的肩膀。

译文 2：他将双手放进衣袋里，然后耸了耸肩。

对比上述两个译句来看，会发现译文改进并不难，只要愿意联系我们中国人平时怎么正常地说话，对写下的译文初稿做些调整和修饰，就可以做到文从字顺。下面再看一个例句。

例 2：They used to be in the laundry line, but they are running hotels now.

译文：他们过去干的是洗衣业，但现在经营饭店。

英语的非人称代词和不定代词可以用来指代时间、天气、距离等，有时起着指引、代替、泛指等关联作用，有时还可以构成强调句式。这些用法在译成汉语时大多数情况下可以采用减词译法处理。而其中有些用法，通常应该连同系动词一起省略。

3. 介词和介词短语的省略

一般说来，与动词搭配使用的介词往往可以省略不译。例如：arrive at/in 到达、look after 照看、persist in 坚持、put up with 忍受、take care of 照管。英语的介词和介词短语可以转换为汉语的动词，这也是一种省略现象。有些介词如 for（为了），from（从），to（对），on（在……时）等，可以结合相应的汉语表述而不译。如果用以构成介词短语作时间或地点状语，一般可译作相应的汉语方位词短语，如果表示时间或地点的介词短语置于句首，则介词也可以省略；如果该短语译成汉语后变为动词宾语，介词亦应省略。因为上述种种现象比较多，下面也就多看一些例句。同时，大多数例句中还有其他省略现象，为了说明问题，下面有简单提示，请你注意。

例1:The air was removed from between the two pipes.

译文：两根管子之间的空气已经抽出。

请注意句中的介词 from 省略了，而第二个介词 between 并未省略。此外，两个定冠词也省略了。

例2:Answers to questions 2 and 3 may be obtained in the laboratoiy.

译文：问题2和3的答案可以从实验中得到。

注意在本句的译文中，除了介词 to 采用了省略法之外，介词短语 in the laboratory 的译法也值得仔细体会。

4. 连词的省略

前面讲到过，英语使用连词比较多，但是汉语中相对用得就少多了。英译汉时，在译文中可以省略这类词语。比较简单的现象如两个名词用 and 搭配成一组，这种固定的名词短语在翻译的时候可以省略 and。例如:bread and milk 牛奶面包，whiskey and soda 掺苏打水的威士忌酒，heart and soul 全心全意，might and main 努力，odds and ends 残余、零碎，far and wide 到处、广泛地。有时一个副词通过 and 或其他词语连接而重复表示频率，翻译的时候也可以省略连词 and。例如: by and by 不久，more and more 越来越多，hundreds upon hundreds 数以百计，miles after miles 许多英里。

另外一种常见的语言现象是并列连词和从属连词的省略。下面请看一些例句。

例1: If I had known it, I would not have joined in it.

译文: 早知如此，我就不参加了。

请你自行观察，在本句的译文中，除了 had 外，还有哪些词类也省略了？

例2:The digital camera cost me three hundred and fifty dollars.

译文1：这台数码相机花了我三百五十美元。

译文2：这台数码相机花了我 350 美元。

这两个译文都对。前面一种译文数词的写法用于演讲、播音、视听、视播、听写、朗读、口译的书面文本，为了便于读出，所以完整地写出数词。后面一种译文用于文字发表，也包括笔头考试和做作业。这里列出前面一种译文是为了说明原文的 three hundred and fifty，在译文里省略了 and。

例3: If there were no gravity, there would be no air around the earth.

译文：没有重力，地球周围就没有空气。

请你自行观察，在本句的译文中，除了 if 外，还有哪些词类也省略了？

例4: When they awoke, though the clouds still hung low, it was no longer raining.

译文：一觉醒来，虽然乌云满天，可是雨已经不下了。

请你自行观察，在本句的译文中，除了关联词 when 之外，还有哪些词类也省略了？只要你注意观察，你会发现：减词方法十分常用，有的时候都没有意识到，有的时候则需要专门注意去掌握、去应用。

（二）词语省略

词语省略是指原文字面上有的词语，在汉语译文里不予体现。例如：litter disposal bags 三个单词是指一个概念，即"垃圾袋"，原文的 disposal 在译文中没有体现，但是仍然是对的，是人们广泛接受的译法，很少有人会认为是译错了。让我们先来简单分析一下以下的例句。

例1:All rose to their feet.

译文：全体站了起来。

译文省略了 to their feet 这个短语，它的含义体现在"站"字上。

例2:He held up a book in his hand.

译文：他举起一本书。

译文省略的不是代词 his，而是 in his hand 整个介词短语这时只有原文是 ...in his foot 或 ...in his left hand，译文才有完整译出的必要。

例 3：I don't want to give anyone the wrong impression about my attitude toward the Japanese.

译文1：我不想给任何人留下我对日本人的态度的错误的印象。

译文2：我不要大家误会我对日本人的态度。

译文3：我希望大家不要误会我对日本人的态度。

以上三种译文显然都表达了原文的含义，但是有所不同。译文1显然表达了原意，但是 the wrong impression about 这些词语没有予以转换，而在译文2和3里并没有出现 the wrong impression about 等词语，也就是省略了。此外，译文3比2技高一筹的地方在于否定式 don't want 的词序调整和 to give anyone 的视角转换（本来应当是"我不要别人"，但现在是"我希望别人不要"），显得简练、地道、流畅。

再来看下面的例句，但是需要学生自己比较，注意原文中的粗体部分：

例4:Sometimes we have specific problems with our mother; sometimes, life with her can just be hard work.

译文1：有时我们与母亲之间存在一些具体的问题；有时和她很难相处。

译文2：有时我们与母亲之间存在一些具体的问题；有时和她相处很难。

下面请你再来看一个例句：

例5:Hardly shall you find any one so bad but he desires the credit of being thought good. 译文：你找不到哪个人会堕落到不希望人们对他有好印象的。

英语中有许多在说完主要内容后附加的插件式的短语，如 I think，I believe，Tm afraid，if you like，you see，it is said，if you please，if you would please。这些词语在汉语中的对应词常常作为插入句，大多放在句首或句中，如"我想""我觉得""我恐怕""你看""据说""要是你愿意的话"等，但是许多情况下也并不需要翻译出来。

（三）语义省略

英语中有些表述在汉语里无须原样复制，有些原文利用了英语词汇丰富、同义词多等特点，显得比较啰嗦。碰到这些情况，可结合具体情况予以简化。"语义减词"必然包含词语省略。下面看几个例句。

例 1:For several years, unemployment rates in most of Western Europe were below those in the US.

译文：最近数年来，西欧大部分国家的失业率低于美国。

例 2:The report said that we should bring education within the reach of all and to extend it to all.

译文 1：这份报告说我们应该把教育送到所有的人能接受的范围之内并扩大到所有的人。

译文 2：这份报告说我们应该把教育送给所有的人，让大家都能享受到。

（四）结构减词

"结构减词"是指在翻译过程中，可以删除原文中有、但在汉语译文中却是不言而喻、可有可无、甚至多余的词语，以免译文语句啰嗦。

结构减词主要是指连词及其语法成分、关系词及其引起的从句。试看下面的例句，可见结构减词的重要性，也可注意到构成结构减词的主要是连词和从句。

例 1: If there is no time limit, we can do an even better job.

译文：没有时间限制的话，我们会做得更好。

原文句中的 if 在译文中没有体现在字面上，是谓"结构减词"，而 an...job 的处理则是前文所说的"词语省略"。也许下面这两个例句更能说明什么叫从"结构"上进行"省略"。请看，

例 2: Be a place what it may, one gets to like it, if one lives long in it.

译文 1：一个地方无论可能是什么样，如果一个人在那里住得久了，这个人会喜欢它的。

译文 2：无论是什么样的地方，只要住久了，总会喜欢上的。

译文 3：无论什么地方，住久了就会喜欢的。

例 3: A celebrity is a person who works hard all his life to become known, then wears dark glasses to avoid being recognized.

译文 1A：所谓名人，就是费尽平生之力出了名，却又戴上墨镜怕人认出来的人 a

译文 1B：名人乃是费了九牛二虎之力出名却又怕人认出来的人。

译文 2：终生奋斗为成名，名成反爱戴墨镜。

译文 3：出名不易，隐名也难。

前面两种译文都在一个句子之内用了三个"人"字，修辞上均显得累赘，读起来也不上口。译文 2、3（许渊冲先生译文）采用了无主句式，将三个"人"字一齐删掉，利用了汉语的优势，同时译出了原文的味道，文体上后面两个译文也更像汉语的警句或格言。

下面再看一些例句，自行比较，

例 4:He expressed the hope that he would visit China again.

译文：他希望能再次访问中国。

例 5: As is announced in the newspapers, China has launched another resource suiveillance satellite.

译文：报上宣布，我国又发射了一颗资源探测卫星。

例 6:Learning a language is a kind of learning the culture and customs of the countiy where the language is spoken.

译文 1：学习一国语言实际上就是学习这个国家的文化修养与风俗习惯。

译文 2：学习一种语言的过程就是一个学习当地文化和风俗习惯的过程。

就本节所讲而言，前一个译文是对的，特点在于将 where the language is spoken 简化成了"这个国家的"并前置，后一个译文也是对的，既有"……的过程就是……的过程"的加词，也有将 where the language is spoken 译成"当地"的减词处理。

显而易见，无论是增词还是减词，都有一个适"度"的问题。锦上添花、甚至画蛇添足式的增词往往会以文害义，而漏译和其他偷工减料行为又是不负责任的，两者都是希望读者注意克服的不良现象。若能控制在这个"度"之内，翻译是应当也是可以做到灵活的。

四、长句的译法

翻译长句时，首先要弄清楚原文的句法结构，找出整个句子的中心内容及其各层意思，然后分析几层意思之间的相互逻辑关系（因果、时间顺序等），再按照汉语特点和表达方式，正确地译出原文的意思，不拘泥于原文的形式。

长句的译法主要有下列几种：1）顺序法；2）逆序法；3）分译法；4）综合法。

（一）顺序法

有些英语长句所叙述的一连串动作基本上是按动作发生的时间先后安排，也有些英语长句的内容是按逻辑关系安排，这与汉语表达方法比较一致，因此翻译时一般可按照原文顺序译出。

例 1: 1）If she had long lost the blue-eyed, flower-like charm, the cool slim purity of face and form, the apple-blossom colouring, 2）which had so swiftly and oddly affected Ashurst twenty-six years ago, 3）she was still at forty-three a comely and faithful companion, 4）whose cheeks were faintly mottled, 5）and whose grey-blue eyes had acquired a certain fullness.

分析：这个句子是由一个主句、一个状语从句和三个定语从句组成的。"她依旧是个好看而忠实的伴侣"是主句，也是全句的中心内容。主句前面是一个假设状语从句，其中又包含一个定语从句，这个定语从句较长，所以，在译文中加破折号放在被修饰语之后。全句共有五层意思 :1）她早已失掉了那蔚蓝色眼睛的、花儿般的魅力，也失掉了她脸庞和身段的那种玉洁冰清、苗条多姿的气质和那苹果花似的颜色；2）二十六年前这些东西曾迅速而奇妙地影响过艾舍斯特 ;3）在四十三岁的今天，她依旧是个好看而忠实的伴侣；4）虽然两颊淡淡地有些斑点；5）灰蓝的眼睛也有些鼓溜溜的模样。原文各句的逻辑关系、表达顺序与汉语完全一致，因此可按原句顺序译出。

译文：1）如果说她早已失掉了那蔚蓝色眼睛的、花儿般的魅力，也失掉了她脸庞和身段的那种玉洁冰清、苗条多姿的气质和那苹果花似的颜色；2）二十六年前她的花容月貌曾那样迅速而奇妙地影响过艾舍斯特；3）那么在四十三岁的今天，她依旧是个好看而忠实的伴侣；4）虽然两颊淡淡地有些斑点；5）灰蓝的眼睛也有些鼓溜溜的模样。

例2：1）On August 1, the gunboat began hei mission, 2）which was, in the eyes of the defenders, a provocative act, 3）and seemed to be part of the overall assault which had begun on July 31.

分析：这个句子由一个主句和两个定语从句组成。"炮舰八月一日开始执行任务"是主句，也是全句的中心内容。主句后面紧跟着的从句是一个说明这个任务性质的从句。这个从句中又有一个限制性定语从句"七月三十一日已开始的（全面攻击）"，它比较简短，译时可移到被修饰语之前。全句共有三层意思：1）八月一日炮舰开始执行任务；2）在防御者看来这是一次挑衅行动；3）而且似乎是七月三十一日开始的全面攻击的一个组成部分。原文各句的逻辑关系、表达顺序与汉语完全一致，因此可按原句顺序译出。

译文：1）八月一日炮舰开始执行任务。2）在防御者看来，这是一次挑衅行动，3）而且似乎是七月三十一日开始的全面攻击的一个组成书部分。

例3：1）Captured documents, 2）which we have obtained from individuals, 3）who had been in filtrated through this corridor, 1）plus prisoner-of-war reports, 2）that we have obtained in recent months, 1）led us to believe, 4）that the volume of infiltration has expanded substantially.

分析：这个句子是由一个主句、三个定语从句和一个宾语从句组成的。"缴获的文件外加战俘的口供使我们相信……"是主句，也是全句的中心内容。主句中的主语"文件"和"口供"均有限制性定语从句作修饰成分；宾补"相信"后有一个宾语从句。全句共有四层意思：1）缴获的文件外加战俘的口供使我们相信……2）文件是我们从经由这个走廊渗透进来的人身上缴获的；3）口供是我们近几个月从战俘那里得到的；4）我们相信渗透的规模确实扩大了。原文各句的逻辑关系、表达次序与汉语基本一致，因此可按原顺序译出。

译文：（1+2+3）我们从经由这个走廊渗透进来的人身上缴获的文件，（1+2）加上近几个月从战俘那里得到的口供，1）使我们相信，4）渗透的规模确实扩大了。

（二）逆序法

有些英语长句的表达次序与汉语表达习惯不同，甚至完全相反，这时就必须从原文后面译起，逆着原文的顺序翻译。

例1：1）Time goes fast for one, 2）who has a sense of beauty, 3）when there are pretty children in a pool and a young Diana on llie edge, to receive with wonder anything, 4）you can catch!

分析：这个句子是由一个主句、两个定语从句和一个状语从句组成。"时间是过得很快的"是主句，也是全句的中心内容。全句共有四层意思：1）时间是过得很快的；2）如果你懂得什么是美的话；3）当你跟可爱的孩子们站在池子里，又有个年轻的狄安娜在池边好奇地接受东西；4）你所捉上来的东西。按照汉语先发生的事先叙述以及条件在先结果在后的习惯，这句句子可逆着原文顺序译出。

译文：3）当你跟可爱的孩子们站在池子里，又有个年轻的狄安娜在池边好奇地接受你捉上来的任何东西的时候，2）如果你懂得什么叫美的话，1）时间是过得很快的！

例2：1）And I take heart from the fact, 2）that the enemy, which boasts that it can occupy the strategic point in a couple of hours, 3）has not yet been able to take even（he outlying regions, 4）because of the stiff resistance that gets in the way.

分析：这个句子是由一个主句、一个同位语从句、两个定语从句和一个宾语从句组成。"事实使我增添了信心"是主句，也是全句中心内容。全句共有四层意思：1）这一事实使我增添了信心；2）敌人吹嘘几个小时后就能占领战略要地；3）敌人甚至没有能占领外围地带；4）其原因是受到顽强抵抗。按照汉语表达习惯，通常因在前，果在后，同位语从句内各层意思可由后往前译，同位语从句本身很长可译为主句主语的外同位。这样，这个句子可以逆着原文的顺序译出。

译文：4）由于受到顽强抵抗，2）吹嘘能在几小时内就占领战略要地的敌人3）甚至还没有能占领外围地带，1）这一事实使我增强了信心。

例3：1）It was our view, 2）that the United States could be effective in both the tasks outlined by the President—that is, of ending hostilities as well as of making a contribution to a permanent peace in the Middle East—, 3）if we conducted ourselves, 4）so that we could remain in permanent contact with all of these elements in the equation.

（News from Foreign Agencies and Press）

分析：这个句子是由一个主句、一个同位语从句和两个状语从句（条件、目的）组成。"这是我们的观点"是主句，也是中心内容。这句共有四层意思：1）这是我们的观点；2）美国能够有效地担当起总统提出的两项任务：在中东结束敌对行动以及对该地区的永久和平做出贡献；3）如果我们采取行动；4）以便能够继续与中东问题各方始终持接触的话。按照汉语表达习惯，通常条件在前，事实在后，同位语从句本身很长，可译成主句主语的外同位。这样，这个句子可以逆着原文的顺序译出。

译文：3）如果我们采取行动4）以便能够继续与中东问题各方始终保持接触，2）那么我们美国就能有效地担当起总统所提出的两项任务，那就是在中东结束敌对行动以及对该地区的永久和平做出贡献。1）这就是我们的观点。

（三）分译法

有时英语长句中主句与从句或主句与修饰语间的关系并不十分密切，翻译时可按汉语多用短句的习惯，把长句中的从句或短语化为句子，分开来叙述；为使语意连贯，有时还可适当增加词语。

例1:While the present century was in its teens, and on one sunshiny morning in June, there drove up to the great iron gate of Miss Pinkerton's academy for young ladies, on Chiswick Mall, a large family coach, with two fat horses in blazing harness driven by a fat coachman in a three-cornered hat and wig, at the rate of four miles an hour.

分析：这个句子是由一个主句、一个状语从句（以及和这从句相平行的 on one... 的前置词短语）组成，但主句较长，包含了用逗号分开的两个前置词短语和一个分词短语。状语从句所指的大范围时间是整个事发生的背景，它与主句所叙述的事情有关系，但并不密切，故可单独分译成一句。主句内的前置词短语（with...）和分词短语（driven by...）都是描述"马车"；另一个前置词短语（at..）又是这分词短语的修饰语。这三个短语都具有相对独立的意义，因而可从主句里分离开来译成独立的句子。整句可根据内容分三层相对独立的意思进行翻译。

译文：（当时）这个世纪刚过了十几年。在六月的一天早上，天气晴朗，契息克林荫道上平克顿女子学校的大铁门前面来了一辆宽敞的私人马车。拉车的两匹肥马套着雪亮的马具，一个肥胖的车夫戴了假头发和三角帽子，赶车子的速度是一小时四英里。

例 2:The president said at a press conference dominated by questions on yesterday's election results that he could not explain why the Republicans had suffered such a widespread defeat, which in the end would deprive the Republican Party of long-held superiority in the House.

（News from Foreign Agencies and Press）

分析：这个句子是由一个带有分词短语的主句、两个宾语从句和一个非限制性定语从句组成。全句共有三层意思：1）在一次关于选举结果的记者招待会上，总统发了言；2）他说他不能够解释为什么共和党遭到了这样大的失败；3）这种情况最终会使共和党失去在众议院中长期享有的优势。这三层意思都具有相对的独立性，因此在译文中可拆开来分别叙述，成为三个单句。

译文：在一次记者招待会上，问题集中于昨天的选举结果，总统就此发了言。他说他不能够解释为什么共和党遭到了这样大的失败。这种情况最终会使共和党失去在众议院中长期享有的优势。

（四）综合法

有些英语长句顺译或逆译都感不便，分译也有困难，这时就应仔细推敲，或按时间先后，或按逻辑顺序，有顺有逆、有主有次地对全句进行综合处理。

例 1:But without Adolf Hitler, who was possessed of a demoniac personality, a granite will, uncanny instincts, a cold ruthlessness, a remarkable intellect, a soaring imagination and—until toward the end, when drunk with power and success, he overreached himself—an amazing capacity to size up people and situations, there almost certainly would never have been a Third Reich.

分析：这个句子由一个主句、一个非限制性定语从句和一个状语从句组成。插入主句中间的是一个由 who 引起的非限制性定语从句。这个从句较长，中间又插入了一个用破折号分开的、由

until 引起的时间状语从句。这个状语从句对非限制性定语从句的后面部分作了些补充说明，因而虽然具有相对的独立意义，仍可根据逻辑关系将该句译文置于句尾。全句有两层主要意思:1)如果没有希特勒，那就几乎可以肯定不会有第三帝国；2）希特勒在性格、智力、能力等等方面具有某些特点。原文各句的逻辑关系和表达顺序与汉语大致一致，但因从句是插入成分，和汉语表达习惯不同，所以翻译时顺中有逆，可以综合处理。

译文：然而，如果没有阿道夫·希特勒，那就几乎可以肯定不会有第三帝国。因为阿道夫·希特勒有着恶魔般的性格、花岗石般的意志、不可思议的本能、无情的冷酷、杰出的智力、深远的想象力以及对人和局势惊人的判断力。这种判断力最后由于他被权力和胜利冲昏了头脑而自不量力，终于弄巧成拙。

例 2:Just advanced by the Russians and later picked up and made much of by certain American writers, was the claim that U-2 pilots were womed that if the device had to be used the CIA had rigged it in such a way that it would explode prematurely, thus eliminating, in one great blast, all incriminating evidence, planes and pilot.

分析：这个句子是一个倒装句。主句的主语是 the claim，谓语是 was just advanced by the Russians and... 主语有个同位语，比较长而且复杂，由第一个 that 引导。第二个 that 是连接 worried 后的状语从句，其中有个插入的条件句；第三个 that 是引导一个表示结果的状语从句。同位语有三层意思:1）U-2 飞机驾驶员感到不安；2）中央情报局在飞机上安上了一种装置，可以提前把飞机和驾驶员同时统统炸毁，从而消除一切罪证 ;3）条件是不得已而要使用这种装置的话。全句很长，假如我们按原来的顺序译出来，势必前后照应困难，句子冗长拖沓，不能做到忠实通顺。因此，可以利用多种方法，进行综合处理，例如，把同位语提前作外位成分，用"这、这种"等词或词组放在后面替代外位成分。

译文 :U-2 飞机驾驶员感到担心的是：中央情报局已在 U-2 飞机上安装了一种装置，这种装置在必要时能提前爆炸，把包括飞机和驾驶员在内的一切罪证一下子都消灭干净。这种说法原是俄国人提出来的，后来又被美国一些写文章的人接过来大肆宣扬。

英语中某些句子之所以成为长句，往往是由于修饰成分多，特别是从句和短语多的缘故。因此在翻译英语长句时，常常需要考虑运用各种从句和短语的翻译方法。

五、名词从句的译法

英语中，名词从句包括主语从句、宾语从句、表语从句和同位语从句等。翻译这类从句时，大多数可按原文的句序译成对应的汉语，但也还有一些其他的处理方法。现分述如下。

（一）主语从句

以 what, whatever, whoever 等代词引导的主语从句翻译时一般可按原文翻译

例 1:Whatever he saw and heard on his trip gave him a very deep impression.

译文 :他此行所见所闻都给他留下了深刻的印象。

例 2:Whoever has made a voyage up the Hudson must remember the Kaatskill mountains.

译文：凡是在哈得孙河上游航行过的人是一定记得卡兹吉尔群山的。

（二）宾语从句

1. 用 that，what，how 等引起的宾语从句汉译时一般不需要改变它在原句中的顺序。

例 1：I also told him how appealing I found the offer.

译文：我也告诉他这提供的机会对我有多么大的吸引力。

有时可加"说"字，再接下去译原文宾语从句的内容。

例 2:He would remind people again that it was decided not only by himself but by lots of others.

译文：他再三提醒大家说，决定这件事的不只是他一个人，还有其他许多人。

2. 用 it 作形式宾语的句子，汉译时 that 引起的宾语从句一般可按原文顺序；it 不译。

例 1：I take it for granted that you will come and talk the matter over with him.

译文：我理所当然地认为，你会来跟他谈这件事情的。

有时在译文中也可将 that 引起的宾语从句提前。

例 2:Anyhow, old chap, I owe it to you that I'm here.

译文：不管怎么说，老朋友，我现在还能在这儿，全靠你。

（三）表语从句

英语表语从句跟宾语从句一样，一般可按原文顺序翻译。

例 1:The fact, however, remains that, though seemingly a big military power, she is far from invulnerable in her air defence.

译文：然而，现头情况仍旧是，虽然她貌似一个军事强国，她的空防却远不是无懈可击的。

例 2:What he emphasized over and over again was that, no matter how difficult it might be, they should never retreat even for an inch.

译文：他所再三强调的就是，不管多么困难，他们决不应该后退寸步。

（四）同位语从句

同位语是用来对名词（或代词）作进一步解释的。同位语可以是单词、短语或从句，这里先介绍英语同位语从句的译法。

1. 同位语从句汉译时不提前

例 1:He expressed the hope that he would come over to visit China again.

译文：他表示希望再到中国来访问。

例 2：As an obedient son, I had accepted my fathers decision that I was to be a doctor, though the prospect interested me not at all.

译文：作为一个孝顺的儿子，我接受了父亲的决定，要当医生，虽然我对这样的前途毫无兴趣。

2. 同位语从句提前

例1：Yet，from the beginning，the fact that I was alive was ignored.

译文：然而，从一开始，我仍然活着这个事实却被忽视了。

例2：But I knew I couldn't trust him. There was always the possibility that he was a political swindler.

译文：但我知道不能轻信他。他是政治骗子这种可能性总是存在的。

3. 增加"即"（或"以为"）或用冒号、破折号分开

例1：But il ignores the fact that，though pilots，we potentially were in as much danger of capture as any covert agent.

译文：但却忽略了这一点，即我们虽说是驾驶员，却和任何潜伏的特务一样有被俘的危险。

例2：But considered realistically，we had to face the fact that our prospects were less than good.

译文：但是现实地考虑一下，我们不得不正视这样的事实：我们的前景并不妙。

这里我们再简单讲讲用单词、短语作同位语的译法。

（1）说明身份、称号的英语同位语往往放在专门名词后面，汉译时一般放在前面

例1：They silently surrounded Lazarev，a young soldier，in order to take him prisoner.

译文：他们悄悄地包围了一个年轻战士拉扎列夫，企图俘虏他。

例2：According to Snyder，my cousin，Oswald mentioned this matter.

译文：根据我表兄斯奈德的叙述，奥斯瓦德提到过这件事。

（2）限制性同位语以及用形容词、数词等做进一步说明的同位语在英语中往往放在本位语后面，汉译时一般无须改变位置

例3：I have been to all the cinemas in this city，big or small.

译文：这个城市里的电影院我都去过，大的也罢，小的也罢。

例4：We two like to go there.

译文：我们两个都想去。

（3）原文中有些同位语，汉译时往往需要作适当扩充或加破折号、冒号等

六、定语从句的译法

（一）定语直译

英语中比较简短的定语和定语从句，在翻译时一般可以直译为汉语的定语。在词序方面，无论英语的定语是前置还是后置，汉语一般都需要放到核心词的前面。尤其是单词和短语作定语时，只要选词恰当并一起安排在中心词的前面就可以了。

例1：The day on which she anived was Thursday.

句中定语从句 on which she amved 修饰 day，在这个定语从句中，关系代词 which 指代

day。在这种情况下，介词 on 一般置于 which 的前面。on which 相当于 on the day，倘若是在这种情况下，也就是使用 on the day 这种形式，那么这个介宾短语便是作状语用了。

译文：她抵达的那天是星期四。

例 2:The captain was the last man to leave the sinking ship.

译文：船长是最后一个离开那艘即将沉没的船只的人。

句中的粗体部分是个动词不定式短语，作定语修饰名词词组 the last man。

（二）调整语序

为了符合汉语读者的心理预期，写下译文的时候需要调整词序。看下面的例句。例：You're about to read the story of a man who's had more than his share of successes.

译文 1：你将读到一个获得了异乎寻常的成就的人的生平。

译文 2：你就要读到的是一个人的生平，此人曾获得过异乎寻常的成就。

译文 3：你将读到一个人的生平，这个人获得了异乎寻常的 / 超越常人的成就。

（三）定语译为并列句

英语中的定语，在翻译时一般可以分译出来单独成句。

例 1:He was the only one to speak out against the decision.

译文 1：他是唯一一个站出来反对那项决定的人。

译文 2：只有他站出来反对那项决定。

原文中 to speak out against the decision 是一个动词不定式短语作定语。译文 1 保持了原文的结构，句子总共只有 17 个汉字，定语就占了 14 个字（"唯一一个站出来反对那项决定的"），就显得长了一点。译文 2 把定语处理成了谓语，问题就迎刃而解。

介绍这个方法并非仅仅为了应用于短句，而是为了你在掌握之后用于比较长的定语从句。

这里的要点十分简单：即调整词序和句型。

定语从句有时与文中所说明的词之间的关系不够密切，形态上属于限制性定语从句，但由于限制性不强，在句中的作用相当于一个并列分句，因此说，定语从句可以而且经常译成并列句。

例 2:The police are concerned for the safety of the 12-year-old boy who has been missing for three ears.

译文 1：警方对那个已失踪三天的 12 岁男孩的安全感到担忧。

译文 2：那个 12 岁的男孩失踪三天了，警方对他的安全感到担忧。

这个例子原文是主从结构，而译文 2 用了两个主谓结构，也可以说是两个并列短句。这也正是英汉两种语言在句子结构方面最大的区别。下面请再看一个例句。

例 3：I have the same trouble as you have.

译文 1：我有与你有着同样的烦恼。

译文 2：我和你有着同样的烦恼。1069070069

译文 3：你有的烦恼，我也有。

但是要注意不可套用汉语的相近牢骚，译成"你有你的烦恼，我有我的烦恼，都是一样的"——

这么一来就改变原文的含义了。翻译讲方法讲灵活，但是不能以词害义，这应当是做翻译工作的底线之一，而且是最为重要的底线之一。

（四）定语译成状语

英语中定语的主要功能是作为定语修饰核心词，但是在有些情况下它相当于状语，说明原因、条件、结果、目的、让步等关系。由于汉语中定语过长会显得臃肿，因此翻译时要搞清其真正的含义，采取分译的方法转换为并列句、原因状语、条件状语、目的状语、结果状语、让步状语等。我们先来看一个并未包含从句的定语例句。

例 1：A true friend, would have acted differently.

译文 1A：一个真正的朋友不会这么做。

译文 1B：一个真正的朋友就不会这样做。

译文 1C：一个真正的朋友做法就不一样了。

原文的 true 是名词 friend 的定语，上述三种译法均译为"真正的朋友"，称为直译，译文属于翻译体。如果考虑到英语单词定语的移动和扩展，考虑到英语重用字面形式，暗含着条件，那么似乎可以颠倒词语，改译成下面的样子：

译文 2A：如果是一个真正的朋友，他就不会这么做了。

译文 2B：如果一个朋友是个真正的朋友，那他是不会这么做的。

这种处理方法在简短的句子中应用起来似乎显得矫情，但是在稍微长一点、语义复杂一些的句子里，这种方法的应用就十分重要了。

例 2：He made a makeshift bed with four cushions.

译文 1：他用四个垫子拼了一张临时床。

译文 2：他用四个垫子临时拼了一张床。

译文 2 把定语处理成了状语，问题得到了解决。

这就是本节的主题，就是说在翻译英语的定语从句时，我们可以根据具体情况下把它所含的原因、条件、结果、目的、让步等关系译出来。这是翻译过程中常用的一种方法。请你比较下面两个例句的两种译法：

例 3：This is the cat that killed the rat that ate the ham that Jack had in his hat.

译文 1：这就是那只捕杀了那只偷吃了杰克放在他的帽子里的火腿的老鼠的猫。

译文 2：这就是那只捕杀了一只老鼠的猫。老鼠偷吃了杰克放在帽子里的火腿。

例 4：The sun, which had hidden behind clouds all the morning, now came out in all its splendour.

译文 1：那个整个上午躲在云层后面的太阳现在以其全部的壮丽出来了。

译文 2：太阳一上午都躲在云层里，这时出来了，光芒四射。

下面我们分四种情况举例说明。

1. 译成原因状语

定语从句译成汉语的"原因"分句，通常使用关联词语"因为""由于"等。

例1:Cruising is most popular in small towns where there is not much else to do.

句中粗体部分是个限制性定语从句，由关系副词 where 引出，修饰前面的名词 towns。译文1：开车兜风在别无其他事情可做的小城镇里最为常见。

译文2：开车兜风在小城镇最常见，在那里别无其他事情好做。

译文3：开车兜风在小城镇最为常见，因为小城镇里没有什么别的好玩的。，

例2:Her refusal to obey him greatly incensed him who has never met that kind of opposition before.

译文：她拒绝服从他，这让他非常生气，因为他从来没有遭到过那样的反对。

2. 译成目的状语

定语从句表示"目的"，译成汉语"目的"分句，可在分句前加上关联词语"以便""为了"，等等。

例1:We have to speed up the pace of the project, the time of which may be greatly reduced. 译文：我们必须加快这个项目的进展速度，以便减少项目所需的时间。

例2:Chinese trade delegations have been sent to African countries, who will negotiate trade agreements with the respective governments.

译文：中国派出了一些贸易代表团出访非洲各国，以便同各国政府洽谈贸易协议。

3. 译成让步状语

定语从句表示"让步"，译成"让步"分句，可使用关联词语"尽管""虽然"等。

例1:The scientist, who was dog-tired, went on with lhe experiment. 译文：那位科学家虽然已经筋疲力尽了，但还是继续进行着实验。

例2:Monaco, whose size is small, attracts millions of tourists every year.

译文：虽然摩纳哥的面积很小（编者注：不足2平方千米），却也每年都吸引着数以百万计的旅游者。

4. 译成条件状语

定语从句可以译成汉语的"条件"或"假设"分句，分句前可加关联词语"如果""假设""只要"等。

例1:He would be a rash man who should defy public opinion and act arbitrarily.

译文：如果有人敢于公然对抗公众舆论而一意孤行，他定是个鲁莽之徒。

例2:People became desperate for work, any work, which will help them to keep alive their families.

译文：人们极其迫切地要求工作，不管什么工作，只要它能维持一家人的生活就行。

七、状语从句的译法

在语法上，状语当然不同于定语，但是在翻译思路上，状语的处理方法与定语的处理方法有着许多共同的地方。因此，本节不再详细论证和解释。与定语和定语从句相比，英语的状语和状语从句较为容易处理，因为英语和汉语中表示时间、原因、让步、条件等状语意义的用法比较接近。但是在实际翻译中，转换的可能性和范围都要大得多，转换的方式也要灵活得多。为了节省篇幅，本章节就不同类型的状语只在涉及转换方法的时候给予分类说明。

（一）状语直译

英语中比较简短的状语和状语从句，在翻译时一般可以直译为汉语的状语。例如，

例1：We eat to live and we do not live to eat.

译文：我们吃饭是为了生存，我们生存并不是为了吃饭。

例2：Eveiyone can raise himself，but only by his own actions.

译文：人人都能提高自己的水平，但只有通过自己的努力。

英语的状语在修饰动词时，位置比较灵活，可以放在句子的前部、中部，或末尾，可以表示伴随、原因、时间、条件等多种关系。而汉语的状语喜欢放在核心词的前面，这是直译的时候需要注意的主要方面。

例3：They moved to the countryside last week.

译文：他们上星期搬到乡下去了。

例4：Throughout the world，oil consumption is growing rapidly.

译文：全世界的石油消耗量正在迅速增长。

这里以 enough 为例，说明一下后置副词作状语情况下的翻译问题。在英语原文中，当 enough 用于修饰形容词和副词时，必须位于形容词和副词的后面。翻译成汉语时，可以保留这种语序。当然，不同的句型会影响到译文的表达，这方面的表现最为显著。

例5：The book is difficult enough for me to read.

译文：这本书我读起来够难的。

例6：Do you know him well enough to be able to borrow money from him?

译文1：你是不是对他熟悉得到了可以向他借钱的程度？

译文2：你跟他熟悉吗？能不能向他借出钱来？

（二）调整语序

对于比较长的英语状语，在译成汉语时需要根据原句的逻辑关系和含义，同时考虑汉语的习惯，在译文中相应地进行语义和结构上的调整，也就是适当调整状语在译文中的位置。这包括多种情况，其中尤以分词短语作状语的情况最为明显。调整的幅度也有大有小，有的时候仅仅是词序上的前后变化。

例1：He rode away whistling.

译文：他吹着口哨骑车走了。

句中 whistling 是现在分词短语作状语，表示伴随状况，前面可以有逗号，也可以没有（仅仅考虑这类句型的话，现在分词短语在少数情况下还可以放在句子的前面）。而翻译的时候则把对应的"吹着口哨"移到了谓语"骑车走"的前面。

例 1:You got more nerve than brain.

译文 1：你是勇敢有余，智慧不足。

译文 2：你须多动脑筋少用蛮力。

本句的两个译文都对，尽管采用的句型和译法大不相同。

例 2:The program, because it wasn't carefully thought out was difficult to maintain.

译文 1：这个计划，因为没有仔细地策划，所以很难实施。

译文 2：这个计划考虑得不够细致，所以很难予以贯彻执行。

译文 3：因为策划得不够周密，所以这个计划很难进行下去。

原文是同一个原文，但是现有的三个译文都是对的，尽管结构大不一样。

例 3:She sang as she prepared the dinner.

译文：她一边唱歌，一边准备晚饭。

（三）转义翻译

这里所谓的"转义"是指意译，即译文保留了原文的含义，形式上或多或少地采用了归化汉语，而没有拘泥于字面上和句型上表层的一致。也许看几个例句更容易说明问题。

例 1:She, of course, may marry whom she likes.

译文 1：她当然可以嫁给她喜欢的人。

译文 2：当然啦，她想嫁给谁就可以嫁给谁。

显然，第二个译文里的"想"当作"喜欢"讲，不然句意就会有所改变。

例 2：If he did commit the crime, he wouldn't be punished.

译文：他即便真的犯了罪，也不会受到惩罚。

此外，下面两个例句所代表的语言现象，也是在本节范畴中的内容，本课程的目标学生应当注意掌握。请看例句。

例 3：I had already got home before it began to rain.

译文 1：开始下雨之前，我已经到家了。

译文 2：我到家后，天才开始下雨。

例 4:She had scarcely heard him finish when she burst into tears.

译文 1：她几乎没有听他说完的时候她开始哭了。

译文 2：她刚听他说完就哭开了。

译文 2 采用了汉语特有的"刚……就……"的句型（还可以有"一……就……"的形式），这种归化也可以看作是一种转义译法。

（四）比较句的翻译

比较句和比较从句是状语和状语从句的一种，只是因为其本身种类较多，翻译起来又有一些特别的地方，所以放在这里单独举例说明，希望有助于大家掌握。

英语的比较句主要是通过形容词和副词的三级比较形式，即原级、比较级和最高级来表现的。在实际应用中，比较的内容和形式可能不限于比较。在翻译时需要摆脱原文的形式，体会其深层含义，然后套用汉语习惯的形式来再现其含义。下面分为三个部分讨论并举例说明。

1. 原级比较的翻译

英语原级比较的表达形式通常为 as...as... 结构，主要用于表示比较双方在某方面相等或有相似之处，汉语的表达方式与之基本相同，也就是说可以直译。

例 1：A child's head works as fast as an adult's.

译文 1：小孩的头脑转得与成年人一样快。

译文 2：小孩的头脑工作的速度与成年人一样快。

同学们可能需要注意，如今许多人不能正确使用"的""地""得"三个字。请你观察一下例 3 两个译文中"的"和"得"的用法，然后再看下面两个例句及其解释。

例 2：She is much taller than her husband.

译文：她比丈夫高得多。

例 3：He is much more conservative than his wife.

译文：他比妻子保守得多。

你可能注意到了，例 2 译文的状语部分中的"高得多"和例 3 译文的状语部分"保守得多"中，使用的是"得"字。在这两个例句里 much 是副词，作状语使用。例 2 的原文中，much 修饰形容词 tall 的比较级 taller；在例 3 的原文中，much 修饰形容词 conservative 的比较级 more conservatives 在 much 的位置上还可以使用 a lot 或 far 以及少数其他副词。

但是大量的同一句型实际表达的含义可能比较特殊，有时表达最高级比较，有时表达强调意义，有时表达等同关系。在翻译时要注意把握其中的具体含义，转换成其他句式或表达方法。

例 4：He took as much butter as he needed.

译文 1：他拿了他所需的黄油。

译文 2：他拿了他所需的黄油，没有多拿。

2. 比较级的翻译

英语的比较级一般用来表示双方之间存在一定的差异，如大小、长幼、高低、优劣等。我们这里想就比较级发生变异而产生的新含义举例说明一下翻译上的问题。

例 1：The demands seemed less than reasonable.

译文：这些要求似乎不近情理。

例 2：These new villas are spacious rather than comfortable.

译文 1：这些新别墅与其说是舒服，倒不如说挺宽敞。

译文 2：这些新别墅挺宽敞的，但是并不一定很舒适。

3. 最高级的转换

英语的最高级表示在特定的情况中，比较各方中有一方在某方面最为突出。在实际应用中，最高级的形式有时含有让步的意义，有时只表示强调而没有比较含义。

例1：I should do it with the greatest pleasure.

译文：我很乐意做这件事。

例2：He didn't seem in the least to be concerned with what she was saying.

译文：对她所讲的话，他似乎一点也不感兴趣。

八、被动语态的译法

英语中被动语态使用范围很广。凡是在不必说出主动者、不愿说出主动者、无从说出主动者或者是为了便于连贯上下文等等场合，往往都用被动语态。汉语中虽也有被动语态，但使用范围狭窄得多。英语被动语态的句子，译成汉语时，很多情况下都可译成主动句，但也有一些可以保持被动语态。

（一）译成汉语主动句

英语中被动结构的句子译成汉语主动句可以有几种不同情况：

1. 原文中的主语在译文中仍作主语

例1：The whole country was armed in a few days.

译文：几天以内全国武装起来了。

例2：The sense of inferiority that he acquired in his youth has here, not been totally eradicated.

译文：他在青少年时期留下的自卑感，还没有完全消除。

2. 原文中的主语在译文中作宾语

例1：It would be astonishing if that loss were not keenly felt.

译文：如果（人们）没强烈地感到损失，那倒是奇怪了。

例2：Mr.Billings cannot be deterred from his plan.

译文：（人们）不能阻止比林斯先生实行他的计划。

3. 译成带表语的主动句

例1：The crew were trained at Eglin Field, Fla.

译文：（轰炸机）机组人员是在佛罗里达州埃格林空军基地训练的。

例2：The decision to attack was not taken lightly.

译文：进攻的决定不是轻易做出的。

4. 常用被动句型的翻译

有一类以 it 作为形式主语的英语句子，在译文中常要改成主动形式，有时不加主语，有时则加上不确定的主语，如"有人""大家""人们""我们"等。

（1）不加主语时

It is hoped that... 希望...

It may be said without fear of exaggeration that... 可以毫不夸张地说...

It must be admitted that... 必须承认...

It will be seen from this that... 由此可见...

（2）可加主语的

It is asserted that... 有人主张...

It is generally considered that... 大家认为...

It is well known that... 大家知道（众所周知）...

It was told that... 有人曾经说...

（二）译成汉语被动句

汉语也有用被动形式来表达的情况。这一类句子，都是着重被动的动作，有些说出了动作的主动者，有些则不说出动作的主动者。英语被动句译成汉语被动句时往往借助于以下各种方式。

1."被……"或"给……"

例1:Any minute we would surely be spotted by enemy planes flying in and out of the airfield.

译文：我们随时都会被出入机场的敌机发现。

例2：I started to explain that I could not do my best since my spectacles had been taken away from me，but she wouldn't let me finish.

译文：我开始解释，我不可能干得很好，因为我的眼镜已给拿走了，但她不准我讲完。

2."（遭）受……"

例1:Our foreign policy is supported by the people all over the world.

译文：我们的对外政策受到全世界人民的支持。

例2：I was seized with sadness as I thought of how the ancient city had been spared during the Second World War and now might be destroyed by an impending riot.

译文：我想到了这座古城在第二次世界大战时得到幸免而现在却要遭到即将来临的暴乱的破坏，内心感到悲伤。

3."为……所"

例1:These views of Marx and Engels have now been adopted by all proletarians who are fighting for their emancipation.

译文：马克思和恩格斯的这些观点，现在已为正在争取解放的全体无产阶级所采纳。

例2：Once the men had been accepted by the Comet organization, they were brought to Brussels. 译文：士兵们一旦为彗星组织所接受，就被送到布鲁塞尔去。

（三）译成"把""使"和"由"字句

例1：By evening the occupation was complete, and the people we're chased off the streets by an eight o'clock curfew.

译文：至傍晚，占领已告完成。八点钟开始的宵禁把人们从街道赶走。

例2:Most letters from his wife, are read to him by the nurse in the hospital.

译文：他妻子给他的信件，大多数是由医院里的护士念给他听的。

九、其他句子的译法

（一）并列句

英语中的并列句由并列连词或短语and,for,so,but,either...or...等引导或由逗号隔开，各个分句在语法上具有并列的关系，但在意思上除了一部分具有并列关系外，还有一部分具有条件或假设，或具有选择、因果等复合关系，所以翻译时应根据各个分句之间在意思上的相互关系来决定其译法。

如果各分句在意思上表示并列关系，可按原文译成并列复句。这种句型一般用 and 连接或用分号隔开。

例1:Keep your face to the sunshine and you cannot see your shadow.

译文：你要是面对阳光，那就看不到自己的影子。

如果并列句的各个分句在意思上具有选择关系，就可以译成选择关系。这种句子一般有连词or"否则""要不然"，otherwise"否则"，or else"否则"或连词短语either...or"不是……就是……""要么……要么……"等。

例2:The fuel must have been finished, for the engine stopped.

译文：燃料准是用完了，因为发动机熄火了。

如果分句在意义上互不协调，并显示出转折关系，就要译成转折句式。表转折的并列连词有but"但是"，yet"然而"，still"仍然"，however"然而"等。而这些词本身就具有表转折的意思。

例3:This machine is simple in design, yet it is efficient in operation.

译文：这机器结构简单，但操作有效。

英语中并列关系的翻译一定要仔细推敲。有的并列句子看似并列关系，实际上各分句之间的逻辑关系并不简单。翻译好并列关系，首先还是要从逻辑上把握句子的意群。

（二）倒装句

倒装是英语中常用的一种句式，其形式和修饰功能多种多样，有语法倒装和修辞倒装之分。语法倒装是指主谓语的颠倒或句子其他成分的颠倒；而修辞倒装是为了强调，为了使上下文紧密衔接而采用的一种写作手段。因此翻译时要选择适当的语言形式，表达出原文的倒装目的。

例1:Even more interesting is the probability that life on other planets may be in a more advanced stage of evolution.

译文：更为有趣的是，其他行星上的生命可能已经处于更先进的进化阶段。

这种倒装句为"表语 + 系动词 + 主语"或"分词 + 助动词 + 主语"的结构，通常仍按照倒装句来翻译。

例 2:Only in Paris can you buy clothes and shoes like that.

译文：只有在巴黎你才能买到那样的衣服和鞋子 e

某些副词开头的倒装句注重强调的效果，翻译时也要突出这一效果。如上例。

英语中有时会出现提前一个副词和一个助动词来构成倒装，而汉语中没有这种现象的，翻译的时候要灵活处理。例如，

例 3:Proudly, the captain hoisted the flag softly, a bugle sounded.

译文：船长轻轻地升起了旗子，满心自豪；喇叭声响了起来，清脆悦耳。

倒装的形式和修辞功能丰富多样，翻译的时候要注重功能的对等，将原句所起的强调、承上启下、使描写生动等功能重现于译文之中。

（三）否定句

否定句在英语中也是比比皆是。否定句有多种形式：部分否定、全部否定、双重否定、意义否定等。同时否定还有多种变化：如否定的各种转移，形式否定但意义肯定等。否定句的翻译中常常有很多陷阱，一不小心就会在翻译上闹笑话。

1. 部分否定

我们知道否定词 not 放置于表示全部概念之前的词，如 both, always, everything, everybody 时，产生的意义是部分的否定。但有时 not 不位于这些词的前面时，仍然表达的是部分否定的意思，翻译时要特别注意。比较下面的例子。

例 1:Not all the employees are to be laid off.

译文：不是所有的员工都会被解雇。

例 2:Every man is not polite, and all are not born gentlemen.

译文：不见得人人都懂礼貌，也不见得所有的人都生为君子。

2. 全部否定

英语中的全部否定比较容易判断。通常在英语中为否定句的，在译为汉语时仍然翻译为否定句。要注意一些表示否定意义的词，如 nowhere, nothing, neither, nor, none 等。例如，

例 1:Pizza Hut was nowhere to be found in this small town.

译文：这座小城哪儿都没有必胜客。

例 2: No man can be an artist.

译文：没有人可以成为艺术家。

3. 双重否定

英语的双重否定形式应灵活对待，可以按照汉语的习惯保持双重否定形式，也可以转译为肯定形式。

例 1:You can't make something out of nothing.

译文：巧妇难为无米之炊。

例 2: I worked and worked, and I didn't know how much I had not done. 译文：我夜以继日地工作，不知道干了多少活。

4. 否定的转移

例 1：I don't suppose you need my help any more.

译文：我看你不再需要我的帮助了。

这个例子中，否定体现在表示看法、感官的谓语动词上，但语意却是否定后面的宾语从句。反之，也有否定形式是在宾语，但语义上却是否定谓语，此时否定的语气通常很强烈。

例 2:You can find no reason for being lazy during studies.

译文：你没有理由在学习中偷懒。

5. 形式否定

在英语的形式否定中表达的意思通常是肯定的。常见形式否定的标志语有：n。more than，no less than，nothing but 等等。

例 1:He is no more than a puppet.

译文：他只不过是一个傀儡。

例 2：He is no less guilty than you.

译文：他和你同样有罪。

在翻译否定句的时候要特别注意否定的位置和否定的成分。

第六章　中式英语维度的英语翻译教学

第一节　中式英语的成因解析

一、原语理解错误

从语言层面来讲，译员在理解原语的时候通常要涉及三个方面的活动。首先，是要接收原语的表层结构，获得原语的表层意思；其次是通过加工转换产生深层次的含义；第三就是对深层次的含义进行解释说明，以此来获得原语真正隐含的意思。总的来说就是透过表层结构来获得深层次的隐含结构，也就是我们常说的原语真正要表达的意思。在汉英交替传译过程中译员对原语的表层结构理解基本不存在问题，因为毕竟是译员的汉语母语。但是译员在对原语深层次的含义理解以及加工转换成译文时通常会产生问题。要么是对原语深层次的含义没有有效的理解，从而在转换成译文的时候使译文的含义也跟着相应的错误，要么就是直接忽略了原语深层次的含义，直接机械的照搬原语的表层结构来转换成译文，这就使译文的含义跟原语的表层意思完全一致，从而导致了中式英语现象的出现。

例1：朋友们可能知道随着国民经济发展、人民生活水平提高、医疗卫生状况的改善、出生率的降低，中国老年人在人口中占的比例越来越大。

实践译文 As you all know, since 1949 with the development of national economy and the improvement of living standards (for the people) and medical conditions and the low birthrate, the elderly has constituted a large proportion of the entire population.

参 考 译 文 I believe you all know that after1949, with the development of national economy and the improvement of living standards and medical care, and the decrease in birthrate, the proportion of the elderly in our population has become larger and larger.

分析：本例中 living standards for the people 对应中文结构十分工整，但是 living standards 即 standards of living 的英文意思是 the amount of money and level of comfort that a particular person or group has。由此可以知道，living standards 在意思上包括 for the people，说的就是人民生活水平。译员没有考虑到 living standards 的内在隐含意思，使译文出现了错误。

例2：中国的老年人口是全世界最多的，约占世界老年人口总数的21%，占亚洲老年人口总数的50%。

实践译文 China's elderly population is the largest in the world; it makes up 21％f the world's total and 50％f the total in (the area of) Asia.

参考译文 China's elderly population is the largest in the world; it makes up 21%. f the world's total and 50%. f the total inAsia.

分析：介词 in 的英文意思是 at a point within an area or a space。由此可以知道，inAsia 就表示在亚洲范围内，译员没有考虑到 inAsia 的内在隐含意思，使译文出现了错误。

例 3：自 1978 年改革开放以来，我国教育经费逐年增加。

实践译文 China's educational (financial expenditure) has been increasing year by year sing 1978 when reform and opening-up policy were introduced.

参考译文 China's educational expenditure has been increasing year by year sing 1978 when reform and opening-up policy were introduced.

分析：financial 的英文意思是 connected with money 而 expenditure 的英文意思是 the act of spending money; an amount of money spent。由此可知 expenditure 在意思上已经包含了 financial 强调的意思。译员没有考虑到 expenditure 的内在隐含意思，使译文出现了错误。

例 4：为了实现这些目标，政府通过报刊、杂志、广播、电视进行老龄问题的宣传教育，并举办各种活动弘扬道德风尚，推动敬老运动。

实践译文 To achieve these goals, the government has promoted and advertised the issue of aging through newspapers and magazines as well as TV and radio programs. All (various) kinds of activities have been organized to improve moral standards and to push the movement to respect the elderly.

参考译文 To achieve these goals, the government has given publicity to and conducted education on the issue of aging through newspapers and magazines as well as TV and radio programs. All kinds of activities have been organized to improve moral standards and to push the movement to respect the elderly.

分析：英文中表达"各种"的词组有 all kinds of、different kinds of、various kinds of。如果 all 和 various 同时使用就显得重复多余，译员只是考虑了汉语字面的意思，机械的照搬汉语结构译成了英文，忽略了 all kinds of 的内在隐含意思，使译文产生了错误。

例 5：当然，中国政府和中国人民有足够的信心，艰苦奋斗，排除万难，实现我们的雄心壮志。

实践译文 Of course, the Chinese government and the Chinese people are confident that we can work extremely hard and eliminate (tens of thousands of difficulties) to achieve our glorious and ambitious objectives.

参考译文 Of course, the Chinese government and people are confident enough to overcome all the difficulties and achieve our ambitious goals through our vigorous efforts.

分析：本例中译员将"万难"直译成了成千上万的困难，译员只是理解了"万难"的表层结构，而并没有理解其深层次的结构，在转换成译文时也是根据汉语的表层结构进行机械的照搬，使译文产生了错误。这里"万难"是用来形容困难程度，并不是有多少个困难，因此译成

difficulties 就可以了。

二、文化习俗差异

中国肯德基在突破 3000 家新闻发布会上同步启用了全新品牌口号"生活如此多娇"。之前，肯德基一直使用"有了肯德基，生活好滋味"的品牌口号，用中国人民更能体会的方式，准确地表达出品牌定位，并获得中国消费者的共鸣。其英语宣传口号是 finger-lickin (lickin=licking)，good。如果直译为"舔手指头，真香"，中国读者（消费者）肯定感到突兀、别扭，难以认同和接受。个中原因显然是中西文化差异所致。欧美人进食时舔手指，同时口中发出"啧啧"赞美之词，表示对食物的欣赏和喜爱，是正常现象。中国人进食时舔手指会被认为不讲卫生，没有教养，举止不文雅。

此外，在英语语境中"fingerpicking"还有"美味"的语用意义，令人产生美味食物的联想，而在中文语境中却无法引起类似的联想。因此，"有了肯德基，生活好滋味"在汉语语境中是成功的佳译，"在内容和结构上均符合中文语境的语用修辞要求，与中国读者的预期入流合拍，是汉语语境中成功的修辞。"肯德基的这一品牌口号充分彰显了其矢志"立足中国、融入生活"的美好愿景，对外宣翻译工作者亦不无启示：沟通文化差异，避免文化错位。

文化与语言之间存在着密不可分的关系。一个民族的语言与这个民族的文化彼此血肉相连，两者你中有我，我中有你。语言离不开文化而存在，特定的文化常把某种烙印加到语言上。翻译不仅是语言的转换过程，也是文化移植和文化交融的过程。如果翻译中忽视文化差异，译文不但达不到应有的语用效果，甚至因为违反消费心理，致使消费者对产品产生反感和误解，出现语用失误。比如，我国出口试销美国的"轻身减肥片"原译名：obesity-reducing tablets，在以减肥为时尚的美国一度却无人问津。市场调查发现问题出在商品的英译名违反购买者的消费心理。美国人看了药名产生的联想是此药专为 obesepeople（肥胖症者）服用的。改译为 slimming pills 就打开了销路。还有，不少店家为了促销产品，往往打出"全城最便宜"的广告语。倘若要译成英文，断然不能简单直译为"Cheap estintown"的，因为"cheap"一词蕴涵"便宜无好货"的负面语用修辞意义，令人产生假冒伪劣商品的联想。相比之下，value- 词有"质好价低"的褒义语用内涵，在译语语境中能够起到促销作用，因此"Bestvalueintown"是得体恰当的翻译。

由于英美读者的认知语境中缺乏相关的文化图式，在认知推理过程中得不到应有的语境效果，造成认知错误。所以，外宣翻译中，对于大量的中国特色的概念术语等等，不能仅作字面上的翻译，更要到对其进行必要的解释性翻译。然而，很多外宣翻译工作者缺乏跨文化传播意识，不能站在目的语读者的立场上考虑问题，望文生"译"。很多对中国人耳熟能详的事物对外国人却十分神秘陌生。我们不能苛求每个外国人都是"中国通"，毕竟"外国人不是中国人"！外宣翻译中，大凡翻译历史事件、地理名称、人名、特有机构、政治口号术语、行话俚语、中国菜肴、传统节日等中国特有的文化概念事物都有必要进行解释性翻译，译"名"更要译"实"，尽力减少或避免"文化流失"，当然也要减少或避免"文化失真"。

三、母语干扰

语言干扰也称跨语言干扰或迁移，是语言学习者的第一语言（母语）对他们正在学习的语言（二语或外语）产生的影响。这种影响可以是语言的任何方面：词汇、语法、重音或口音、拼写等，语言干扰经常被认为是错误的来源。虽然两种语言有关特点相同时会导致正确的语言生成，但是两种语言的差异越大，这种负面效能就可能越强。

（一）词汇使用干扰

在词汇使用方面，汉语和英语都有各自不同的固定搭配和习惯表述，这些不同的固定搭配和习惯表述也经常是汉英交替传译译文中中式英语现象产生的原因，比如：body health，survive from the accident，sympathize the poor 等词语搭配错误，归根到底这些都是汉语词语搭配的"英文版"。身体健康，英语用 physical health 来表达，以便与 mental health 形成对比。survive 和 sympathize 在英语中分别是及物动词和不及物动词，因此 survive 不应接介词，而 sympathize 却需要和介词一起使用才能接宾语。

例6：很高兴今天由我来带大家参观我们北医三院，大家有什么问题，我可以随时解答。

实践译 I'm very glad to show you around our hospital-Peking University Third Hospital and I'm ready to（reply）your questions.

参考译文 I'm very glad to show you around our hospital-Peking University Third Hospital and I'm ready to answer your questions.

分析：本例中 reply 的宾语只能是回答的内容，不能是回答的对象。如果用于表示回答的对象，应加上 to。而 answer 的宾语既可以是回答的内容，也可以是回答的对象，所以应该使用 answer。但是译员认为两个单词的汉语意思都是类似的，既然在汉语里意思接近，也就理所当然的在英语里进行了替换，造成了译文中词语搭配的错误。

例7：成立合资企业以后，生产出来的第一批冰箱中发现有十台次品。

实践译文 After the joint venture was set up, the first batch of refrigerators got off the production line, 10 of which were（awful products）.

参考译文 it happened right after we set up the joint venture. When the first batch of refrigerators got off the production line, 10 of them had quality problems.

分析：本例中译员将"次品"译成了可怕的、极坏的产品（awful product），我们都知道次品是指生产企业在生产过程中生产出的有缺陷、达不到合格指标的产品，并不是什么可怕的产品，译员只抓住了"次"，认为它的汉语意思有不好的、可怕的意思，就想当然的按照汉语的词语搭配习惯译成了英语。但是实际上虽然 awful 是形容词，但是 awful 却是无法跟 product 进行搭配的，正确的搭配应该是 shoddy goods 或 inferior products。

例8：按照老规矩，次品被当作"福利"削价处理给内部职工。因为少花钱买大件，在当时是人人眼红的事情。

实践译文 According to（old rules），awful products were sold to internal employees in discount as special treatment because at that time when somebody bought an electrical appliance in low price would be envied by other people.

参考译文 According to our past practice, inferior products were sold to our employees at discount price as a "special favor" since at that time everybody would jump at the chance of buying a big piece of electrical home appliance at reduced price.

分析：本例中译员将"老规矩"译成了老的规则（old rules），译员认为"老"即指"古老的、旧的"。英语中可以形容人或者植物等很老，但是没有说规矩很老的，而且通常带有贬义色彩，本文中并没有表现出贬义色彩，应该是中性色彩。原文是想表达"过去的传统和习惯"的意思，但译员只抓住了"老"的字面意思，没有抓住实际意思，错误的译成了 Old rules。

例9：世博会的地址在上海市中心黄浦江两岸。世博会会址占地2260公顷，将成为重环保、服务设施完善、旅游资源丰富的都市区域。上海选择了"城市让生活更美好"作为主题，届时100多个国家和国际组织将展示其城市发展和都市生活改善的成果。

实践译文 It is located on both sides of Huangpu River. The site covers an area of 2260 hectares and will become a environmental-friendly region with complete service and abundant tourism resources. Shanghai has chosen "Better city, Better life" (for) the theme. More than 100 countries and international organizations will exhibit their achievements in city development and urban life improvement.

参考译文 it is located along the banks of the Huangpu River in downtown Shanghai. The project, with an area of 2260 hectares, will produce an environment-friendly urban district with flourishing service and tourism industries.

Shanghai has chosen "Better city, Better life" as the theme. Over 100 countries and international organizations will exhibit their achievements in the city development and improvement of urban life.

分析：本例中"选择设……作为主题"应译成 choose as，不应用 for 来表示"作为"，介词 for 主要表示目的，虽有"为了某事"的意思，但是在这里不能表示出作为主题的意思。译员由于受母语汉语使用习惯的干扰，认为汉语中动词跟介词不存在搭配组成成语动词的原则，所以就没有重视英语中介词的搭配原则，错误的使用了 for 来与 choose 进行搭配，导致了中式英语的出现。

（二）语法习惯干扰

在语法运用和语言习惯方面，汉语和英语也有着很大的不同。汉语语法中最大的特点是没有严格意义的形态变化。名词没有格的变化，也没有性和数的区别。动词不分人称，也没有时态。在历史上很长一段时间内，汉语被很多语言学家认为没有语法也没有词类。但实际上汉语有语法也有词类，只是它的语法不同于英语，而且一个词语存在多词性现象。汉语语法的另外一个特点是省略，不影响大概意思的词往往省略掉。而英语语法的特点是具有一套完整严格的形态变化规则。比如名词有格的变化，有性和数的区别。动词有人称变化和时态变化，有及物动词和不及物动词之分。在使用英语时要严格遵守英语语法规则，要符合逻辑条理。汉语的语言习惯是对于所述的主要事物通常会先进行渲染气氛、铺垫情节及解释背景环境，通常是按照时间、逻辑的顺序进行全面展开，在句首的通常是一些次要部分。而英语的语言习惯则是不间接迂回，开门见山，在主句中通常放置最重要的内容，并通常会把主句放在句子的开端。汉语为了使句子保持平衡与对称通常会重复使用相同的词语，但英语却为了避免赘述则通常不使用相同的词语。此外，汉语中经常会使用很多的无主语句，通常在讲话中涉及一个主题，然后就直接进行陈述，在这一过程中省略掉了很多主语。但是英语逻辑十分严谨，讲求结构的完整，在句子中一定要有清晰的主语、谓语和宾语。译员对这些差异如果不能有清晰的意识，那么在汉英交替传译过程中就会受这些差异的干扰，在译文中产出大量的中式英语。

例10：中国政府致力于建设一个和谐社会，使全社会所有的老人衣食无忧，安度晚年。

实践译文 The（society）of（harmony）will be built by the Chinese（government）for the（purpose）of providing（help）for the elderly of the（realization）of（happiness）.

参 考 译 文 The Chinese government is making efforts to build a harmonious society and to provide help for the elderly to make their golden years happy.

分析：本例中的实践译文从词语搭配规则上并没有错误，但是这却是典型的中式英语，因为译员完全按照汉语的词语排列顺序和使用习惯一一对应的产出了实践译文，建议参照参考译文修改。

例11：中国教育部负责贯彻国家制定的有关法律、法规和政策，统筹整个教育事业的发展，统一部署和指导教育体制的改革。

实 践 译 文 The（PRC Education Ministry）is in charge of the implementation on laws, regulations and policies of the central government, and coordinating development of education and programs and reform nationwide.

参考译文 The Ministry of Education of the PRC is responsible for implementing related laws, regulations and policies of the central government, and planning development of education, coordinating education programs and guiding education reform nationwide.

分析：在汉语中多个名词构成专有名词，中间不需要用介词连接，译员受汉语习惯干扰在英语中也进行类似的产出译文。但是在英语中，单独名词作状语修饰另外的名词时是可以的，但是这个作状语的名词要保持单数且是原型，如果两个或两个以上的名词要作状语，就应该使用介词 of 来连接以充当状语成分，因此本例中应该使用 Ministry of Education of the PRC 的形式比较恰当。

例12：在旧中国，年轻人没有婚姻自由，结婚都是听从父母之命、媒妁之言。实践译文 Young people could not choose their partners（in old China）freely. Their marriages were usually set up by their parents and matchmakers.

参考译文 in old China, young people could not choose their marriage partners freely. Their marriages were arranged according to their parents' wishes and through matchmaker's mediation.

分析：汉语注重意合，即句子的内部逻辑关系。而英语注重形合，即语言自身的语法规则。在汉语中，句子相对疏散，没有鲜明的层次。而英语的句子却是十分严密环环相扣。本例中的实践译文中介词短语的位置在 partners 之后，很显然介词短语可以做定语修饰 partners，这就让人理解成了年轻人不能自由的选择那些生活在旧中国的伴侣，与原文的意思不符，应该将介词短语放在句首作状语修饰整个句子。

例 13：丧偶后，重新组织家庭对于老年人来说比中年人和年轻人更难。

实践译文 After losing a spouse, more difficulties will confront the aged as compared to the middle-aged and young people to start new relationships.

参考译文 After losing a spouse, the aged have far more difficulties than the middle-aged and young people to start up new relationships.

分析：汉语中由于大量使用无主语句，而与之对应的英语译文通常使用非谓语动词来对应产出译文。由于汉语中将主语省去，这就需要译员自己进行判断，若译员不能正确找出主语则会造成译文的错误。本例中的实践译文中 more difficulties 做主语，在逻辑上这就使得实践译文中的非谓语动词对应的主语变成了 more difficulties，意思就变成了"更多的困难"丧偶后，与原文的意思不符，所以应该改为 the aged 做主语。

例 14：面对诸多问题，不结婚只同居成了有些老人的选择。

实践译文 Facing so many issues, choice are made to live together but not marry by some old people.

参考译文 Facing such problems, some old people choose to live together but not marry.

分析：本例中的实践译文中 choice 做主语，在逻辑上这就使得实践译文中的非谓语动词对应的主语变成了 choice，意思就变成了"选择"面对诸多问题，与原文意思不符，译员错误的判断了汉语中的主语，造成了中式英语现象的出现，所以应该改为 some old people 做主语。

四、语言习惯干扰

（一）多余强化语

汉语行文中经常使用强烈的副词与形容词作修饰语，以加重语气。比如"胜利召开""隆重开幕""圆满结束""极为可耻"等等，似乎没有这些强化语不足以表达其力度。《中式英语之鉴》的作者、美籍专家琼·平卡姆将其称为 unnecessaryintensifiers（多余的强化语）。倘若一味照直译出，要么不合逻辑，要么多此一举，要么拖泥带水。英译时应照顾英文的表达习惯，宜将强化语略去不译。"圆满结束"不可译成 conclude with complete success，可直接译为 end；"极为可耻"不可直译成"extremely shamelessw，"shameless"已是最高级；"彻底粉碎"不可直译成"thoroughly smash""粉碎"都是算彻底；"不幸遇难"不可直译成"beun for tunately killed"，遇难哪有幸运的！照译汉语强化语，不仅使译文累赘冗长，有时还会产生反效果，削弱表达力度，直接影响我国的对外宣传形象。譬如，会议"胜利召开"若直译成"The meeting is now successfully convened"，英语读者会以为会议之前有许多阻碍，好不容易才开成了会议。同样，在政府的工作报告中，很多动词前都加上肯定性评价语"积极""认真"或"大力"等，这是中国官方文件的一大特色，这些修饰语读起来都挺顺口的，但直译成英语就行不通了。他们会产生这样的疑问：难道中国政府不认真、不积极、不切实吗？因此，对于这些强化语，翻译时应将其删去。

（二）语言夸张华丽

汉语行文多用夸张、过度渲染的华丽词汇，尤其是在旅游语篇当中，大量使用四字句、平行对偶结构、引用诗词曲赋、讲究辞藻华丽、音韵铿锵、渲染诗情画意。这对于中国读者来说是习以为常的事情，"言之无文，行而不远"，中国在诗情画意中感受到美的享受和熏陶。而西方人却难以接受这种极具夸张、过度渲染的文风，认为它华而不实、矫揉造作、不知所云，甚至招人反感。因此外宣英译，应照顾到西方读者的审美心理和语言习惯，淡化处理，语言风格平淡朴素，重在信息的传达。比如，有的旅游广告极尽夸张之能事，把自己那一块地方说成是"人间仙境，世外桃源"，并直译成 earthly fairyland。其实，fairyland 是指神奇美妙的童话世界，用 the Garden of Eden, paradise 等说法也不太合适，最好是用平淡朴素的词语，比如 a retreat/beaten track away from the hustle and bustle of the city，这样反而更加能被西方人所接受，达到宣传和吸引他们前去观光旅游的目的。王弄笙指出，拟人法在汉语中经常出现。而在译成英语时，往往因受汉语字面影响使译文有 Chinglish 的味道。

第二节 汉英翻译中应对中式英语的策略

一、提升自身的双语能力

双语能力，尤其是外语能力，可以通过汉语和外语的学习加以提高。坚实的双语基本功是合格译员的先决条件，对于一名合格的译员来说，扎实的双语功底就是指掌握了丰富的汉语和英语语言知识（包括语音、语法、词汇、篇章、语义、语用等方面的知识）并能在实际生活、学习和工作中进行熟练运用，而且能在两种语言之间自由转换。

提高双语能力的办法有很多，因为译员的母语是汉语，并且是从出生以来就一直伴随着译员，所以译员的汉语能力普遍要好于英语能力，而提高英语能力的最好办法就是去到一个充满英语语言环境的地方，但是由于译员生长在国内，鲜有这样的语言环境和交流学习的机会。对此，可以采用大量阅读汉英双语材料的方法，来自己创造一个良好的双语语言环境，通过双语材料的阅读可以掌握句子结构、衔接及习惯用法等特点，同时也可以对比分析汉语和英语之间差异，改变受汉语母语思维习惯所干扰造成的问题。

对于译员来说，尤其是口译的初学者，良好的掌握并运用英语语法规则十分重要，因为汉语和英语的语法区别很大，汉语一度曾被语言学家认为没有语法，可见汉语的使用习惯十分疏散，强调意合，注重靠句子的内在的逻辑关系来组成句子结构。而英语却要严格的靠十分系统严谨的语法规则来构成句子，任何句子都要符合语法的使用规则。很多译员由于受汉语的句子疏散的使用习惯干扰，也将译文的句子译得杂乱无章，从而出现中式英语问题。那么，关于加强英语语法能力的最好的办法就是背诵，只有通过背诵才能熟练记住各种复杂繁多的语法规则，并在汉英交替传译中正确的应用到译文中去。通过不断地训练，达到熟练灵活的运用这些语法规则，避免在汉英交替传译时出现语法上的错误。

关于词典的选用方面，建议译员使用英英词典来代替英汉词典，因为这样可以对英语词汇有一个准确完整的理解，知道每个词的搭配习惯和所适应的语言环境，只有对词汇有了准确的理解，才能避免汉英交替传译过程中出现的词汇搭配和使用错误。英汉词典为译员将英语词汇用汉语的思维模式展现了出来，而英英词典却能将英语词汇的具体的意思清晰完整的展现给译员。因此，选用英英词典作为提高译员语言能力是一个很好地办法。

下面将结合实例来分析提高汉英双语能力对应对汉英交替传译中中式英语现象的帮助。

例1：很高兴今天由我来带大家参观我们北医三院，大家有什么问题，我可以随时解答。

实践译文 I'm very glad to show you around our hospital-Peking University Third Hospital and Km ready to (reply) your questions.

参考译文 Pm very glad to show you around our hospital-Peking University Third Hospital and I'm ready to answer your questions.

分析：reply 和 answer 都有回答的意思，但是 reply 是不及物动词，接宾语时需要加上介词 to。比如：to reply to a question 而 answer 是及物动词，则可以直接接宾语。比如：You haven't answered my question. 如果译员的双语能力扎实，就会知道英语中的动词有及物动词和不及物动词之分，就会避免这样的错误发生。

例2：学校有教师 748 人，其中正教授 103 名，副教授 219 名，讲师 336 名。

实践译文 Our school has 748 teachers, among (them) 103 are full professors, 219 associate professors, and 336 lecturers.

参考译文 We have a teaching staff of 748, among whom 103 are full professors, 219 associate professors, and 336 lecturers.

分析：本例中译员使用了非限制性定语从句，试图用代词 them 指代 748 teachers。但是只有代词 who，whom，whose 和 which 等关系代词能引起非限制性定语从句，所以应将 them 改为 whom。译员如果能对非限制性定语从句有足够的了解，就会使用正确的代词，就不会出现这样的错误。

例3：丧偶后，重新组织家庭对于老年人来说比中年人和年轻人更难。

实践译文 After losing a spouse, more difficulties will confront the aged as compared to the middle-aged and young people to start new relationships.

参考译文 After losing a spouse, the aged have far more difficulties than the middle-aged and young people to start up new relationships.

分析：本例中的实践译文中 more difficulties 做主语，在逻辑上这就使得实践译文中的非谓语动词对应的主语变成了 more difficulties，意思就变成了"更多的困难"丧偶后，与原文的意思不符，所以应该改为 the aged 做主语。译员如果能熟练掌握非谓语动词知识，就会正确判断出主语，就不会出现这样的错误。

二、提升汉英翻译的实战能力

（一）尽量减少直译

意义是指根据原文的大意来译，不作逐字逐句的译（区别于"直译"）。通常在处理句子或词组（或更大的意群）时使用较多，意译主要在原语与译语体现巨大文化差异的情况下得以应用。从跨文化语言交际和文化交流的角度来看，意译强调的是译语文化体系和原语文化体系的相对独立性。意译的使用体现出不同语言民族在生态文化、语言文化、宗教文化、物质文化和社会文化等诸多方面的差异性。意译更能够体现出本民族的语言特征。汉语中很多词汇在英语中是没有对应的词汇的，属于词汇对应真空现象。这种情况下就需要译员采用意译的办法，将汉语词语的大概意思进行解释说明，从而完成交替传译任务。例如，在总理答记者问招待会上，交替传译员对古诗词、经典名言的译法就属于意译法，通过解释这些诗词和名言警句所隐含的意思来有效的产出译文。

例4：成立合资企业以后，生产出来的第一批冰箱中发现有十台次品。

实践译文 After the joint venture was set up, the first batch of refrigerators got off the production line, 10 of which were (awful products).

参考译文 it happened right after we set up the joint venture. When the first batch of refrigerators got off the production line, 10 of them had quality problems.

分析：awful 的英文意思是 very bad or unpleasant 即很坏的；极讨厌的。"次品"是指质量有问题的产品，对应的英语可以是 inferior products、shoddy goods、products of poor quality。本例中译员将"次品"译成了可怕的、极坏的产品（awful product），我们都知道次品是指生产企业在生产过程中生产出的有缺陷、达不到合格指标的产品，并不是什么可怕的产品，译员只抓住了"次"，认为它的汉语意思有不好的、可怕的意思，就想当然的按照汉语模式译成了英语。如果译员能够用意译的方法，把"次品"理解成"有质量问题的产品"就会使译文意思变得通顺。

例5：按照老规矩，次品被当作"福利"削价处理给内部职工。因为少花钱买大件，在当时是人人眼红的事情。

实践译文 According to (old rules), awful products were sold to internal employees in discount as special treatment because at that time when somebody bought an electrical appliance in low price would be envied by other people.

参考译文 According to our past practice, inferior products were sold to our employees at discount price as a "special favor" since at that time everybody would jump at the chance of buying a big piece of electrical home appliance at reduced price.

分析：old 的英文意思是 having existed or been used for a long time 即时间长的；陈旧的；古老的，比如：He always gives the same old excuses. （他总是找那些老掉牙的借口）由此可以看出 old 有些贬义的意思，而原文并没有显出贬义的意思，更何况老规矩是指过去的习惯和经验，译为 past practice 比较恰当。本例中译员将"老规矩"译成了老的规则（old rules），译员认为"老"即指"古老的、旧的"。

英语中可以形容人或者植物等很老，但是没有说规矩很老的。原文是想表达"过去的传统和习惯"的意思，但译员只抓住了"老"的字面意思，没有抓住实际意思，错误的译成了 Old rules。如果译员能够使用意译的方法，将"老规矩"理解成"过去的传统和习惯"就会避免这一错误。

（二）合理化省译

省译所省略掉的往往是原文结构视为当然、甚至必不可少，而译文结构视为多余的词语。省译并不减少词汇所表达的实际概念，丝毫不影响原文的思想内容。省译的目的就是保证译文简洁明了、严谨精密。

例 6：朋友们可能知道新中国成立后随着国民经济发展、人民生活水平提高、医疗卫生状况的改善、出生率的降低，中国老年人在人口中占的比例越来越大。

实践译文 As you all know, since 1949 with the development of national economy and the improvement of living standards（for the people）and medical conditions and the low birthrate, the elderly has constituted a large proportion of the entire population.

参 考 译 文 I believe you all know that after 1949, with the development of national economy and the improvement of living standards and medical care, and the decrease in birthrate, the proportion of the elderly in our population has become larger and larger.

分析：本例中 living standards for the people 对应中文结构十分工整，但是 living standards.（即 standards of living）的英文意思是 the amount of money and level of comfort that a particular person or group has。由此可以知道，living standards 在意思上包括 for the people 说的就是人民生活水平，因此，for the people 属于多余的词语，可以采用省译的策略，避免出现错误。

例 7：中国的老年人口是全世界最多的，约占世界老年人口总数的 21%，占亚洲老年人口总数的 50%。

实践译文 China's elderly population is the largest in the world; it makes up

21%。f the world's total and 50%。f the total in (the area of) Asia.

参考译文 China's elderly population is the largest in the world; it makes up 21%。f the world's total and 50%。f the total inAsia.

分析：介词 in 的英文意思是 at a point within an area or a space。由此可以知道，inAsia 就表示在亚洲范围内，因此，the area of 属于多余的词组，可以采用省译的策略，避免出现错误。

例8：为了实现这些目标，政府通过报刊、杂志、广播、电视进行老龄问题的宣传教育，并举办各种活动弘扬道德风尚，推动敬老运动。

实践译文 To achieve these goals, the government has promoted and advertised the issue of aging through newspapers and magazines as well as TV and radio programs.All (various) kinds of activities have been organized to improve moral standards and to push the movement to respect the elderly.

参考译文 To achieve these goals, the government has given publicity to and conducted education on the issue of aging through newspapers and magazines as well as TV and radio programs.All kinds of activities have been organized to improve moral standards and to push the movement to respect the elderly.

分析：英文中表达"各种"的词组有 all kinds of、different kinds of、various kinds of。如果 all 和 various 同时使用就显得重复多余，因此这里可以采用省译的策略，避免出现错误。

例9：当然，中国政府和中国人民有足够的信心，艰苦奋斗，排除万难，实现我们的雄心壮志。

实践译文 Of course, the Chinese government and the Chinese people are confident that we can work extremely hard and eliminate (tens of thousands of difficulties) to achieve our glorious and ambitious objectives.

参考译文 Of course, the Chinese government and people are confident enough to overcome all the difficulties and achieve our ambitious goals through our vigorous efforts.

分析：本例中译员将"万难"直译成了成千上万的困难，译员只是理解了"万难"的表层结构，而并没有理解其深层次的结构，在转换成译文时也是根据汉语的表层结构进行机械的照搬，使译文产生了错误。这里"万难"是用来形容困难程度，并不是有多少个困难。因此这里可以采用省译的策略，译成 difficulties 就可以了，避免出现错误。

三、词汇层面的策略

（一）内涵

在另一语言中没有对等词的词汇。典型一例就是对"望子成龙"一词的翻译，因为"dragon"在英语文化里是邪恶的象征，故译为："hope the child to have a prosperous future"才应是家长对孩子的期望。所以词汇意义除了字面的基本意义外，还包括其特定感情色彩和特定文化背景赋予该词的内涵意义。

a 近三十年过去了，她说起这事还是很难过，觉得这件事……成为了她事业成长路上的栏路虎。

b She still felt sad referring to it thirty years later, feeling that it? had become a tiger in the way of her career development.

c She still felt sad referring to it thirty years later, feeling that it? had become a lion in the way of her career development.

在东方文化里，老虎乃森林之王，初译时便简单地将英、汉两种语言里字面意思相同的词划上了等号，把拦路虎译为了"a tiger in the way"。检查时考虑到不能只译字面意思，还应通晓它们的内涵差异。经查阅了解到：西方文化里"lion"才是百兽之王，在英国狮子是国徽上的图案即国兽，英语中较少用"tiger"一词，故中文里的"虎"多数情况下应译为Tion"。于是在 C 中将"栏路虎"改为"a lion in the way"就不会让外国读者觉得晦涩难懂了。所以翻译时要深究该词在英语中的隐含意或附加意，才会避免此类中式英语。

（二）联系语境

翻译时译者千万不能脱离上下文匆匆下笔，不然也会造成中式英语。

a 家里的孩子都是小皇帝。

b The kid in each family is a little king.

c The kid in each family is a little tyrant.

此处"皇帝"译为"king"或"emperor"便是中式英语。根据语境，"小

皇帝"是中国独生子女政策下对孩子（尤其80、90后）过分宠溺而产生的现象，有其独特含义，即指被宠坏的任性的孩子，改译时选用了"tyrant（暴君）"一词。故汉译英时要密切结合语境，才能避免望词生"译"，才能清楚又准确地传达汉语的意思。

（三）熟记习语

汉语和英语在习语的表达上很多不一样，如"副教授"不是"vice-professor"而是"associate professor""幸运儿"不是"lucky child"而是"lucky dog"。再如：

A 教会了孩子挥金如土

b teaching the kid to spend money like land

c teaching the kid to spend money like water 由于初译时不假思索，b 里的中式英语便出现了。检查译稿时查到：英国是个岛国，离不开水；中国是个农业大国离不土，故在表示浪费时，英语中拿"水"作比较，而汉语与"土"相关。后改译为"spend money like water"。故译者平时要加强输入，不能直接套用汉语习语，而应多记、熟记英语习语，译出符合英语约定俗成的译文。

四、句法层面的策略

（一）汉语意合句译为英语形合句

汉语重意合，其使用动词的频率高于英语，但无词形变化，甚至少用或不用关联词。重形合的英语较之汉语的另一大特点则是有谓语和非谓语动词之分，且常使用介词、不定式等非谓语形式来表明句子各部分的逻辑关系。这是英汉句法上最大的区别。如：

a 圆圆上小学一年级了，学校给新生家长开会，提出家长应该经常陪着孩子做功课，每天检查孩子的作业等要求。

b Yuanyuan entered her primary school.It held a freshmen's teacher-parent conference, put forward that the parents should sit aside and check it while the kid is doing his homework.

c When Yuan yuan just entered her primary school, it held a teacher-parent conference with the advice to the parents to sit aside and check it while the kid is doing his homework.

连续使用了一系列动词，表达了学校对刚上小学的学生和他们家长的新要求。若译为 nb 则显得零散，也是不规范的英语。而 c 对句子进行重组，在句首加上 when 使句子连接更紧密，且用了介词短语"with the advice"和不定式"to sit aside and check it"，比 b 更符合英语的严谨和有序。故翻译时英汉不能简单的在句法上一一对应，而要用合适的关联词或词形变换等显性手段来接应以遵循英语句法规则。

（二）人称主语转换成英语物称主语

英语表达客观，主语为物称倾向；汉语则常用人称。

如：a 从孩子被推出去，她马上就会感到失落，并在她的生命中留下痕迹。

b From the moment the kid was handed over, she would soon feel disappointed, and left indelible imprints on her life.

c From the moment the kid was handed over, disappointment would soon surround her, and left indelible imprints on her life.

例 b 中主语不一致，为了和后一句"并在他生命中留下痕迹"保持主语一致，表达连贯、紧凑，将 b 中的主语"he"转换成 c 里的"disappointment"，符合了英语重物称的习惯。故翻译时，应依据英语重物称的特点，看情况进行主语转换，使表达更顺畅。

（三）动态句译为英语静态句

与汉语相比，英语更注重静态描写。如：a（写作）不是孩子不会写，而是遇到的人不会教。b It's not the ki4, doesn't know how to write, but he meets a person who does't know how to teach.15c The kid is not a bad writer, but he meets a bad teacher.b 按照汉语逐字翻译，分句中动词的使用使句子表意啰嗦，结构变得复杂，易出错。c 中用两个名词"writer"和"teacher"，简化了句子结构，意思表达更清晰而紧凑。故汉译英时，注意发挥英语静态特征，突出名词的使用。

（四）较高级句法单位转换为英语较低级句法单位

由于汉、英民族思维的差异，汉、英句式也体现出展开性和浓缩性的差异。即汉语喜欢用较高级的句法单位。如：a 家里有一些动静，一般不会影响孩子睡觉。b There is some movements in the house. It generally won't influence babies' sleeping. c Generally, some movements in the house won't influence the babies' sleeping. a 他有点害怕，但流露出挑衅和不在乎的样子。b He was a little scared, but he showed an expression of provocation and indifference. c He was a little scared, but with provocation and indifference. 若直接套用汉民族的"展开性"思维，便会出现不符英语的"浓缩性"的表达习惯。后在将前句译成名词短语，将后面小句译成了介词短语，即把汉语中较高级句法单位译成了英语中的低一级句法单位，以更符合译入语表达习惯。故汉译英时，一般可多考虑用名词短语或者介词短语来表达汉语句子的意思。这些例子仅是冰山一角，因为英汉两种语言的词汇、句法差异复杂，此处不可能一一列出。但可看到：译者要多留心汉英的词汇和句法差异，多思考再下笔，就会减少中式英语的失误了。

（五）其他注意要点

首先，译者的职业操守要加强。不要对原文不求甚解，敷衍了事。译者应踏实、谦虚，吃透原文后再下笔；译完初稿也要逐字斟酌英文表达，反复检查有无"中式英语"。

其次，译者的语言基础要夯实。对上文提及的英汉两种语言的词汇、句法等差异要牢记于心，可减少中式英语。

再者，译者在平时要勤积累。在学习、工作、生活中，在听电台、看电视和电影、读书时要大量接触纯正、地道的英语，以免遇到翻译障碍总是求助于母语，造成负迁移，产生中式英语。

最后，译者的知识面要扩大。做好一位译者，不光对语言精通，还要扩大知识面，这样遇到一些老大难的翻译，才会得心应手，译文中的中式英语才会减少。

第七章　多元文化维度的英语翻译教学研究

第一节 英语翻译教学的目标和内容

一、大学英语翻译教学的目标

大学阶段英语翻译教学的三级目标如下。

1. 基础目标

能借助词典对题材熟悉、结构清晰、语言难度较低的文章进行英汉互译，译文基本准确，无重大的理解和语言表达错误；能有限地运用翻译技巧。

2. 提高目标

能摘译题材熟悉，以及与所学专业或未来所从事工作岗位相关、语言难度一般的文献资料；能借助词典翻译体裁较为正式、题材熟悉的文章。理解正确，译文基本达意，语言表达清晰；能运用较常用的翻译技巧。

3. 发展目标

能翻译较为正式的议论性或不同话题的口头或书面材料，能借助词典翻译有一定深度的介绍中外国情或文化的文字资料，译文内容准确，基本无错译、漏译，文字基本通顺达意，语言表达错误较少；能借助词典翻译所学专业或所从事职业的文献资料，对原文理解准确，译文语言通顺，结构清晰，基本满足专业研究和业务工作的需要；能恰当地运用翻译技巧。

二、大学英语翻译教学的内容

大学英语翻译教学的内容主要包括：翻译基本理论、英汉语言对比、常用的翻译技巧。

1. 翻译基本理论

翻译的基本理论知识主要涉及对翻译活动本身的认识，对翻译的过程、标准的了解；翻译对译者的要求；工具书的使用等。

2. 英汉语言对比

英汉语言的对比，既包括语言层面内容的对比，又涉及文化层面和思维层面的对比。在语言层面上，主要是对英汉语言的语义、词法、句法、文体篇章进行比较，发现它们的异同。对英汉文化、思维的比较，有利于更加准确、完整、恰当地传达原文的信息。

3. 常用的翻译技巧

翻译中的常见技巧有语序的调整、正译与反译、增补省略语、主动与被动的互换、句子语用功能再现等。

第二节 英语翻译教学现状

一、学生翻译学习的现状

1. 学生对英语国家文化背景了解不深入

语言是文化的产物和外现，无论是从社会观还是从语言的基本符号来看，语言都带有非常明显的文化特征。语言作为特殊文化背景下的特殊载体，只有在特定文化范围内才具有其本质的意义。语言和文化相互影响、相互作用。著名翻译理论家尤金·奈达曾说过："翻译是两种文化的交流。真正成功的翻译，熟悉两种文化比掌握两种语言还重要。因为词语只能在其相应的文化背景下才能体现出其真正的意义。"所以如果学生不能很好地熟悉英语国家的文化，就无法精准地理解原语言包含的深刻内涵，甚至是习惯于用我国的思维模式来对英语进行分析和理解，这样一来，很容易导致翻译中出现常识性误译，一些错译、漏译现象也便不足为奇了。

2. "的的不休"

在实际的翻译操作中，中国学生每每看到英语形容词就自然而然地将其翻译成汉语的形容词形式，即"……的"，导致译文"的的不休"，读起来很别扭。例如：

The decision to attack was not taken lightly.

原译：进攻的决定不是轻易做出的。

改译：进攻的决定经过了深思熟虑。

It serves little purpose to have continued public discussion of this issue.

原译：继续公开讨论这个问题是不会有什么益处的。

改译：继续公开讨论这个问题没有益处。

3. 语序处理不当

英语句子通常开门见山地表达主题，然后再逐渐补充细节或解释说明。有时要表达的逻辑较为复杂，则会借助形态变化或丰富的连接词等手段，根据句子的意思灵活安排语序。相比之下，汉语的逻辑性较强，语序通常按一定的逻辑顺序（如由原因到结果、由事实到结论等）逐层叙述。这种差异意味着将英语句子翻译成汉语时必须对语序做出适当的调整。而很多学生意识不到这一点，译文也大多存在语序处理不当的问题，读起来十分别扭。例如：

The doctor is not available because he is handling an emergency.

原译：医生现在没空，因为他在处理急诊。

改译：医生在处理急诊，现在没空。

4. 不善增减词

由于语言、文化等方面的差异，翻译时不可能也没必要完全拘泥于英语形式，即逐字逐句地翻译原文。事实上，根据原文含义、翻译目的等方面的不同，译文可根据实际需要适当增减词。而很多学生并不明白这一点，因而其译文大多烦冗啰唆。例如：

Most of the people who appear most often and most gloriously in the history books arc great conquerors and generals and sol diers...

原译：在历史书中最常出现和最为显赫的人大多是那些伟大的征服者和将军及军人……

改译：历史书上最常出现、最为显赫者，大多是些伟大的征服者、将军和军人……

5. 不善处理长句

英语中不乏长而复杂的句子，这些句子大多通过各种连接手段衔接起来，表达了一个完整、连贯、明确、逻辑严密的意思。很多学生在遇到这样的句子时往往把握不好其中的逻辑关系，也不知如何处理句中的前置词、短语、定语从句等，因而译出的汉语句子多不符合汉语表达习惯。例如：

Since hearing her predicament, I've always arranged to meet people where they or I can be reached in case of delay.

原译：听了她的尴尬经历之后，我就总是安排能够联系上的地方与人会见，以防耽搁的发生。

改译：听她说了那次尴尬的经历之后，每每与人约见，我总要安排在彼此能够互相联系得上的地方，以免误约。

二、英语教师翻译教学的现状

1. 高校许多英语教师未能达到翻译教学的专业要求

国内英语四、六级考试中，翻译题的分值比例明显很小，且与其他语法、词汇掌握的考察相比，明显比重偏小，这也导致了国内英语课程设置方面未能将翻译放到足够重视的位置。由于一直未能真正重视英语翻译，高校许多英语教师的实践能力、翻译理论素养及翻译教学水平也明显不能满足新时期英语翻译教学的需求。除此之外，国内高校近年来一直忙于扩招，使得高校学生不断增加，高校教师更多的是忙于授课，根本无暇顾及自身翻译水平能力的提升，也无暇顾及对英语教学方式的改革和优化。尤其是随着语法翻译教学被替代，以及交际教学地位的不断提升，英语课程的讲解更趋向于对学生阅读理解和听说能力的培养，更加压缩了英语翻译的教学生存空间。再加上课堂时间有限，教师对翻译的讲解往往仅限于课后几个可以拿来支撑场面的翻译练习题。对翻译的讲解往往只是一笔带过或是照本宣科，通常是浅尝辄止、稍做发挥，使得英语翻译教学形成一种可有可无的尴尬局面。

2. 传统教学模式带来的束缚

传统的翻译教学往往不以学生为主体，而是以教师为学生翻译的仲裁者，学生往往将教师的参考译文作为一种神圣不可侵犯的东西，对其不敢有任何质疑和改动。这种古板的教学模式，显然束缚着学生翻译的创造力和表达的积极性。除此之外，当前外语界被广为接受的交际教学法，给英语翻译带来了新的误区：英语教学更崇尚盲目的单语化，甚至对翻译和母语持一种完全排斥和否定的态度。经常可见一些高校英语教学中，教师在课堂中采用全英式的教学，目的就是为学生创设一种所谓的英语氛围，以此来提高学生的听说能力。然而这种做法却没能将学生的实际情况很好地融入课堂中，而且在实际的英语教学中，教师的讲解也更多地局限于课本之内，不能真正给学生创设英语的交际氛围和环境，课堂中教师说出来的英语也并非全部规范，更增加了学生理解的困难。另外，由于高校英语教学以阅读理解和听力训练、培养为主，所以教师在教学过程中不能系统地对一些翻译技巧、翻译常识进行讲解。

3. 对翻译教学的重视程度不够

对翻译教学的重视程度不够主要体现在以下几个方面：

第一，翻译教学中，教师往往不注重翻译基本理论、翻译技巧的传授，而仅仅是将翻译作为理解和巩固语言知识的手段，将翻译课上成另一种形式的语法、词汇课。

第二，学生做完翻译练习后，教师大多只是讲解答案、对翻译材料中出现的课文关键词和句型等进行简单的强调，而缺乏对学生进行系统的翻译训练。

第三，就时间而言，教师花在翻译教学上的时间很少，通常是有时间就讲，没有时间就不讲，或只当家庭作业布置下去，由学生自己学习。

第四，英语教学大纲中对翻译能力培养的要求不具体。

第五，英语考试中虽然包含翻译试题，但其所占的比重远远不如阅读、写作等。

以上这些问题最终致使翻译教学质量迟迟得不到提高。

三、翻译教学环境有待改善

从当前国内各高校所使用的英语教材来看，存在的主要问题是没有设置英语翻译技巧和方法以及翻译理论基础知识的讲解板块。当前精读教材在每个单元后也会设置几个相应的汉译英句子，但这些练习往往以巩固文中所讲的语法、词汇、句型、短句为目的。从严格意义上来讲，这种翻译练习，并不能真正满足学生翻译学习的要求。

第三节 英语翻译教学策略

一、结合语境教学

众所周知，语境对词语、句子的含义有着深刻的影响。翻译要想准确，首先就要理解准确；理解要想准确，就必须结合语境。因为译者对原文的理解和译文的表达都是在具体的语境中进行的，词语的选择、语义的理解、篇章结构的确定都离不开语境，语境是正确翻译的基础。因此，在翻译教学中，教师务必要使学生重视语境，结合语境理解和翻译。

需要指出的是，语境不仅包括语言的宏观环境，也包括语言的微观环境。宏观语境是话题、场合、对象等，它使意义固定化、确切化。微观语境是词的含义搭配和语义组合，它使意义定位在特定的义项上。学生只有兼顾了这两种语境，才能确定话语的含义，使译文忠实于原文。

二、引入图式教学

图式是人类脑海中对外部世界知识的组织形式。人类与外部世界的一切交往都会在脑海中形成模式，这些模式就包含了相关事物、情境的系统知识。当人们遇到类似的事物时，就会激活大脑中相应的知识片段（即图式），从而轻松地理解该事物；而当人们的大脑中没有与所遇事物相关的图式时，就很难理解该事物。由此可见，图式对于理解有着重大意义，而以准确理解为基础的翻译活动，自然也受到了图式的巨大影响。

鉴于上述内容，教师应首先使学生认识到图式的重要性，并在教学中多为学生提供一些需要激活图式才能正确理解的语言材料，使学生积极运用图式，重视图式的积累。

需要指出的是，有时学生所拥有的认知图式不一定都是对事物的正确反映，因而在翻译实践中（尤其是文字表达比较含蓄的时候）经常出现图式应用错误的情况。对此，教师应帮助学生形成正确的图式并调动相关图式，从而弥补学生语言知识上的不足，为学生正确理解原文、做好翻译提供保障。

三、引导推理教学

推理是根据已知的内容或假设运用逻辑得出结论的过程，也是实现认知的一个重要方法。翻译学习中，学生总会遇到一些生词，如果个个都查词典，就会浪费大量的时间。如果学生掌握了推理技能，就能快速理解很多生词。另外，推理策略的运用有助于把握事物间的联系，促进语言的理解。因此，翻译教学中．教师应培养学生推理的意识和能力。

然而，这里的推理并不是译者凭空想象做出的，而是根据文本内容、结构得出的。具体来说，学生看到文本的内容后，可以依据已有的经验以及原文的结构、逻辑连接词、上下文等做出推理，这些推理往往可以为学生提供一些额外的信息，这样学生对原文的理解也会更深刻、更全面，译文质量也会提高。但需要指出的是，无论哪一种推理技巧，都必须建立在正确识别语言结构的基础上，否则推理就变成了毫无根据的想象，脱离了原文，译文的可信度也就无从谈起了。

四、引导猜词教学

词汇是构成语篇的基本单位，学生的词汇量以及对词汇的掌握程度都会影响概念能力的形成。何少庆曾指出，"所谓概念能力是指在理解原文过程中对语言文字的零星信息升华为概念的能力，是原文材料的感知输入转化为最佳理解的全部过程"。由此可以得出这样一个结论，词汇影响概念能力的形成，而概念能力又会影响理解，理解最终影响了翻译的质量。因此，对词汇的掌握程度以及猜测生词的能力成为翻译的关键。翻译教学中，教师应为学生介绍一些常用的猜词策略。

第一，结合实例猜测词义。有时下文中列举的例子会对上文提到的某个词语进行说明、解释，这就为学生提供了猜词的线索。

第二，根据构词法猜测词义。英语词汇的构成是有规律可循的。掌握了这些规律，学生就能很快猜出部分生词的含义。因此，教师应传授学生英语构词法的知识。

第三，利用信号词猜测词义。所谓信号词就是指在上下文中起着纽带作用的词语，这些词语对于生词的猜测有着重大的意义。

第四，通过换用词语猜测词义。英语语篇有时为了避免用词的单调、重复，会使用意义相同或相近的词语来表达相同的含义，这时．学生就可以利用相对简单的那个同 / 近义词来推测生词词义。

五、讲授翻译技巧

1. 直译法

直译法要求在不引起错误联想、符合译语语言规范的基础上，按照原文字面意思进行翻译。这种方法的优点在于它不仅保持了原文的内容，还保持了原文的形式，特别是保持了原文的形象、地方色彩等，因此是英语翻译中最常使用的技巧。例如：

Beef prices is almost ten times of that in 1978.

牛肉价格几乎是 1978 年的 10 倍。

In the afternoon, you can explore the city by bicycle.

下午你可以骑自行车游览这个城市。

Tom did something, and the police……well, now he is staying at the correctional center.

汤姆做了点什么事情，警察……哦，现在他正待在纠错中心。

The bankruptcy of Lehman Brothers causes a chain reaction of financial crisis in the global world.

雷曼兄弟公司的倒闭在全球范围内引起了一系列经济危机连锁反应。

Smashing a mirror is no way to make an ugly person beautiful, nor is it a way to make social problems evaporate.

打碎镜子不能使丑八怪变得漂亮，也不能使社会问题烟消云散。

Hitler was armed to the teeth when he launched the Second World War, but in a few years, he was completely defeated.

希特勒在发动第二次世界大战时是武装到牙齿的，可是没过几年，他就被彻底击败了。

After Margaret Thatcher was elected as Britain's first-ever woman prime minister, she prescribed a dose of new kind of medicine to cure the "Britain disease."

玛格丽特·撒切尔当选为英国有史以来第一位女首相以后，便开出了一剂治疗"英国病"的新药。

People are always talking about "the problem of youth". If there is one which I take leave to doubt-then it is older people who create it, not the young themselves. Let us get down to fundamentals and agree that the young are after all human beings-people just like their elders. There is only one difference between an old man and a young one: the young man has a glorious future before him and the old one has a splendid future behind him, and maybe that is where the rub is.

人们总是在不断地谈论"青年人问题"。如果真有这么一个问题的话——对这一点我要不揣冒昧地表示怀疑——那也是年长者造出来的，而不是青年人自己造成的。让我们认真考虑一下问题的根本并承认青年人毕竟也是人一是跟他们长辈一样的人。青年人和老年人之间只有一点不同，那就是青年人的光辉未来在他们的前头，而老年人的辉煌已经留在他们的身后，或许这就是问题之所在。

2. 意译法

英汉语言各有自己的词汇、句法结构和表达方式，这就意味着直译有时是行不通的。翻译时若无法通过直译来表达原文含义，或直译过来不符合汉语习惯时，则可采用意译法再现原文含义。意译的优点在于能正确地表达原文含义，却不拘泥于原文形式。例如：

He was smooth and agreeable.

他待人处事八面玲珑。

It's a Greek gift for you.

这是谋害你的礼物。

Do you see any green in my eye?

你以为我是好欺负的吗？

Don't cross the bridge till you get to it.

不必自寻烦恼。

This man is the black sheep of the family.

这个人是家庭中的害群之马。

Nixon was smiling and Kissinger smiling more broadly. 尼克松满面春风，基辛格更是笑容可掬。

After that, the special missions became frequent occurrences.

从此以后，特殊任务就司空见惯、习以为常了。

Ruth was upsetting the other children, so I showed her the door.

露丝一直在扰乱别的孩子，我就把她撵了出去。

Our son must go to school. He must break out of the pot that holds us in.

我们的儿子一定得上学，一定要出人头地。

It s not easy to become a member of that club-they want people who have plenty of money to spend, not just every Tom, Dick, and Harry.

要参加那个俱乐部并非易事——他们只收手头阔绰的人，而不是普通百姓。

Up Broadway he turned, and halted at a...glittering cafe, where are gathered together nightly the choicest products of the grapes, the silkworm and the protoplasm.

他拐到百老汇大街，在一家灯火辉煌的饭店前停下来，每晚都有上好的美酒、华丽的衣服和有地位的人物汇聚在这里。

3. 音译法

音译是根据词语的发音采用发音相同或大致相同的目的语词语来表达的一种翻译方法。有些词语表示了其所属文化下的某些新兴、特有或最早出现的事物、概念等，这些事物、概念在译语文化中一开始并不存在，翻译时也就无法找出与之对应的词语，这时就可以采用音译法来翻译。

需要指出的是，音译法不能胡乱使用。如果学生一遇到不理解的词语就音译，就无翻译可言了。因此，教师在教授音译法时，应告诉学生音译法的使用范围，即用于地名、人名、机构名称以及一些流行语的翻译，目的在于保留源语的异国风味，减少翻译过程中的文化遗失和语言误解，快速、准确地传播文化，同时丰富本国语言。例如：

Her diet restricts her to 1,500 calories a day.

她的规定饮食限制她每天摄入 1 500 卡路里的热量。

We all know we are the product of our genes, what are all the steps from gene to us?

我们都知道基因决定了每个个体，但基因是如何使我们成为现在的我们的呢？

Finally, it had to be secure, even in the hostile hacker and virus filled environment of the Internet.

最后，它必须是安全的，哪怕是在到处是心怀敌意的黑客和病毒的互联网络环境中也如此。

The coming of General Blucher at Waterloo turned the day against Napoleon.

布吕歇尔将军到达滑铁卢，使得拿破仑兵败如山倒。

I lived most of my life in Tustin, California.

我一生大部分时间都住在加利福尼亚州的塔斯廷。

Scarlett O'hara was not beautiful, but men seldom realized it when caught by her charm as the Tarleton twins were...

斯佳丽·奥哈拉长得并不美，但是男人一旦像塔尔顿家孪生兄弟那样被她的魅力迷住往往就意识不到这一点……

4. 转译法

转译法是一种涉及词类转换的翻译技巧。由于英汉表达习惯不同，译文中不可能每个词语的词性都与原文词语保持一致，这时学生不妨适当转换词性进行翻译，如把原文中的名词转换为动词、把原文中的副词转换为介词等。

常见的词类转换翻译有以下几种。

第一，名词类转译。名词类转译主要有以下三种形式。

①名词转译为动词。例如：

Cameras In Operation.

车载监视器在工作。

The book is a reflection of Chinese society in the 1930s.

这本书反映了 20 世纪 30 年代的中国社会。

Peter doesn't like Jack's participation in the activity.

彼得不想让杰克参加这次活动。

②名词转译为形容词。例如：

The blockade is a success.

封锁很成功。

There is no immediate hurry.

这件事不急。

The security and warmth of the destroyer s sickbay were wonderful.

驱逐舰医务室的安全和温暖令人惊叹。

③名词转译为副词。例如：

The new mayor earned some appreciation by the courtesy of coming to visit the city poor.

新市长有礼貌地来看望城市贫民，获得了人们的一些好感。

The boy in the seat is eyeing the old woman beside him with interest.

那个坐着的男孩好奇地打量着他身边的老妇人。

第二，形容词类转译。形容词类转译主要有以下三种形式。

①形容词转译为动词。例如：

I feel certain of his finishing the task on time.

我确信他会按时完成任务。

They were not content with their present achievements.

他们不满足于现有的成就。

Doctors said that they are not sure to they can save her life. 医生们说他们不敢肯定能否救得了她的命。

②形容词转译为名词。例如：

They took good care of the wounded.

他们精心照料伤员。

The more carbon the steel contains, the harder and stronger it is. 钢的含碳量越高，强度和硬度就越大。

They have done their best to help elderly people of no family. 他们尽了最大的努力来帮助孤寡老人。

③形容词转译为副词。例如：

We must make good use of our time.

我们必须很好地利用时间。

Standing on the teaching platform, Alexander took an apprehension look at the students.

亚历山大站在讲台上，忧虑地看着学生。

You should give your TV set a thorough examination to see if there is really something wrong with it before you get it repaired.

送修之前，你应当彻底地检查一下你的电视机，看看它是否真的出了问题。

第三，副词类转译。副词类转译主要有以下三种形式。

①副词转译为动词。例如：

Now, I must be away, the time is up.

现在我该离开了，时间已经到了。

When the switch is off, the circuit is open and electricity

doesn't go through.

当开关断开时，电路就会中断，电流就不能通过。

Mom opened the window to let fresh air in.

妈妈把窗子打开，让新鲜空气进来。

②副词转译为名词。例如：

He is physically weak but mentally sound.

他身体虽弱，但智力正常。

It is officially announced that the unemployment rate will get lower next year.

官方宣称明年失业率会有所降低。

They have not done so well ideologically, however, as organizationally.

但是，他们的思想工作没有他们的组织工作做得好。

③副词转译为形容词。例如：

The sun rose thinly from the sea.

淡淡的太阳从海上升起。

His work was well finished, so his manager praised him.

这一次他的工作完成得很好，因此受到了经理的表扬。

I was deeply impressed by the great changes in my hometown.

家乡的巨变给我留下了深刻的印象。

第四，动词类转译。动词类转译有以下两种形式。

①动词转译为名词。例如：

Western people think differently from Chinese people.

西方人与中国人的思维方式不同。

In the wedding ceremony, the rings symbolize the union of the two partners.

在结婚仪式中，戒指是结为夫妻的象征。

We think that your act is a violation of the principle of peace talk. 我们认为你们的这一行动违背了和平谈判的原则。

②动词转译为形容词或副词。例如：

More and more people dream of furthering their education a-broad.

越来越多的人梦想去国外深造。

Only after they had done hundreds of experiments they succeeded in solving the problem.

在做了数百次试验以后，他们才成功地解决了这一问题。

Several kinds of brands are available within the price range.

在这个价格范围内有几种牌子可供选择。

第五，介词类转译。英语中的部分介词经常翻译成汉语的动词。例如：

His car barreled straight ahead, across the river.

他的车笔直向前高速行驶，穿过河流。

The president took the foreign guests around the campus. 校长带着外宾参观校园。

Lincoln wanted to establish a government of the people, by the people and for the people.

林肯希望建立一个民有、民治、民享的政府。

5. 套译法

英汉语言尽管差异巨大，但对某些事物的认知却是相同的。因此，英汉语言中存在一些语义相同或相近、说法相同或不同的成语、习语。这些成语、习语的翻译就可以采用套译法。例如：

Strike while the iron is hot.

趁热打铁。

Many hands make light work.

众人拾柴火焰高。

One swallow does not make a summer.

一花独放不是春。

Better be the head of a dog than the tail of a lion.

宁做鸡头，不做凤尾。

One boy is a boy, two boys half a boy, three boys no boy.

一个和尚挑水喝，两个和尚抬水喝，三个和尚没水喝。

Miss Andrew serves as a good secretary, for she is as close as an oyster.

安德鲁小姐可以当个好秘书，因为她守口如瓶。

需要指出的是，套译法要求学生必须熟悉英语习语的确切含义，切忌望文生义，否则就会造成误译。

6. 综合译法

前面介绍了很多翻译技巧，但在实际的翻译中往往很难只用一种方法就译出高质量的译文，而需要仔细分析原文的内部结构、各成分之间的逻辑关系，使用多种翻译技巧，将原文含义用通顺、自然的译语表达出来。例如：

She was born with a silver spoon in her mouth who thought that she could do whatever she wanted.

她出生在富贵人家，认为凡事皆可随心所欲。

I had won ￥300 at poker that ordinarily would have burned a hole in my pocket, but I couldn't shake an overwhelming sadness.

我玩扑克游戏赢了三百元。通常，钱烧口袋漏，一有就不留。可我当时极为忧愁烦闷，怎么也无法摆脱那种恶劣的心境。

But without Adolf Hitler, who was possessed of a demoni ac personality, a granite will, uncanny instincts, a cold ruthlessness, a remarkable intellect, a soaring imagination and until toward the end, when drunk with power and success, he overreached himself an amazing capacity to size up people and situations, there almost certainly would never have been a Third Reich.

然而，如果没有阿道夫·希特勒，那就几乎可以肯定不会有第三帝国。因为阿道夫·希特勒有着恶魔般的性格、花岗石般的意志、不可思议的本能、无情的冷酷、杰出的智力、深远的想象力以及对人和局势惊人的判断力。最后由于他被权力和胜利冲昏了头脑而自不量力，终于弄巧成拙。

People were afraid to leave their houses, for although the police had been ordered to stand by in case of emergency, they were just as confused and helpless as anybody else.

尽管警察已接到做好准备的命令，以应付紧急情况，但人们还是不敢出门，因为警察也和其他人一样不知所措且无能为力。

第四节 多元文化视域下的英语翻译教学

一、英汉翻译中的文化差异

文化是一个复杂的整体，其中包括知识、信仰、艺术、道德、法律、风俗、宗教以及人作为社会成员中的一分子所获得的任何技巧与习惯。它是人类后天习得的，并会一代一代传承下去。正是文化的这一特点使得不同地区、不同国度的人们在后天的习得过程中，由于地域、气候、群体组织形式和生态环境的不同而引起在价值观、人生观、道德观、思维方式、宗教信仰、风俗习惯等方面产生了巨大差异，即文化差异。而文化差异在两种语言中所造成的理解障碍，往往比语言障碍本身更严重。因此要在两种语言之间进行翻译，除了通晓两种语言之外，还必须深刻理解两种文化之间的异同点。

1. 地理位置的迥异对文化差异形成的影响

我国位于北半球，亚洲大陆的东南部，东临太平洋，西北深入亚洲大陆。全国约有90%的土地处于温带和亚热带，气候具有鲜明的大陆性季风气候特点。而英国地处西半球、北温带，气候则是海洋性气候，这决定了每年给英国人带来春天讯息的是西风。所以对于英国人来说，西风是温馨的，雪莱的《西风颂》正是对春天的讴歌。而中国文化中，西风则不免给人萧瑟、悲凉、伤怀之意，例如："昨夜西风凋碧树，独上高楼，望尽天涯路。"（《蝶恋花》晏殊）而东风是春天的象征，例如："等闲识得东风面，万紫千红总是春。"（《春日》朱熹）故人们总是将东风视为吉祥之兆，古语道："万事俱备，只欠东风。"

在中国，自古至今，南面为王，北面为朝，南尊北卑的传统认识一直盛行，人们常把"南"的方位放在前面，如"南来北往""从南到北"等，而英国人理解汉语中的"从南到北"则用"from north to south"来表达，"北面的房间"在英语中则说成"a room with a southern exposure"。又比如，在方向性的表达中，"东南、西南、东北、西北"在英语表达中与中文表达正好相反——"southeast，southwest，northeast，northwest"。

2. 习俗文化差异

习俗文化指的是由贯穿于日常社会生活和交际活动中的民族风俗习惯形成的文化。例如，在中国结婚是喜庆的事情，新娘总是喜欢穿大红色的衣服，因此红色在中国习俗中是吉祥、如意、喜庆的意思。而在西方，婚礼上新娘往往穿着白色的婚纱，白色在西方表示圣洁无瑕，而在中国只有家中有人故去才会披麻戴孝，身穿白衣。又如在中国尽人皆知的传统京剧中，画上白脸的人物，往往是奸佞的小人，而英语中"a very white man"则表示非常忠实可靠的人。英汉习俗的差异中比较典型的例子是对狗、猫的认识。在中国，狗往往使人联想到低级的、龌龊的东西。在西方英语国家，狗则被认为是人类最好的朋友，如"help a lame dog over a stile"（雪中送炭）"iopdog"（最重要的人）等。与此相反，中国人十分喜欢猫，认为猫可爱、温顺，用"馋猫"比喻嘴馋，常有亲昵、撒娇的意味，而在西方文化中，猫是魔鬼的化身。因而"The women is a cat"的真正含义是"她是一个居心叵测的女人"。鲁迅笔下曾赞美中国人"俯首甘为孺子牛"，这正说明了中国人对牛的感情和态度。"老黄牛"是中国人心目中憨厚、老实、勤恳的代名词，而与我国大部分农耕都靠牛不同，西方都靠马，所以外国人对马情有独钟。他们觉得马能吃苦耐劳，是为他们带来收成的保证，故他们将"力大如牛"翻译成"as strong as horse"。

3. 宗教文化差异

不同民族在崇拜和禁忌方面表现出来的不同体现了人类文化中极为重要的一部分——宗教文化。对中国影响深远的三大宗教是儒教、道教和佛教。道教中的玉皇大帝、佛教里的阎王在欧美文化中都是不存在的。而在西方，基督教认为是上帝创造了世界，并且世界上所有的事物都是按上帝的旨意安排的。对于中西宗教文化方面存在的差异，在翻译时尤其要注意，这种误解往往会造成重大的理解偏差和不当．严重者会伤害宗教者的感情。例如，《红楼梦》中刘姥姥说的"谋事在人，成事在天"，有人把这句话译为"Man proposes，God disposes"，似乎神形兼备，但译文却使信奉佛教的刘姥姥有了改变宗教信仰之嫌。于是，可以看出该翻译中的"天"与"God"并不能完全互换。如果用"Heaven"来代替"God"或许能减小这种差异。

4. 历史文化的差异

对历史典故的误解和费解往往是由于对这个国家和民族历史文化的不了解而产生的，要进行恰当的翻译，首先应了解它们的历史背景。例如，"八仙过海，各显神通"译为"Like the Eight immortals crossing the sea，each showing his powers"，并在后面注明"the Eight immortals：the eight immortals of Taoism in Chinese folk lore"。又如，"东施效颦"这一成语典故，在中国几乎是家喻户晓，但对于对中国文化知之甚少的外国人来说，光从字面翻译是无法了解其文化内涵的，故将其翻译成"Tang Shih imitates Hsi Shih"，还要在后面注明"Hsi Shih was a famous beauty in the ancient kingdom of Yueh. Tang Shih was an ugly girl who tried to imitate her way"。

5. 思维方式的差异

不同的思维角度决定了语言的不同表达方式和风格。中国人的思维模式是因果循环式，而西方人的思维模式是线性单向式。例如，在中国很多人认为两个人结为夫妻是前世有缘，所以今生才相聚。而在西方，结婚只是两个人相爱的延续，不存在原因和结果。在中国，传统文化一向崇尚"以人为本"，《孝经》中提到"天地之性人为贵"，荀子也强调"人有气、有生、有知，亦且有义，故最为天下贵也"。这种将人置于自然之上又融于自然的文化观念，潜移默化地影响了汉语言。所以，汉语习惯以动作的执行者作为句子的主语，而英语则常把陈述的重点放在行为、动作的结果或承受者上，并以此作为句子的主语，所以英语中的被动语态要比汉语中的多。例如：

English has been studied for 3 years off and on at the spare time school.

我们已经在学校里断断续续地学了三年英语了。

Plastic bags full of rubbish have been piled in streets.

人们把装满垃圾的塑料袋子堆放在街上。

在这些句子中，英语的表达都是以动作的承受者为主语，句型为被动语态，而翻译成汉语则应遵守汉语习惯，以动作的执行者为主语，使用主动语态。这种现象正好印证了中国"以人为本"的思维模式。在英汉语言的翻译中，明白此思维模式的不同，就可以使译文地道而又自然。中西思维方式的不同还体现在表达方式上，英语民族重直线思维，在表达思想时直截了当，要点放在句首说出，再补进次要内容。而汉语民族重曲线思维，习惯于从侧面说明、阐述外部的环境，最后点出中心。在语言表达上表现为：英语句式结构多为重心在前，头短尾长，如"Research had been centered on the improvement of natural building materials before synthetics were created"。而汉语句式结构多为重心在后，头大尾小。同样是这句，汉语则为"合成材料造出之前，研究工作集中在改进天然建筑材料上"。

综上所述，两种语言之间的翻译不仅是两种语言传递互换，更是两种文化的碰撞。作为语言工作者，除了要熟练掌握两国语言文字，还必须对两种文化有深入的研究和理解，这样才能使翻译工作不只停留在字面上，而是提高到文化意义层面，使翻译在语言上更精准，在文化上更贴切。

二、文化差异对翻译带来的影响

翻译不仅是一种语言间的转换活动，更是一种文化之间的信息交流活动。从某种程度上来看，译者对英汉文化差异的正确解读与否对翻译的成败起着至关重要的作用。概括来说，文化差异对翻译的影响主要体现在以下两个方面：

1. 翻译空缺

翻译空缺就是指任何语言间或语言内的交际都不可能完全准确、对等。英汉语言分属不同的语系，翻译的空缺现象在英汉语言交际中表现得尤为明显，给翻译的顺利进行带来了障碍。在英汉翻译教学中，教师应该提醒学生注意这一现象：英汉翻译中常见的空缺有词汇空缺和语义空缺两大类。

第一，英汉词汇空缺。尽管不同语言之间存在一定的共性，但同时也存在各自的特性。这些特性渗透到词汇上，就会造成不同语言之间概念表达的不对应。这和译者所处的地理位置、自然环境，所习惯的生活方式、社会生活等相关。

有些词汇空缺是因生活环境的不同而产生的。例如，中国是农业大国，大米是中国南方主要的粮食，所以汉语对不同生长阶段的大米有不同的称呼，如长在田里的叫"水稻"，脱粒的叫"大米"，而煮熟的叫"米饭"。相反，在英语国家，不论是水稻、大米还是米饭都叫"rice"。

语言是不断变化发展的，随着历史的前进、科技的进步，新词汇层出不穷。例如，第一颗人造地球卫星发射成功后就出现了"sputnik"一词，而该词随即也在世界各国的语言中出现了词汇空缺。

因此，教师在英汉翻译教学中要特别注重词汇空缺现象的渗透，要求学生认真揣摩由词汇空缺带来的文化冲突，指引其采用灵活的翻译方法化解矛盾 - 翻译出优秀的文章。

第二，英汉语义空缺。英汉语义空缺是指不同语言中表达同一概念的词语虽然看起来字面含义相同，但实际上却存在不同的文化内涵。以英汉语言中的色彩词为例，它们在大多数情况下都具有相同的意义，但在某些场合，表达相同颜色的英汉色彩词却被赋予了不同含义。

因此，教师在日常的翻译教学中要不断引发学生对语义空缺现象的注意，遇到空缺时尽量寻求深层语义的对应，而不是词语表面的对应。

需要说明的是，语义空缺还表现在语义涵盖面的不重合，即在不同语言中，表达同一概念的词语可能因为语言发出者、语言场合等的不同而产生不同的含义。例如，英语中"flower"除了做名词表示"花朵"以外，还可以做动词表示"开花""用花装饰""旺盛"等含义，而这种用法是汉语中的"花"所没有的。

可见，英语中的"flower"和汉语中的"花"表达的基本语义虽然相同，但在具体使用中，二者差别极大。因此，教师应引导学生注意词语在语言交际中产生的实际语义 - 从而在翻译时实现语义空缺的弥合。

2. 文化误译

文化误译是由文化误读引起的，是指在本土文化的影响下，习惯性地按自己熟悉的文化来理解其他文化。文化误译是中国学生在英汉翻译中经常出现的问题。例如：

It was a Friday morning. The landlady was cleaning the stairs.

误译：那是一个周五的早晨，女地主正在扫楼梯。

正译：那是一个周五的早晨，女房东正在扫楼梯。

英美国家有将自己的空房间租给他人的习惯，并且会提供打扫卫生的服务。房屋的男主人被称为"landlord"，房屋的女主人被叫成"landlady"。所以该例中的"landlady"应译为"女房东"，而不是"女地主"。

John can be relied on; he eats no fish and plays the games.

误译：约翰为人可靠，一向不吃鱼，常玩游戏。

正译：约翰为人可靠，既忠诚又守规矩。

该例中用到的短语"eat no fish"与"play the game"的字面意思为"不吃鱼，经常玩游戏"，但在这句话中显然是讲不通的。实际上，这两个短语都有其特定的含义。英国女王伊丽莎白一世规定了英国国教的教义和仪式，部分支持此举的教徒便不再遵循罗马天主教周五必定吃鱼的规定，于是"不吃鱼"（eat no fish）的教徒就被认为是"忠诚的人"。而玩游戏的时候总是需要遵守一定的规则，因此"play the game"也意味着"守规矩"（follow principles）。不了解这些文化背景，想要正确翻译是不可能的。

可见，在英汉翻译教学中，教师应引导学生不断地扩充英语文化背景知识，要求学生在英汉翻译时根据具体语境，并结合文化背景，准确地理解原文的含义，然后选择恰当的翻译技巧进行翻译，切忌望文生义。

三、多元文化对英语翻译教学的启示

1. 多元文化意识的培养

第一，重视不同文化背景知识的传授。当前的英语翻译教学中，教师如果只从词汇、语法、句法等字面层次来教授翻译内容，忽视从文化差异方面进行分析和判断，往往会导致学生学习翻译效果不佳，尤其是对中西语言文化差异的问题，还会出现误解和误译。

例如，在翻译"I got a photo from Jack with his John Hancock behind as a token of our friendship"时，学生可能不假思索地翻译为"杰克送了我一张背面写有约翰·汉考克的照片作为我们友谊的信物"。实际上，学生的误译在于他们对"John Hancock"这个人名的历史文化背景不了解。John Hancock是美国独立战争时期的一位领袖人物，他在《独立宣言》上第一个签下了自己的名字。为了表明自己反对英王统治和建立一个独立国家的政治立场，他的签名粗大醒目，比宣言的主要起草人Jefferson和Franklin等人的签名大两倍还多。由于他是《独立宣言》的第一个签名者，而且签名又独具特色，后人便用他的大名"John Hancock"作为"亲笔签名"的代称。因此，这句话的正确译文应为"杰克送了我一张背面有他亲手签名的照片作为我们友谊的信物"。

又如美国《时代周刊》曾把尼克松访华说成是"Nixon's Odyssey to China"，其中"Odyssey"原为古希腊诗人荷马的一部英雄史诗，描写英雄奥德赛在率领希腊联军攻陷古城特洛伊之后所经历的一段漫长而艰辛的归程。源于这个故事，在英语中"Odyssey"成为漫长历程后最终取得成功的意思，在这里用来比喻中美关系正常化所经历的一段漫长过程，不能不说意味深长。但是，如果学生不了解奥德赛的故事，就难以翻译出"Nixon's Odyssey to China"的真正意思。因此，教师在教学中必须多引入不同社会文化背景知识，加强自身文化修养，引导学生培养对文化的敏感度。

第二，进行不同文化差异对比。在英语翻译教学中，除了加强对其他国家文化背景知识的传授外，还可以采取通过对不同国家之间文化差异的对比来提高学生的多元文化意识。例如，在翻译"这位小姐德行温良，才貌出众，鲁老先生和夫人因无子嗣，爱如掌上明珠"时，可以翻译为

"I know the young lady, and she is virtuous, gentle and beautiful. Because Mr. and Mrs. Lu have no son, they treat her like the apple of their eye", 成语 "the apple of one's eye" 来自《圣经》。古时候人们注意到眼睛的瞳孔像苹果，便把瞳孔称为 "apple of the eye"，由于它是人身上宝贵的东西，所以英语用它来指代珍贵或宠爱的人或物，与汉语"掌上明珠"的含义类似。虽然 apple 与明珠形象不同，但英语读者对 the apple of one's eye 非常熟悉，所以翻译时应充分了解不同语境中的文化差异，通过对比教学来增强学生的多元文化意识。

第三，进一步加强对本国语言和文化的学习。英语翻译教学的一个重要目的是促进对外交流的平衡发展，学生能对本国优秀的文化通过翻译介绍给外国人，同时还能将外国的文化和事物，用准确的表达介绍给国人。比如在旅游英语翻译中，旅游景点的介绍经常涉及中国的历史、地理、宗教信仰以及民族风情等各个方面，这就要求译者具有丰富的文化背景知识，对翻译中涉及的中国传统文化元素能够准确适当地传达给受众，让外国游客领会旅游景点的文化内涵，同时也向外国游客传播中国的文化。因此，在英语翻译教学中．教师应鼓励学生加强汉语表达能力，增强对中华文明的学习和认知，进一步培养学生对本国文化的认同感和自豪感。

2. 注重翻译中的跨文化意识

如今，文化全球化的深入使以前无法翻译的文本都能流畅通顺地译出。从翻译技巧角度看，倘若翻译者能够挖掘某些语句的文化内涵而不是逐字翻译，便能从整体上把握原文要义，译文文本能使读者一目了然。

第一，表达意义的融合。语言中存在不同的意象。然而，面对同一个意象，来自不同文化的人们观点未必一致。比如，汉语可能会用"鼠"作为喻体形容胆小的人，正如成语"胆小如鼠"一样。在英语中，同样形容胆小的喻体却是"chicken（鸡）"或"hare（野兔）"，因而翻译时可以用"chicken-hearted"或"as timid as a hare"形容胆小懦弱的人。

第二，文化渗透和语言适应。随着政治、经济、社会和人类生活的发展，文化渗透现象已经普遍存在，并对语言的语法、句子结构和语篇构成产生了深远影响。正如语言适应理论所述，语言应用的过程就是持续选择的过程，在此期间，语言的应用必须适应沟通交流的社会语境。要适应语境，则需考虑多方面因素，主要包括心理素质、社会情境和物质世界状况等。

3. 积极开展网络教学与第二课堂教学

从目前来看，我国的英语翻译教学仍沿用着传统的教学策略和教学工具。在科技、经济、生活发生巨大改变的今天，传统的教学策略与工具已经无法更好地提升学生的翻译能力。基于此，教师应积极主动地探索新的翻译教学策略与教学工具并身体力行。

互联网是一种信息技术：是信息传播、整理、分析、搜寻的一种技术，其主要任务是传递信息。互联网中存储着海量的信息，且这些信息、资源的更新也非常及时。因此，在翻译教学中教师应充分发挥互联网的优势，将网络作为翻译课堂教学的补充，这样学生既可以实现由教师现场指导的实时同步学习，也可以实现在教学计划指导下的非实时自学，还可以实现通过使用电子邮件、网上讨论区、网络通话等手段的小组合作型学习等。

　　另外，由于翻译课堂时间十分有限，所以教师还应在课下开展一些有益学生增加文化知识、提高翻译水平的活动，如要求学生阅读英文原版书刊、杂志，观看英文电影、电视，听英文广播等。

　　4. 对翻译教育者的启示

　　跨文化翻译中的错误的出现都有其缘由，也都能为翻译教学提供相应启示。

　　一方面，学生习惯于逐字翻译。这点似乎很普遍，教师应运用多种方式增强学生的跨文化意识。例如，教师可以有意识地在课堂中增添文化素材，如创设模拟情境等，并采用有效的文化对比策略，培养学生的跨文化交流能力。

　　另一方面，无法准确理解英语语言的结构是导致翻译不当的一大原因。因此，教师有必要引导学生阅读一些外文文章或外国文学作品等。这样，学生将会自然而然地习惯于英语的语言结构。

　　值得注意的是，一些学生缺乏对文化差异的理解也会导致翻译不当。教师需要引用更多丰富且实用的跨文化素材，使学生不仅能从书中习得翻译知识及技巧，还能够切实行动，从做中学。

参考文献

[1] 鲁萍著．英语教学与翻译研究 [M]．北京：光明日报出版社．2017.

[2] 马予华，陈梅影，林桂红著．英语翻译与文化交融 [M]．长春：吉林人民出版社．2017.

[3] 李京平主编；左映娟副主编；李京平，左映娟，张建群，靳铁柱编者．大学英语阅读与翻译实用教程下 M+Book 版 [M]．北京：北京交通大学出版社．2017.

[4] 康春杰，陈萌，吕春敏主编．基于错误分析理论的英语翻译教学研究 [M]．长春：吉林文史出版社．2017.

[5] 邵钦瑜，姜玉珍，王小娟，胡志先著．大学英语阅读与翻译实用教程上 M+Book 版 [M]．北京：北京交通大学出版社．2017.

[6] 王蓬蓬，葛红霞，朱宁著．英语阅读理论与多维度翻译教学研究 [M]．沈阳：东北大学出版社．2018.

[7] 张晶，张建利，刘英杰著．英语教学改革与翻译实践研究 [M]．吉林美术出版社．2018.

[8] 郭艳玲，王倩主编．渔业英语阅读与翻译教程 [M]．大连：大连海事大学出版社．2018.

[9] 王苗著．功能翻译理论与科技英语翻译策略研究 [M]．北京：冶金工业出版社．2018.

[10] 刘红艳，刘明宇主编．外语教学及话语翻译研究论文集 [M]．北京：知识产权出版社．2018.

[11] 华先发主编；杨元刚，胡孝申，雷万忠副主编．翻译与文化研究第 11 辑 [M]．武汉：武汉大学出版社．2018.

[12] 骆洪，徐志英主编．外国语言文化与翻译研究 [M]．昆明：云南大学出版社．2018.

[13] 杨海芳，赵金晶著著．多元文化与当代英语教学 [M]．天津：天津科学技术出版社．2018.

[14] 张艳玲著．英语教学的理论、模式和方法 [M]．中国海洋大学出版社．2018.

[15] 汪榕培，王之江主编．英语词汇学 [M]．上海：上海外语教育出版社．2018.

[16] 张琼芳，吴锦文，王向菲著．基于跨文化交际人才培养的大学英语阅读与翻译教学研究 [M]．吉林出版集团股份有限公司．2019.

[17] 易仲良编著．英语语法教学与研究 [M]．长沙：湖南师范大学出版社．2019.

[18] 邓金娥著．"互联网+"背景下商务英语教学研究 [M]．长春：吉林文史出版社．2019.

[19] 曹文娟，张婷主编．英语翻译教程 [M]．长春：吉林人民出版社．2019.

[20] 吕文丽，庞志芬，赵欣敏著．信息化时代下的大学英语教学改革探索 [M]．长春：吉林大学出版社．2019.

[21] （中国）高广文，何英．21 世纪英语专业系列教材 Perspectives：高级英语阅读教程上 [M]．西安：西安交通大学出版社．2019.

[22] 韩俊秀, 吴英华, 贾世娇著. 任务型学习法与高校英语教学 [M]. 广州: 广东旅游出版社. 2019.

[23] 王磊著. 高校英语教学转型发展研究 [M]. 长春: 吉林人民出版社. 2019.

[24]（中国）杨雪飞. 多元文化视域下的大学英语教学研究 [M]. 北京: 北京理工大学出版社. 2019.

[25] 黄运亭, 索全兵主编; 余潇潇, 王亚冰副主编. 大学英语拓展课程"十三五"规划教材中国民居建筑英语 [M]. 广州: 华南理工大学出版社. 2019.